Rudolf Kaiser · Im Einklang mit dem Universum

-NOTICE-

YOU ARE ENTERING THE EXCLUSIVE HOPI RESERVATION AREA. YOUR ENTRANCE CONSTITUTES CONSENT TO THE JURISDICTION OF THE HOPI TRIBE AND ITS COURTS.

-BY ORDER OF THE HOPI TRIBAL COUNCIL-

Rudolf Kaiser

# Im Einklang mit dem Universum

## Aus dem Leben der Hopi-Indianer

Kösel

Für meinen Sohn Christian

ISBN 3-466-36352-7
© 1992 by Kösel-Verlag GmbH & Co., München
Printed in Germany. Alle Rechte vorbehalten
Druck und Bindung: Kösel, Kempten
Umschlag: Elisabeth Petersen, Glonn, unter
Verwendung eines Fotos von Anselm Spring, Landsberg

1 2 3 4 5 6 · 96 95 94 93 92

Gedruckt auf umweltfreundlich hergestelltem Werkdruckpapier
(säurefrei und chlorfrei gebleicht)

»*Auch heute noch* messen die Hopi die Zeit viel eher nach dem erhabenen Gang der Sonne durch die Weiten des Wüstenhimmels als nach dem eiligen Ticken des Sekundenzeigers einer Uhr. Das ist vielleicht ein Grund, warum sie mit langem Atem die Geschehnisse betrachten, die ihr Leben gestalten.«

*Harry C. James*


»*Ein alter befreundeter Hopi* … erklärte mir die Bedeutung verschiedener Worte und Wendungen der Hopi-Sprache.
›Was bedeutet das Wort ›kuyiva'to‹? fragte ich.
›Das ist ein Gebet‹, sagte er. ›Früh am Morgen, wenn es zu dämmern beginnt – während es aber noch ganz dunkel ist und kein Licht den Himmel erhellt – dann stehst du da und schaust nach Osten. Du mußt ganz still sein und voller Anbetung. Während du dann beobachtest, wie das Licht kommt, sprichst du ein Gebet, nur zu dir selbst. Das ist ›kuyiva'to‹.«

*Walter Collins O'Cane*

# Inhalt

# 1. Erste Annäherung

Es ist der 23. Juli. Hochsommer in Arizona. Zum vierten Male innerhalb von sieben Jahren steuere ich meinen amerikanischen Leihwagen über die Grenze, die zwischen den Reservationen der Navajo- und der Hopi-Indianer verläuft. Schon das Gebiet der Navajo, das die Reservation der Hopi insgesamt umschließt, strahlt keineswegs von Fruchtbarkeit: Nur selten sieht man einige reifende Maisfelder; sonst nur hügeliges Grasland; karges Futter für Schafe und Ziegen.
Und doch: Im Vergleich zu dem Land der Hopi-Indianer scheinen die Navajo das bessere Los gezogen zu haben. Denn hinter der Grenze zwischen den beiden Reservationen wandelt sich die Grassteppe langsam zu einer Steinwüste; kahl, majestätisch, hart. Und nun erheben sich auch die Tafelberge – die bekannten Hopi-Mesas – aus der Landschaft: Gewaltige, felsige Hochflächen, deren Ränder bröckeln und die so seit Jahrhunderttausenden die weiten Ebenen darunter mit großen und kleinen Steinbrocken übersäen.
Mitten zwischen diesen Felsklötzen am Fuße der Mesas, und auch auf ihren Höhen, erkenne ich menschliche Behausungen: Häuser aus Stein, die aus dieser Landschaft herauszuwachsen scheinen wie die Steinquader der Tafelberge. Ich muß zweimal hinschauen, um Felsen und Häuser voneinander unterscheiden zu können. Die Hand der Natur und die Hand des Menschen bauen hier offensichtlich nach ähnlichen Plänen und mit

ähnlichem Material. Vor allem die Dörfer auf den Höhen der Tafelberge passen sich der Struktur ihres Untergrundes an und erscheinen aus der Ferne wie winzige Auswüchse des Felsmassivs, auf dem sie sitzen.

Menschliche Gestalten sind bei dieser Entfernung in dieser grandiosen Landschaft nicht auszumachen. Alles scheint Natur zu sein – Natur am ersten Schöpfungstag.

In der Ferne sehe ich am sonnendurchfluteten Himmel zwei Gewitter getrennt voneinander niedergehen. Blitze zucken. Die Regenschauer hängen vom Himmel herab wie die Fäden eines kosmischen Webstuhls. Und durch diese hängenden Fäden schießen die Strahlen der Nachmittagssonne rosafarbene Querbahnen. Das Gewebe aus Regenschauern und Sonnenstrahlen bildet ein Muster, das Erde und Himmel miteinander zu verbinden scheint.

Es muß ein solcher Anblick gewesen sein, der Pueblo-Indianer
vor langer Zeit veranlaßte, so zu sprechen:


O unsere Mutter die Erde,
O unser Vater der Himmel.
Eure Kinder sind wir,
und mit müden Rücken bringen wir euch
die Geschenke, die ihr liebt.
Dann webt für uns ein Gewand aus Licht:
Möge der Kettfaden
das weiße Licht des Morgens sein;
möge der Schußfaden
das rote Licht des Abends sein;
möge der Saum
der fallende Regen sein;
möge die Umsäumung
der stehende Regenbogen sein.
So webt für uns ein Gewand aus Licht.
Auf daß wir angemessen gehen können,
 wo die Vögel singen.
Auf daß wir angemessen gehen können,
 wo das Gras grün ist.
O unsere Mutter die Erde,
O unser Vater der Himmel.

Als ich nach einer halben Stunde mit meinem Auto die Gegend erreiche, wo eines der Gewitter niedergegangen ist, sind Straßen und Land trocken und heiß. Ich steige aus dem Auto, um mich zu überzeugen. Die Strahlen der Sonne, durch keinerlei Wolkenschleier mehr gedämpft, scheinen die Haut zu durchbohren. Ich habe das Bedürfnis, den nächsten Schatten aufzusuchen; doch der ist hier rar. Die Luft ist so trocken, daß ich es im Munde geradezu schmecke. Ein nicht endenwollendes Gefühl des Durstes stellt sich ein. Ich erinnere mich an frühere Erfahrungen in diesem Lande: Nicht nur ist der steinige Boden nach einem Regenguß bald wieder ausgetrocknet. Es passiert auch, daß man es in der Ferne regnen sieht, dieser Regen aber den Boden gar nicht erst erreicht. Er verdunstet schon vorher in der trockenen Luft.

Landschaft an der Second Mesa

Bei jeder neuen Ankunft in diesem Lande bestürmen mich immer wieder diese Fragen: Was hat Menschen veranlassen können, vor vielen Jahrhunderten in dieser trockenen Hochland-Wüste, in diesem steinigen, unfruchtbaren und schwer zu erschließenden Land zu siedeln? Und nicht nur das: In den Mythen der Hopi-Indianer ist dies nicht ein widriges Land, das sie mit harter Arbeit unterwerfen und bezwingen müssen. Vielmehr ist es ihre »Mutter Erde«, die ihnen vom Großen Geist Massau'u am Beginn dieser Welt anvertraut wurde; die ihnen das Leben und das Überleben ermöglichte; die zu pflegen und zu hüten sie sich berufen wissen und deren gottgegebene Balance sie zu erhalten haben.

Für gläubige Hopi gilt auch heute noch, daß die Welt aus ihrem Gleichgewicht geraten und dem Untergang zutreiben wird, wenn sie selbst nicht mehr nach den Weisungen des Großen Geistes das Land in mühseliger Arbeit beackern und bewahren, es vor jeder Vergewaltigung durch den Menschen, vor jeder willkürlichen Verletzung schützen.

Mit anderen Worten: Für sie ist dieses Land heilig, und der Mensch darf es nicht entheiligen.

Vor allem die Hopi-Prophezeiungen, die auch bei uns heute viel Interesse finden, sprechen von dem Untergang dieser Welt, von dem kommenden Ende unserer Zeit, von Naturkatastrophen und einer Umkehrung der natürlichen Ordnung: Dann nämlich, wenn die Menschen nicht mehr der »Stimme des Großen Geistes« folgen; und wenn die Hopi nicht mehr die Möglichkeit haben, für das kosmische Gleichgewicht in ihrem Teil der Welt zu sorgen.

Als ich dann am Prophezeiungsfelsen der Hopi in der Nähe des Dorfes Oraibi stehe, bin ich erneut bewegt von diesem Natur-Szenarium: Welches Durcheinander von Steinklötzen und Felsblöcken umgibt mich hier! Welche majestätische Kargheit! Und auf einen riesigen Block, der sein flaches Gesicht genau der aufgehenden Sonne zuwendet, hat nun jemand diese Zeichnung geritzt:

15

Der Prophezeiungsfelsen

Über ein endloses, weites, trostloses und doch so grandioses Land blickt dieser Fels seit unvordenklichen Zeiten in steinerner Gelassenheit. Ein paar Weihegaben liegen zu seinen Füßen. Darunter eine Gebetsfeder.

Die Zeichnung auf dem Felsen ist nach Ansicht mancher Hopi eine Darstellung der beiden Wege der Menschheit: des rechten Weges – und des Irrweges, der in die baldige Katastrophe führt. Doch dann – so sagt die Hopi-Prophezeiung – wird ein großer Richter und Retter (wieder)kommen, der auch am Anfang dieser Welt da war. Und er wird alles reinigen. So wie die Nacht von der Mühsal und dem Unrecht des Tages reinigt; wie der Winter vom Schmutz und der Hitze des Sommers reinigt; so wird auch diese große Reinigung eine neue und bessere Welt möglich machen.

Am späten Abend, in meinem Quartier im Dorf Kykotsmovi, gehe ich nach draußen und blicke hoch zu den Sternen. Wiederum bin ich überwältigt von der Pracht dieser Natur. Kein künstliches Licht stört die Reinheit des Lichtes aus dem Kosmos. Keine Luftfeuchtigkeit und kein Dunst dämpfen die Brillanz der Sterne. Ich scheine ihnen unendlich nahegerückt. Zum ersten Mal erlebe ich die Sterne als Teil dieser meiner Welt; zum ersten Mal erlebe ich sie gestaffelt in der Tiefe: einige zum Greifen nahe, andere unendlich fern. Und auch zwischen den strahlenden Brillanten erkenne ich große Lichtfelder.

Sommertags schlafen Hopi-Indianer gern auf ihren Hausdächern: Welche Bilder prägt ein solcher Sternenhimmel dann in ihre Seelen ?!

# 2. Ankunft:
## Wo und wie leben die Hopi-Indianer?

Die Hopi sind ein kleines Indianervolk im Südwesten der Vereinigten Staaten von Amerika. Der Stamm umfaßt knapp 10 000 Menschen, von denen etwa drei Viertel in 12 Dörfern auf der Hopi-Reservation leben. Dieses Gebiet befindet sich im Nordosten des Staates Arizona, unweit des Grand Canyon. Wie kaum eine andere Indianerreservation in den USA, ist diese Region abgelegen von allen Zentren der weißen Kultur und Zivilisation. Die nächstgelegene größere Stadt, Flagstaff, ist immerhin noch mehr als 100 Meilen von den Hopi-Dörfern entfernt.

Zur Isolierung der Hopi hat aber vor allem auch beigetragen, daß ihre Reservation vollständig von derjenigen der Navajo-Indianer umschlossen ist. Diese Navajo-Reservation ist die ausgedehnteste aller Indianerreservationen in den Vereinigten Staaten, und der Navajo-Stamm ist der volkreichste im Lande. So liegt das große Gebiet der Navajo wie ein gewaltiger Ring um das kleinere Gebiet der Hopi-Indianer und bildet einen zusätzlichen Puffer gegenüber der Außenwelt.

Die traditionellen Wohngebiete der Hopi-Indianer sind konzentriert um drei Tafelberge, die wie steinerne Finger von der Handfläche der sogenannten Black Mesa nach Süden weisen. Für solche Tafelberge ist der spanische Begriff »Mesa« =

»Tisch/Tafel« gebräuchlich. So erhielten die Tafelberge der Hopi – von Osten gezählt – die Namen »First Mesa«, »Second Mesa« und »Third Mesa«. – Die Black Mesa selbst bildet einen Teil des Colorado-Plateaus. Diese »Schwarze Mesa« erhielt ihren Namen von den großen Kohlevorkommen nahe der Erdoberfläche. Sie ist ein heiliger Berg der Hopi und stellt in ihrer Mythologie die Mitte der Welt dar.

In der Halbwüste Nordarizonas sind die Tafelberge besonders trocken, unfruchtbar und steinig. Deshalb sind einige Dorfsiedlungen am Fuß der Tafelberge gelegen. Es ist aber mythische Überzeugung der Hopi, daß der Große Geist ihnen zu Beginn dieser Welt eben dieses trockene Gebiet einer Steinwüste als ihren Siedlungsraum zuwies und ihnen damit ein bescheidenes, kärgliches und arbeitsames Leben verordnete. Die größere Zahl der Dörfer liegt auch heute auf der Höhe der Mesas »nahe dem Himmel«.

2 Verbreitung der Indianer in Nordamerika

20

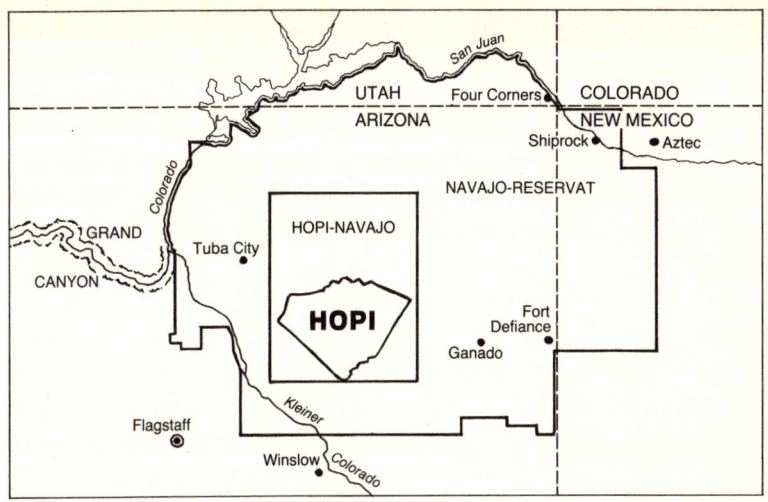

# Historische Entwicklung

Wenn wir die Geschichte und das Geschichtsbewußtsein der Hopi-Indianer verstehen wollen, dann müssen wir unterscheiden zwischen der historisch-faktischen Geschichte auf der einen Seite und der von den Hopi in ihrer eigenen Mythologie tradierten Geschichte ihres Volkes auf der anderen. Dabei gilt jedoch für die Hopi – wie für andere Indianer – daß bei ihnen Mythos und Geschichte, Legende und Wirklichkeit keineswegs scharf getrennt und auseinandergehalten, sondern oftmals miteinander verwoben werden. Geschichte besteht eben immer auch aus Geschichten; das heißt, sie handelt nicht nur von (faktischen, historischen) Ereignissen, sondern immer auch von Erfahrungen, von Haltungen, von Zwecken, von Zielen – also von Deutungsversuchen menschlichen Lebens.

Nach ihrer eigenen Mythologie waren die Hopi die ersten Menschen auf dem amerikanischen Kontinent und kamen in diese Welt durch eine Öffnung in der Erde, das sogenannte »sipapu«. Sie waren die Auserwählten eines Volkes, das in einer früheren unterirdischen Welt gelebt hatte, das aber durch moralischen Verfall entartete und deshalb durch eine Wasserflut vernichtet worden war. Nur wenigen von ihnen – denjenigen, die sich ein reines Herz bewahrt hatten – gelang es, durch das genannte »sipapu« in diese Welt zu kommen. – (Dabei war diese durch Wasser zerstörte Welt nicht die erste, sondern schon die dritte in einem Zyklus von Welten, die alle aus ähnlichen Gründen der Zerstörung anheimgefallen sind. Die jetzige Welt ist deshalb für Hopi die vierte im Zyklus der Welten.)

In einem Seitenarm des Grand Canyon gibt es eine Erhebung, an deren höchster Stelle eine Öffnung angedeutet ist. Gläubige Hopi haben dieses lange Zeit für das »sipapu« gehalten – also für die Stelle, an der ihre Existenz in dieser Vierten Welt begann. Andere weisen jedoch heute daraufhin, daß sie diese Erzählung vom Auftauchen aus einer Unterwelt nicht wörtlich, sondern symbolisch verstehen: als Auftauchen der Menschen aus einer weniger vom Bewußtsein geprägten Existenzform. – Aber auch heute noch findet man in jedem Kiva (also in jedem heiligen Zeremonialraum der Hopi) eine Platte im Boden, das sogenannte »sipapuni«; eine symbolische Repräsentation des Ortes, an dem die Menschen – allen voran die Hopi – in diese Welt gelangten.

Nach ihrem Auftauchen begaben sich die einzelnen Clane auf lange Wanderungen über den amerikanischen Kontinent. Diese Wanderungen stellen – ähnlich der Wanderung der Israeliten durch die Wüste Sinai im Alten Testament – eine Zeit der Selbstfindung, der Entwicklung einer Identität dar. Die in der Kunst der Hopi immer wieder auftauchende »Spirale« gilt als ein Symbol, ein Zeichen dieser frühen Wanderungen, die auch im Bewußtsein heutiger Hopi noch eine zentrale Rolle spielen. Schließlich ließen sich die Hopi an ihrem jetzigen, dem ihnen von Gott bestimmten Ort nieder.

Nach ihrer Mythologie hat dann die Entwicklung dieser Vierten Welt die gleichen Stufen durchlaufen wie die der ersten drei Welten: von einem Zustand der Harmonie über den des Ehrgeizes, dann des Materialismus bis hin zur Stufe der Drangsale und des Leidens. Heute befindet sich auch diese Vierte Welt in der letzten oder vorletzten Phase ihrer Entwicklung; d.h., ihr Ende ist absehbar.

(Nach-)Zeichnung auf dem Prophezeiungsfelsen

23

Wenn wir uns nun von der mythologischen Geschichte ab- und der wissenschaftlichen Historie zuwenden, so bleiben die Ursprünge dieses Indianervolkes für uns weitgehend im dunkeln. Mindestens an einem Punkt aber gibt es eine Deckung zwischen Mythos und Historie: Zahlreiche frühe Wanderungen von Völkerschaften, die man zu den Vorfahren der Hopi rechnet, werden nicht nur durch die Mythologie bezeugt, sondern auch durch eine Unzahl von Ruinen ehemaliger Wohnstätten in dem Gebiet, das heute den Südwesten der USA bildet.

Etwa im 4. Jahrhundert nach Christus lassen sich in dieser Region Gruppen von Korbmachern (»basket-making peoples«) ausmachen. Wahrscheinlich sind die Vorfahren der Hopi etwa um das Jahr 700 n.Chr. in diese »Four-Corners-Area« des Colorado-Plateaus – von Süden kommend – eingewandert. Für die Herkunft aus dem Süden spricht u.a. die Tatsache, daß die Sprache der Hopi zur uto-aztekischen Sprachfamilie gehört, die ihr Zentrum weiter im Süden hatte.

Im 8. oder 9. Jahrhundert werden von diesen Menschen Häuser mit mehreren Zimmern in kleinen Dörfern gebaut. Über die nächsten vier- bis fünfhundert Jahre wurden dann alle die großen Pueblos in diesem Gebiet errichtet, die heute noch als Ruinen die Bewunderung und das Erstaunen der Besucher erregen: Mesa Verde, Pueblo Bonito im Chaco-Canyon, Betatakin, Aztec, Cortez und viele andere. Wenn auch die frühen Bewohner dieser Ruinen noch keine Hopi waren, so zeigen doch sowohl die Clan-Legenden als auch die Steinzeichnungen in vielen dieser Ruinen, daß zu bestimmten Zeiten in der Vergangenheit Vorläufer der Hopi hier gelebt haben. – Die ältesten Spuren der Hopi-Kultur können wir also über fast 1 300 Jahre zurückverfolgen.

Trotz der Mühe, die dieses Bauen von Häusern mit sich brachte, sträubten sich diese Menschen aber offenbar noch dagegen, seßhaft zu werden: Sie bauten im Tal des San Juan River und in weiten Gebieten des Südwestens der USA Baumwolle an und webten daraus Kleider; sie kultivierten den Mais als ihr Hauptnahrungsmittel; sie bauten Häuser in geschützten Fels-

Ruinen von Betatakin

klippen – doch immer wieder verließen diese »Anasazi«, wie sie mit einem Navajo-Wort (= »die Alten«) heute von der Ethnologie genannt werden, ihre Steinhäuser und begaben sich wieder auf Wanderschaft.

Am Ende des 13. Jahrhunderts schließlich war es wahrscheinlich eine jahrzehntelange Dürre, die diese Menschen wohl zum letzten Mal veranlaßte, auf Wanderschaft zu gehen. Einige Clane gelangten bei dieser Wanderung bis an den südlichen Rand der Black Mesa im heutigen Arizona. Zu Füßen und auf den Höhen der südlichen Ausläufer der Black Mesa – also der »First Mesa«, »Second Mesa« und »Third Mesa« – ließen sich diese Vorfahren der heutigen Hopi nieder. Und dort leben ihre Nachkommen noch heute. (Die Gründung des Dorfes Oraibi wird allerdings schon auf das Jahr 1150 datiert.)

25

Es bleibt eine faszinierende Frage, mit welchen Gedanken, Absichten und Überlegungen sich Menschen vor so vielen Jahrhunderten entschieden haben, ausgerechnet in diesem Gebiet zu siedeln. Es ist trockenes Land, ohne Flüsse und mit wenig Niederschlag. Das Land besteht aus einer Steinwüste, der nur unter großen Opfern Ernten abgerungen werden können. Rein praktische Überlegungen der Nutzbarkeit des Bodens können also nicht für eine Siedlung in diesem Gebiet gesprochen haben. Hinweise auf eine unfreiwillige Besiedlung durch die Hopi an dieser Stelle, etwa unter dem Druck benachbarter Stämme, gibt es ebenfalls nicht. Deshalb beantworten Hopi die Frage nach den Gründen für die Siedlung in einem solchen Gebiet mit einer Formulierung, in der spirituelle, mythische und kosmische Konzepte zusammenschwingen: Der Große Geist hat ihnen dieses Land zugewiesen; er hat ihnen damit sowohl ein einfaches und arbeitsames Leben verordnet und ihnen zugleich die Obhut und Fürsorge für dieses abweisende Gebiet übertragen.

Jeder Besucher dieses kargen Landes stellt aber schnell fest, daß es eine Region von unglaublicher Schönheit und Majestät ist. Und natürlich ist für die Hopi ihr Siedlungsgebiet der Mittelpunkt der Welt und ein besonderes spirituelles Kraftzentrum. Höchstens Tibet, ein weiteres irdisches Zentrum spiritueller Kräfte, kann es damit nach ihrer Auffassung aufnehmen.

Tatsächlich erscheinen manche Hopi-Dörfer – von unten gesehen – wie ein tibetisches Kloster: auf einem Berge hockend, auf halbem Wege zwischen Erde und Himmel. Traditionelle Hopi verstehen sich auch heute noch als Hüter des Landes; und da ihrem Land eine so zentrale Stelle auf der ganzen Erde zukommt, auch als Hüter der Erde, gar des Kosmos.

Aufgrund des Alters der Hopi-Siedlungen in Arizona kann heutzutage das Dorf Oraibi auf der Hopi-Reservation mit dem Pueblo-Dorf Acoma in Neu-Mexiko um den Ruhm streiten, der älteste dauerhaft besiedelte Ort in Nordamerika zu sein. Möglicherweise sind die Hopi die Träger der ältesten noch bestehenden Kultur des amerikanischen Kontinents.

Mit der sogenannten Entdeckung Amerikas durch die Europäer wird auch die Geschichte der Hopi-Indianer für uns faßbarer. Den ersten Weißen sahen die Hopi vermutlich im Jahre 1540 oder 1541: Damals begleitete der Spanier Pedro de Tovar seinen Herrn Francisco Vasquez de Coronado zu den legendären »Sieben goldenen Städten von Cibola«. Während Coronado in Cibola (dem heutigen Zuni) blieb, zog Pedro de Tovar weiter, um die Provinz Tusayan zu erkunden. Hier fand er als erster Europäer die Dörfer der Hopi-Indianer. – Weitere Kontakte zwischen Spaniern und den Hopi gab es im Jahre 1583 unter Antonio de Espejo und 1598 unter Juan de Oñate.

Erste Missionsversuche der Spanier erfolgten durch drei Franziskanermönche ab 1629. Im Dorf Oraibi wurde von diesen eine Missionsstation eingerichtet. Spannungen zwischen den Hopi und den Missionaren ließen die Hopi an der großen »Pueblo Revolt« von 1680 teilnehmen. Spanische Soldaten und Missionare wurden nicht nur im Gebiet der östlichen Pueblos (Neu-Mexiko), sondern auch im Gebiet der Hopi durch die Indianer umgebracht oder vertrieben.

Viele Hopi sahen durch das Christentum wahrscheinlich ihre hochentwickelte Religiosität gefährdet. (Diese kommt vor allem in dem bis zum heutigen Tag erhaltenen komplizierten Zeremonialzyklus des Jahres zum Ausdruck.) Sie waren wohl der Überzeugung, daß der Verlust ihrer eigenen Religion ihren Bund mit dem Großen Geist lösen und ihnen damit die Fähigkeit nehmen werde, die Feldfrüchte zu schützen, sie in ihrem Wachstum zu fördern sowie das Land und die Erde im Gleichgewicht zu erhalten.

Zwölf Jahre später erfolgt eine friedliche Inbesitznahme durch den Spanier de Vargas. Auch Missionare kehrten zurück. Im Jahre 1700 ließen sich im Hopi-Dorf Awatovi 73 Hopi taufen. Der Haß auf die bei ihnen so genannte »slave church«

(»Sklaven-Kirche«) der Spanier war bei vielen Hopi aber noch so stark, daß eine vereinte Streitmacht mehrerer Hopi-Dörfer das Dorf Awatovi zerstörte und die meisten seiner Bewohner umbrachte. Dieses Ereignis, das heute fast 300 Jahre zurückliegt, belastet immer noch das Bewußtsein und das Gewissen vieler Hopi. Sie, die sich einem redlichen und friedvollen Leben verpflichtet wissen, haben einmal eines ihrer eigenen Dörfer mit unglaublicher Brutalität dem Erdboden gleichgemacht.

Mehr als 100 Jahre lang blieben die Hopi von weiteren Missionierungsversuchen verschont. 1822 wurde Mexiko von Spanien unabhängig und das Land der Hopi war nun ein Teil des mexikanischen Reiches. Ab 1827 sickerten die ersten euroamerikanischen Trapper, Agenten, Händler, Missionare und Siedler in dieses Gebiet. Wo die katholischen Spanier mit Schwert und Kreuz gearbeitet hatten, da arbeiteten jetzt die protestantischen Amerikaner mit Geschäft und Dollar. 1848 wurde durch den Vertrag von Guadalupe Hidalgo die ganze Region nördlich des Rio Grande von Mexiko an die USA abgetreten. Dazu gehörte auch das Siedlungsgebiet der Hopi.

Die USA hatten für dieses ganze Land 15 Millionen Dollar bezahlt. Sie mochten also glauben, durch diesen Kauf das Recht auf dieses Land erworben zu haben. Für die Hopi und andere Indianer war Land allerdings keine Handelsware, sondern etwas, das den Menschen vom Großen Geist verliehen worden war; etwas, worauf die Gemeinschaft der Menschen ein religiöses Anrecht hat. – Man erkennt an dieser Stelle schon, wie unvereinbar die Weltanschauungen waren, die hier aufeinanderstießen. Im Prinzip erkannten die USA allerdings zunächst die Landrechte der Indianer an und bestätigten ihre unter Mexiko übliche Souveränität.

Im Jahre 1858 kamen die ersten mormonischen Missionare auf das Gebiet der Hopi, zogen sich aber wegen eines Streites bald wieder zurück. 1901 wurde die erste Menonitenkirche in Oraibi gebaut. Vor allem diese beiden christlichen Kirchen, die Mormonen und die Menoniten, haben dann Missionierungserfolge auf der Reservation gehabt. Doch ist bis zum heutigen Tage der größere Teil der Hopi-Indianer nicht christianisiert.

Im Jahre 1887 wurde in Washington das »Allgemeine Landzuteilungsgesetz« (General Allotment Act = Dawson Act) verabschiedet. Danach sollten die in Gemeinschaftsbesitz befindlichen Ländereien der indianischen Reservationen einzelnen Familien als Eigentum und Besitztum zugeteilt werden. Indianer sollten an Privatbesitz gewöhnt werden. Im Jahre 1891 wurde dieses Gesetz auch auf die Hopi angewandt. Die Gemeinschaftsländereien sollten als Parzellen einer bestimmten Größe den einzelnen Haushaltsvorständen zugeteilt werden; die überzähligen Ländereien sollten verkauft werden.

Für die Hopi – wie für viele andere Indianer – stellte dieses Gesetz ein reguläres Sakrileg dar: Nach ihrer Auffassung ist nur der Große Geist selbst der Besitzer allen Landes. Die Menschen können es mit seiner Einwilligung nutzen, wenn sie zugleich eine spirituelle Obhut darüber ausüben. Individueller Landbesitz war den Hopi völlig fremd. Alles, was es gab, waren Nutzungsrechte bestimmter Clane für bestimmte Anbauflächen. – Die Hopi zogen also die Vermessungsstäbe wieder heraus, die zur Markierung der Landparzellen von weißen Landvermessern eingesetzt worden waren.

Darauf rief die weiße Hopi-Agentur die Armee zu Hilfe. Eine sechsköpfige Kavallerie-Einheit ritt in das Dorf Oraibi, um Verhaftungen vorzunehmen. Auf der Plaza des Dorfes sahen die Soldaten eine vielköpfige Menschenmenge, aus der zwei Gestalten besonders herausragten: Die eine von diesen verkörperte Massau'u, den Herrn über Leben und Tod, der von den Hopi auch als der Große Geist dieser Welt verehrt wird. Die andere Gestalt verkörperte die »Spinnenfrau« (»Spider Woman«), die immer hilfsbereite und den Hopi immer wohlgesonnene Großmutter vieler Mythen und Sagen der Hopi. Diese beiden Personifikationen sprachen den weißen Soldaten gegenüber eine formelle Kriegserklärung aus und forderten sie zum Rückzug auf. Daraufhin vermieden die Truppen ein Gefecht und verließen tatsächlich Oraibi. Allerdings kehrten sie nach vielen Wochen in größerer Stärke zurück und führten mehrere Hopi als Gefangene fort. – Im Jahre 1911 jedoch wurde endgültig auf dieses Vorhaben der Landaufteilung verzichtet, so daß es nie zu einer eigentlichen Privatisierung des Bodens bei den Hopi kam.

Ein besonderes Problem ergab sich für die Hopi-Indianer in den vergangenen vier bis fünf Jahrhunderten durch das Einsickern der Navajo in die umgebenden Gebiete – etwa seit der ersten Ankunft der Spanier. Diese Navajo-Indianer kamen vom Norden und gehörten einer gänzlich anderen Indianerkultur an als die Pueblo- und Hopi-Indianer: Sie waren keine Ackerbauern, sondern vor allem Viehzüchter; sie waren nicht seßhaft, sondern zogen (und ziehen zum Teil bis heute) mit ihren Schafherden durch das riesige Gebiet Nordarizonas. Immer wieder einmal überfielen die Navajo die Hopi und andere Pueblo-Dörfer und raubten ihnen Tiere oder einen Teil ihrer Maisernte. So war das Verhältnis zwischen den Hopi und den benachbarten Navajo meistens gespannt.

Um die Grenze gegenüber den Navajo zu markieren, wurde durch die Regierung in Washington im Jahre 1882 zum erstenmal eine Hopi-Reservation eingerichtet. Diese hatte eine Größe von 3 863 Quadratmeilen, war kleiner als das Gebiet, das die Hopi traditionell für sich beanspruchten, doch die Hopi gaben sich zunächst damit zufrieden.

1887 wurde die erste Schule in Keams Canyon, einer zwei Jahre zuvor von der US-Regierung gegründeten Niederlassung auf der Reservation, eingerichtet. Doch nur wenige Hopi wa-

ren bereit, ihre Kinder in diese »weiße« Einrichtung zu schik-
ken. Im Jahre 1890 etwa besuchten nur drei Hopi-Jungen diese
Schule. Deshalb versuchte die Indianer-Verwaltung der Weißen in den folgenden Jahren (bis hin zum Jahre 1911) immer
wieder, Kinder in den Hopi-Dörfern durch Truppen der US-Ka-
vallerie einfangen und sie den Eltern entreißen zu lassen, um
sie dann zur Schule zu bringen. Von sehr alten Hopi kann man
noch heute grausige Geschichten hören, wie sie von ihren
Eltern vor den Soldaten versteckt, von diesen dann aufgespürt
und mit Gewalt zur Schule gebracht wurden.

In den Schulen waren die Kinder Tag und Nacht unter der Obhut
weißer Erzieher; es war ihnen zumeist verboten, Hopi zu sprechen; es wurden ihnen der Haarschnitt und die Kleidung der
Weißen verordnet; sie wurden oftmals über mehrere Jahre in den
Internatsschulen festgehalten, ohne ihre Angehörigen in den
Dörfern besuchen zu dürfen. Sie sollten der Lebensweise ihrer
Eltern entfremdet werden. Und das gelang meistens auch – ohne
daß aus diesen Indianerkindern dann allerdings angepaßte Weiße geworden wären. Zwischen den Normen, den Werten und
den Weltansichten zweier so verschiedener Kulturen gefangen,
fielen sie oftmals zwischen allen Systemen hindurch in eine große Leere. Die oft erschreckenden Alkoholprobleme vieler Indianer heute – zunehmend auch bei den Hopi – sind sicherlich eine
der Antworten auf diese Situation.

Die Einstellung zur Kultur der weißen Amerikaner führte auch
unter den Erwachsenen zu großen Auseinandersetzungen:
Sollte man sich dieser anscheinend stärkeren Kultur anschlie-
ßen und im Stil der Weißen leben – oder bedeutete das einen
Verrat an tradierten Normen und Werten, der sich in einem
Verlust kultureller Identität rächen würde? In dem größten Dorf
der Reservation, in Oraibi, schieden sich an dieser Frage die
Geister. Es entstanden zwei Gruppierungen: die sogenannten
Progressiven, die für die Zusammenarbeit mit den Weißen
eintraten – auch »Friendlies« genannt – und die Traditionalisten, die eine solche Zusammenarbeit mit den Weißen ablehn-
ten und darum auch »Hostiles« genannt wurden.

Der Kampf zwischen diesen Fraktionen riß das Dorf Oraibi in zwei Hälften auseinander – und Anfang September 1906 wäre es beinahe zu tätlichen Auseinandersetzungen zwischen ihnen gekommen. Es gelang im letzten Moment aber noch eine friedliche Lösung: Am 7. September wurde im Dorf eine Linie auf den Boden gezogen und die Führer der beiden Fraktionen, Tawakwaptiwa und Yukioma, stellten sich zu beiden Seiten dieser Linie auf. Jeder legte dem anderen die Hände auf die Brust und versuchte, diesen über die Linie zu schieben. Dabei halfen von hinten jeweils die Anhänger der etwa gleich starken Gruppen. Der Kampf dauerte etliche Stunden. Schließlich rief Yukioma, der Führer der »Hostiles«: »It is done. I have been pushed over the line.« (»Es ist erledigt. Ich bin über die Linie geschoben worden.«) Noch am gleichen Abend zog er mit seinen Anhängern aus Oraibi fort. Sie ließen sich etwa 8 Meilen nördlich nieder, wo dann das Dorf Hotevilla entstand.

Wie die Zerstörung von Awatovi im Jahre 1700, so zeigt auch dieser Kampf vom Jahre 1906 die Existenz von starken »splitting and disruptive tendencies«, von »tendencies of dissension« (»Spaltungstendenzen«) in der Hopi-Gesellschaft. Es ist auch sonst innerhalb einzelner Dörfer oder einzelner Clane immer wieder vorgekommen, daß sich ein Teil abspaltete, fortzog und eine eigene Gemeinschaft begründete. Die Existenz der dominanten weißen Kultur hat diese Tendenzen in der Hopi-Gesellschaft natürlich außerordentlich verstärkt. Das Jahr 1906 zeigt aber auch, daß diese »disruptive tendencies« im Sinne der

Hopi-Ideologie von Friedfertigkeit unblutig ausgetragen werden können.

In den Jahrzehnten nach 1906 zerfiel das Hopi-Dorf Oraibi zunehmend. 1933 hatte es noch 112 Einwohner und wirkt heute großenteils wie eine Dorfruine. Die Führung in den religiösen Zeremonien ging von Oraibi auf Hotevilla über, das auch heute noch eine »stronghold« (»Festung«) der traditionell eingestellten Hopi-Indianer ist. Inzwischen scheint allerdings das Dorf Shungopovi auf der Second Mesa dabei zu sein, die Führung bei der konsequenten Durchführung des religiösen Jahreszyklus zu übernehmen.

Im Jahre 1934 wurde die bis dahin gültige repressive Indianerpolitik in den USA geändert. Der »Indian Commissioner« unter Franklin D. Roosevelt, John Collier, war vom Reichtum indianischer Kulturen beeindruckt. Er versuchte deshalb, durch die große »Indian Reorganization Act« von 1934 zur Erhaltung indianischer Kulturen beizutragen. Er wollte die Indianervölker ermutigen, ihre politische Organisation in die eigenen Hände zu nehmen. Das sollte auch durch die Einrichtung von Stammesregierungen (nach westlich-demokratischem Muster) geschehen, die über die eigenen Angelegenheiten (des Stammes) zu entscheiden haben sollten. Das Ziel war, im Laufe der Zeit alle bisherigen Beschränkungen kultureller und religiöser Art für diese Indianer aufzuheben.

Leider waren ausgerechnet die Hopi eines der Völker, an denen John Collier seine neue Politik zu demonstrieren versuchte. Leider deshalb, weil es in der Tradition der Hopi niemals eine politische Organisation des gesamten Stammes gegeben hatte. In der politischen, wirtschaftlichen und sozialen Überlieferung und im Brauchtum der Hopi ist keine Art von Stammesorganisation vorgesehen; es gab kein politisches Oberhaupt aller Dörfer. Vielmehr war jedes Dorf in seinen Entscheidungen gänzlich unabhängig und konnte über das eigene Schicksal allein entscheiden. Und es bestand auch nun in den Hopi-Dörfern keine Neigung, sich einer zentralen Stammesverwaltung aller Hopi zu unterwerfen. Das ist einer der Gründe, warum es der Stammesrat bis heute so schwer hat mit der Anerkennung seiner Arbeit bei den Hopi selbst.

Außerdem ist in der Tradition der Hopi-Gesellschaft für gemeinsame Entscheidungen das Prinzip des einmütigen Beschlusses maßgeblich. Die »Indian Reorganization Act« von 1934 wollte aber eine Regierungsform nach westlichen Demokratievorstellungen einführen, in denen die Mehrheit in der Regel gegen die Minderheit regiert. Dieses lief den traditionellen Formen indianischer Selbstverwaltung völlig zuwider. Die Hopi haben in ihrer Tradition zwar eine gemeinsame Sprache, eine gemeinsame Kultur, eine gemeinsame Religion und gemeinsame Werte gehabt, nie aber eine zentrale politische Institution der Macht; sie haben sich als Kult- und Kulturgemeinschaft verstanden, nicht aber als politischer Verband.

Dennoch sollte u.a. ausgerechnet an diesem Volke die an sich gut gemeinte neue Indianerpolitik praktiziert werden. 1935 gab es eine Volksabstimmung (»Referendum«) bei den Hopi. Anschließend wurde eine Verfassung geschrieben, und es wurden ein Stammesrat und ein Stammesgericht (»Tribal Council« und »Tribal Court«) gegründet. Vier traditionell eingestellte Hopi-Dörfer wandten sich sofort gegen diese Stammesverwaltung und schickten keine Repräsentanten zu den Sitzungen des Stammesrates; zwei Dörfer waren für die neuartige Zentralverwaltung; der Rest war geteilter Meinung oder unentschieden. Von 4 500 Hopi stimmten 1936 nur 651 für die Einrichtung eines Stammesrates und 104 dagegen. Alle anderen demonstrierten ihre Ablehnung oder ihr Desinteresse durch Fernbleiben von der Abstimmung. Doch das Ergebnis galt als Annahme; seit dieser Zeit gibt es also einen Stammesrat aller Hopi.

Seit dieser Zeit (spätestens) gibt es aber auch eine Rivalität zwischen denjenigen Dörfern, die eher traditionell, und denjenigen, die eher fortschrittlich eingestellt sind. Die Traditionalisten aller Dörfer boykottierten den »Tribal Council« von Anfang an. Ab 1940 verfügte der Stammesrat über keine beschlußfähige Mitgliederzahl mehr. 1945 kam seine Arbeit völlig zum

Erliegen. 1949/50 wurde er wiederbelebt. Einer der Gründe dafür war, daß es ein Gremium geben sollte, mit dem Pachtverträge zum Abbau von Bodenschätzen abgeschlossen werden konnten. Zwar besaß der Stammesrat seit Mai 1950 wieder die Mindestzahl an Mitgliedern, um beschlußfähig zu sein. Dennoch war er in den folgenden Jahren und Jahrzehnten immer wieder monatelang funktionsunfähig, weil die Mitgliederzahl wiederholt unter diese Grenze sank.

Bis heute erheben die traditionell eingestellten Dörfer den Anspruch, eigenständig über ihr eigenes Schicksal entscheiden zu können. So hat die Gründung eines Stammesrates leider nicht dazu beigetragen, die Hopi zusammenzuführen. Sie hat vielmehr die Gegensätze zwischen ihnen vertieft, hat vor allem die Gegensätze zwischen den sogenannten Traditionalisten und den sogenannten Fortschrittlichen verschärft. Von einer einheitlichen politischen Meinungsbildung kann bei den Hopi heute nicht gesprochen werden. »Disruptive tendencies« bestimmen bis zum heutigen Tage das Bild.

Das ist besonders schlimm in einer Zeit, in der große Rohstoffvorkommen auf Reservationsgebieten entdeckt worden sind und sich deshalb die Aufmerksamkeit energiehungriger Konzerne auf diese Gegenden richtet. Der Stammesrat und die sogenannten fortschrittlichen Hopi sind eher für den Abbau der riesigen Kohlevorkommen auf der Black Mesa; die traditioneller eingestellten Hopi sind eher dagegen. 1961 vergab der Stammesrat eine Bergbaukonzession im Wert von mehr als 3 Millionen Dollar. Diese Vergabe wurde von den Traditionalisten scharf bekämpft. Sie beklagen die ungeheure ökologische Verwüstung und die Zerstörung der Landschaft, die der Kohle-Tagebergbau anrichtet; und sie legten ihr Selbstverständnis dar, nach welchem sie sich als Hüter und Bewahrer des ihnen heiligen Landes sehen. – Sie konnten sich jedoch gegenüber dem Stammesrat nicht durchsetzen, da dieser als ein legal gewähltes Regierungsgremium gilt.

Es handelt sich hierbei um den Kohleabbau auf der Black Mesa, etwa 100 km nördlich der Hopi-Siedlungen. 1966 erhielt die Peabody Coal Company vom Stammesrat die Genehmigung für die Kohlegewinnung in den nächsten 35 Jahren. Die jährliche Fördermenge beträgt zwischen 200 000 und 1,3 Millionen Tonnen. Die Entschädigung der Hopi ist – gemessen an den Gewinnen der Kohle-Gesellschaft – minimal: Seit 1970 beträgt sie jährlich im Durchschnitt eine halbe Million US-Dollar (Pachtgebühren für die Lizenz des Tagebergbaus auf Black Mesa). Gerade vor wenigen Jahren (1989) sind neue Verhandlungen zwischen dem Hopi-Stammesrat und der Peabody Coal Company über eine Ausweitung des Kohleabbaus angelaufen.

Dieses Geld hat natürlich zu einer Verbesserung der Lebensumstände auf der Hopi-Reservation geführt. Vielen Menschen geht es heute in materieller Hinsicht besser als vor 30 oder 40 Jahren. Andererseits wird von den Traditionalisten der Mißbrauch und die Zerstörung des Landes als ein Sakrileg gegen die Heiligkeit des Lebens und gegen die Balance der Natur bezeichnet. Tatsächlich ist es keine Frage, daß diese Entwicklung einer sogenannten Modernisierung insgesamt zu einer Säkularisierung der Lebensweise der Hopi geführt hat und noch führt: In mehreren Dörfern sind die religiösen Zeremonien weitgehend ausgestorben; die Schlangen-Zeremonie wird nur noch in zwei Dörfern gefeiert; die Hopi-Sprache wird zunehmend vom Englischen verdrängt; Alkoholismus und Zuckerkrankheit melden sich als Folge der veränderten Ernährungsgewohnheiten. Nur auf der Zweiten Mesa ist das Zeremonialwesen heute noch einigermaßen intakt und sehr lebendig.

Zugleich entstehen durch den Kohleabbau riesige Umweltschäden: Die Erdoberfläche und die Vegetation werden zerstört; der Grundwasserspiegel sinkt durch die Entnahme riesiger Mengen von Wasser, mit dem die Kohle durch Pipelines zu den Kraftwerken transportiert wird; die Kraftwerke selbst geben riesige Mengen an Schadstoffen an die Umwelt ab. Die durch eines der Kraftwerke verschmutzte Luft war das einzige von Menschen verursachte Objekt, das von den Astronauten eines Apollo-Raumschiffes auf der Erde ausgemacht werden konnte.

Der Kohleabbau auf der Black Mesa hat aber auch zu einer Verschärfung der Spannungen zwischen den Hopi und den Navajo geführt. Die Kohlevorkommen liegen im Grenzbereich des Gebietes, das 1882 den Hopi als Reservation zuerkannt worden war. Da die Navajo-Indianer eine außerordentlich hohe Geburtenrate haben (und inzwischen zum volkreichsten Indianerstamm in Nordamerika geworden sind), drangen sie immer wieder in die z.T. dünn besiedelten Gebiete der Hopi-Reservation ein und ließen sich dort nieder. 1934 wurde deshalb ein wesentlich kleineres Gebiet zur eigentlichen Hopi-Reservation erklärt – der sogenannte »District 6« – die übrigen Gebiete der Reservation von 1882 aber wurden als »joint-use area« für Navajo und Hopi zugleich ausgewiesen. In diesem Gebiet siedeln inzwischen weit mehr Navajo als Hopi-Indianer. Gelegentlich kam es auch zu Zwischenfällen zwischen beiden Völkern.

Der Stammesrat der Hopi hat deshalb darauf gedrängt, durch eine Umsiedlungsaktion die Hopi und die Navajo voneinander zu trennen und eine endgültige Grenze zwischen ihren beiden Reservatsgebieten zu ziehen. Dieses ist der Kern des sogenannten »Hopi-Navajo-Dispute«. Washington unterstützte das Anliegen der Hopi. Im Jahre 1974 verabschiedete der amerikanische Kongreß ein Land-Schlichtungsgesetz, das die Besitzrechte in der »joint-use area« endgültig klären sollte. Zu diesem Zweck wurde durch das »Public Law 93-531« folgendes verfügt: Das bis dahin gemeinsam von Navajo und Hopi genutzte Gebiet (die »joint-use area«) sollte durch einen fast 500 km langen Stacheldrahtzaun in eine Hopi- und in eine Navajo-Hälfte geteilt werden. Alle Hopi und alle Navajo, die auf der jeweils »falschen« Seite dieser Demarkationslinie lebten, sollten umgesiedelt werden.

Der 8. Juli des Jahres 1986 wurde als das Datum bestimmt, an dem diese Umsiedlungsaktion und diese Grenzziehung abgeschlossen sein sollten. Etwa 10 000 Navajo und etwa 120 Hopi

Hopi-Mädchen (um 1900)

sollten bis zu diesem Zeitpunkt umgesiedelt sein. Am Big Mountain, einem heiligen Berg im Herzen des heutigen Siedlungsgebietes der Navajo, verhinderten Navajo-Frauen in teilweise gewaltsamen Auseinandersetzungen die Fertigstellung des Stacheldrahtzaunes entlang der Demarkationslinie. Gegen das »Public Law 93-531« wurde Verfassungsklage eingereicht, die sich auf die in den USA verankerte Religionsfreiheit beruft: Die traditionelle Religion der Navajo ist an bestimmte heilige Orte gebunden und kann nicht mehr ausgeübt werden, wenn die Menschen von diesen Orten vertrieben sind.

Das Jahr 1986 ist inzwischen lange verstrichen, ohne daß bis heute ein Ende dieser Aktionen und Planungen abzusehen ist. Die Hopi weisen gern darauf hin, daß sie niemals Krieg gegen die USA geführt haben; daß sie niemals militärisch besiegt worden sind; daß sie nie einen Vertrag über Landabtretungen unterzeichnet haben. Mit diesen Argumenten erheben vor allem die Traditionalisten unter ihnen Anspruch auf das gesamte von ihnen früher genutzte Gebiet, das die heutigen engen Reservationsgrenzen (des District 6) um ein Vielfaches übersteigt.

# Gesellschaft und Alltagsleben

Die Geburt eines Kindes findet heute auch auf der Hopi-Reservation meistens in einem Krankenhaus statt. So lassen sich nur noch unter Schwierigkeiten jene Riten vollziehen, die traditionellerweise mit der Geburt eines Kindes bei den Hopi verbunden waren: Die Isolation der Mutter mit ihrem Kind in einem abgedunkelten Raum des Hauses während der ersten 19 Tage nach der Geburt. Am 20. Tag wurde dann das Kind in einer feierlichen Zeremonie der aufgehenden Sonne dargestellt, in die Dorfgemeinschaft aufgenommen und mit einem Namen identifiziert. – Doch immer noch wachsen die Kinder in aller Regel in der Großfamilie der eigenen Mutter oder der Großmutter (mütterlicherseits) heran.

Bevor ein Kind 12 Jahre alt ist – also vor der Pubertät – wird es auch heute noch in der Regel in den ersten religiösen Bund – meistens ist es der Kachina-Bund – initiiert. Dadurch lernt es das Geheimnis der Kachina-Tänze kennen und erwirbt selbst das Recht, an Kachina-Tänzen teilzunehmen. Später stehen dann Initiationen in die religiösen Bünde der Erwachsenen an. Damit wird ein Kind voll in die Welt der Erwachsenen integriert. Zugleich ist es in ein Netz von Verwandtschaftsbeziehungen eingebunden: Diese sind z.T. durch die Geburt gegeben (Großfamilie, Clan, Phratrie, Dorf); z.T. sind sie durch die religiösen/zeremoniellen Mitgliedschaften bedingt (Bund, Zeremonie, Kiva); und zu einem dritten Teil werden sie durch die Heirat erworben (Verschwägerung, Großfamilie des Ehepartners). – Allerdings ist heute eine zunehmende Zahl von erwachsenen Hopi nicht mehr in Erwachsenenbünde initiiert – etwa weil sie einer christlichen Glaubensrichtung angehören oder weil sie fern der Reservation aufgewachsen sind.

Es ist fraglich, ob man die Hopi-Gesellschaft matriarchal nennen kann. Sicherlich ist sie aber eine matrilineare und matrilokale Gesellschaft: Die für die Sozialbeziehungen des Kindes zentrale Clanzugehörigkeit vererbt sich nur durch die Mutter, nicht durch den Vater; das Zentrum eines Haushaltes ist meistens die ältere Frau; dazu gehören dann ihre Töchter, ihre unverheirateten Söhne und die Kinder ihrer Töchter; die Ehemänner stoßen gewissermaßen von außen hinzu; sie gehören zwar zum Haushalt, doch nicht zum gleichen Clan. Auch Söhne haben ein lebenslanges Wohnrecht im Haus der Mutter. Sie kehren manchmal dorthin zurück, wenn z.B. ihre eigene Ehe zerbricht. Denn nach Hopi-Tradition zieht der Mann nach der Heirat zur Frau, nicht die Frau zum Mann. Wenn also eine Ehe nicht gelang/gelingt, war/ist es der Mann, der fortgeht – häufig zurück in den Haushalt seiner Mutter.

Da auch Haus und Feldfrüchte nach der Hopi-Tradition immer der Frau gehören – der Mann hat allerdings die Felder zu bestellen – war/ist die Stellung der Frau zweifellos stark. Daß diese Relation der Geschlechter heute unter dem Einfluß weißer patriarchalischer Modelle aus dieser überlieferten Balance zu geraten droht, ist allerdings offensichtlich. Die Aufgaben der Frau sind aber auch heute – wie in der Vergangenheit – überwiegend im Hause: Sorge für die Kinder, Sorge für die Alten; Bereiten der Mahlzeiten; Töpfern, Korbflechten etc.

Auf der Reservation gibt es inzwischen mehrere (Tages-)Schulen, die von nahezu allen Hopi-Kindern besucht werden. Die Unterrichtssprache ist überall Englisch. Versuche, in der Grundschule Hopi zu sprechen, sind zunächst wieder aufgegeben worden. Die Lehrer sind zu einem guten Teil Weiße, die mit dem kulturellen Hintergrund ihrer Schüler nicht unbedingt intensiv vertraut sind. So sind diese Kinder zwar besser dran als ihre Vorgänger um 1890, die mit Gewalt in die Schulen geholt und dort festgehalten wurden. Doch sind sie auch heute noch oft genug gefangen zwischen traditionellen religiösen Beziehungen in der Familie und in den Geheimbünden auf der einen Seite – und der wissenschaftsorientierten, auf euro-amerikanische Wertvorstellungen hinarbeitenden Schulausbildung auf der anderen Seite.

Bei der Partnerwerbung spielt die Frau häufiger eine aktive Rolle: Nach der Tradition gewinnt sie durch eine Heirat einen

Arbeiter für die Felder ihrer Familie; und wenn sie ein Kind geboren hat, wird sie geehrt als ein Ursprung neuen Lebens. – Allerdings wird eine Eheschließung zwischen Mitgliedern des gleichen Clans oder auch mit einem Mitglied des väterlichen Clans nach der Hopi-Tradition strengstens abgelehnt. Alle Mitglieder eines Clans gelten als miteinander verwandt, führen nämlich ihre Abstammung auf einen gleichen Urahn zurück. Deshalb wäre eine solche Ehe innerhalb der Mitglieder eines Clans eine Ehe unter Verwandten. Davor aber schrecken Hopi – wie auch andere Indianer – entschieden zurück. Das Heiratsverbot gilt im Prinzip sogar für die Phratrie – also für die mit dem eigenen Clan enger verbundenen anderen Clane. Da es bei den Hopi heute etwa 40 Clane gibt, fällt durch diese Regelung eine relativ große Zahl von Mitgliedern des anderen Geschlechts für eine Heiratswerbung von vornherein aus. – Diese Tabuisierung einer Heirat innerhalb eines Clans wird auch heute noch einigermaßen beachtet, so daß nicht gerade häufig Heiraten zwischen Mitgliedern des gleichen Clans vorkommen.

Wenn es auch so scheint, als nähmen die Männer in der Hopi-Gesellschaft eine mehr randständige Position ein, so gilt doch das bei den Hopi – und in anderen indianischen Kulturen – zentrale Prinzip der Balance auch für die Beziehung von Mann und Frau: Beide gemeinsam halten die Erde im Gleichgewicht, so wie auch Vater Sonne und Mutter Erde es tun. Männer und Frauen haben zwar unterschiedliche Pflichten und Charaktere, aber sie sind gleich wichtig für ein ausbalanciertes Universum.
Diese umfassende Balance im ganzen kosmischen Geschehen ist eines der entscheidenden Grundprinzipien im Denken der Hopi. Durch göttliche Schöpferkräfte wurde die Balance in die Welt hineingelegt; der Mensch ist nun aufgerufen, diese Balance zu erhalten – oder sie wiederherzustellen, wenn sie einmal an einer Stelle gestört ist. Jeder Krieg, jede Krankheit, jedes Unglück stellt einen solchen Verlust kosmischen Gleichge-

wichts an einer Stelle des Gesamtgefüges dar. – Eine der wichtigsten Aufgaben der religiösen Zeremonien der Hopi besteht in der Erhaltung oder der Wiederherstellung dieser universalen Balance.

Das Alltagsleben der Hopi wird weitgehend durch die Besonderheiten des Landes bestimmt, in dem sie leben. Das kontinentale Klima einer Trocken-Gras-Steppe und Halbwüste bringt sehr heiße Sommer und kalte Winter. Vor allem aber verursacht der geringe Niederschlag (weniger als ein Drittel unserer Niederschläge) einen großen Wassermangel und von daher eine besondere Form der Landwirtschaft.

Die Hopi sind Farmer gewesen, soweit man ihre Kultur zurückverfolgen kann. Ihre Felder liegen in der Regel unterhalb der Mesas auf den Talflächen, und zwar an solchen Stellen, wo das Grundwasser von den Wurzeln der Pflanzen am ehesten erreicht werden kann. Die wichtigsten Produkte waren stets Mais, Bohnen, Kürbis, Baumwolle und Tabak, zu denen später weitere, von Europäern eingeführte Obst- und Gemüsesorten kamen.

Vor allem der Mais ist für die Hopi auch heute noch ein zentrales – und darum ein sehr heiliges – Nahrungsmittel. Nach der Tradition bebaut jeder Hopi seine eigenen Maisfelder nach dem System des »dry farming«, das in der Regel auch in dieser Wüstenregion gute Erträge sichert: Der Bauer bohrt mit einem Grabestock ein Loch in den Boden, das etwa 30 – 40 cm tief ist. In dieses Loch werden etwa neun Maiskerne gelegt, »drei für die Würmer, drei um durch den harten Boden zu stoßen und drei um zu wachsen« (wie es bei ihnen heißt). Tatsächlich wachsen so die Pflanzen buschartig heran, und die äußeren können die inneren vor den heftigen und kalten Winden schützen. Das nächste Loch wird dann erst in einem Abstand von zwei bis drei Metern gebohrt. So sieht ein Hopi-Maisfeld ganz anders aus als ein Maisfeld hierzulande.

Hopi vor seinen Maispflanzen

Für eine gute Ernte ist nun nicht nur das Geschick des Bauern
sowie der durch Zeremonien erbetete und ertanzte Regen
wichtig; da Maispflanzen spirituelle Wesenheiten sind, ist es
auch wichtig, daß der Bauer zu den Pflanzen spricht, wenn er
über das Feld geht. Ein 35jähriger Mann auf der Reservation
bestätigte noch 1987, daß der Hopi wenigstens in seinem Herzen ein Lied und ein freundliches Wort für die Maispflanzen
haben solle, wenn er auf seinem Feld arbeite. Er fügte hinzu,
daß es bei ihnen ein Sprichwort gebe; dieses besage, daß die
Maispflanzen den Menschen besser kennen als der Mensch die
Pflanzen kennt.

Dahinter wird die holistische Auffassung sichtbar, daß alle Wesen der Welt – nicht nur der Mensch – spiritueller Natur sind. Dazu kommt der Gedanke von der Interdependenz, der Vernetzung, der »interconnectedness« aller Teile des Universums zu einem Ganzen. Auch der Mensch ist in dieses ganzheitliche, spirituelle Gefüge eingebunden, da er nicht Gegen-Teil der Natur und Herrscher über sie ist, sondern ein Teil des Ganzen. Dann kann er aber auch mittels der spirituellen Verbindungslinien zwischen allem Seienden sowohl Botschaften von anderen Seinsbereichen empfangen als auch seine eigenen Botschaften den anderen Wesenheiten zukommen lassen. Dies geschieht durch helfende Gedanken, durch Gebet oder etwa bei einem Tanz durch die konzentrierte psychische Energieabstrahlung der Tänzer.

Die Hopi bauen nicht nur gelben Mais an, sondern auch weißen, roten, violetten, blauen und buntfarbenen. Diese verschiedenen Maisfarben symbolisieren für sie die sechs Hauptrichtungen des Raumes, nämlich die vier Himmelsrichtungen sowie den Zenit und den Nadir, also den Scheitelpunkt des Himmels und den Erdmittelpunkt. Die Bedeutung des Maises wird auch dadurch unterstrichen, daß praktisch bei jeder religiösen und zeremoniellen Handlung Maismehl als Zeichen des Segens benutzt wird – ähnlich wie das Weihwasser in christlichen Kirchen. Außerdem hat ein vollkommener Maiskolben – d.h. ein Maiskolben, bei dem die obersten Körner schön und vollständig ausgebildet sind – eine hohe zeremonielle Bedeutung: Jedes neugeborene Kind erhält einen solchen Maiskolben; und auch der junge Mann, der in einen Zeremonialbund eingeführt wird, erhält solch eine »Mais-Mutter« (»Mother Corn«) als Zeichen des Segens.

Es ist aber auch eine Tatsache, daß von Jahr zu Jahr immer weniger Hopi ihren eigenen Mais anbauen und daß heute die Größe der bestellten Felder und ihre Zahl ständig abnimmt. Geld läßt sich anderswo weniger mühsam verdienen – wenn man bei der Arbeitssuche Glück hat –, und Maismehl kann man heute auch auf der Hopi-Reservation im Geschäft kaufen.

– Außerdem benutzen Hopi inzwischen für ihre Feldarbeit auch kleine Lastwagen und Traktoren. Dadurch wird die Feldarbeit erleichtert; zugleich sind die Hopi dadurch natürlich stärker in die »cash economy« (die »Bargeld-Wirtschaft«) der amerikanischen Kultur eingebunden, und ihre Abhängigkeit von der Wirtschaft der USA ist intensiver geworden. – Von den Spaniern hatten die Hopi außerdem Esel, Schafe, Ziegen und Rinder übernommen, so daß es bei ihnen inzwischen auch Schaf- und Rinderzucht gibt.

Neben dem Landbau (und der Viehzucht) spielen Handwerk und Kunsthandwerk in der Hopi-Gesellschaft eine bedeutende Rolle. Dazu gehören vor allem Korbflechten, Töpferei, Weben, Silberschmiedearbeiten und das Schnitzen von Kachina-Figuren. Im Unterschied zum Ackerbau sind diese Tätigkeiten heute eher noch im Wachsen begriffen, weil auch weiße Besucher diese Produkte schätzen und teuer bezahlen. Dazu im einzelnen: Das Flechten von Körben ist das älteste Kunsthandwerk auf dem nordamerikanischen Kontinent. Die frühesten Funde weisen auf 7000 vor Christus. Eine ganze kulturelle Epoche, etwa zwischen 300 v.Chr. und 700 n.Chr., hat den Namen »Basketmaker Period« erhalten. Bei den Hopi gibt es eine ununterbrochene Tradition des Flechtens von Tragekörben, Brotschalen etc. Es gibt eindrucksvolle sogenannte Spiralwulstkörbe, und geflochtene Schalen dienen der Aufbewahrung des

Hopi-Korbflechterin

Maismehls bei heiligen Zeremonien. – Das Flechten ist eine Arbeit der Frauen; meistens wird ein Material verwendet, das von der Yucca-Pflanze stammt. Schöne Körbe zeigen Abbildungen von Tieren, Wolken, Blitzen; aber auch geometrische Symbole sind beliebt.

Weben ist bei den Hopi – im Unterschied zu den Navajo – eine Arbeit der Männer. Als Materialien werden Wolle und Baumwolle verwendet. Eindrucksvolle geometrische Muster schmücken vor allem den Rand der gewebten Decken. Vor der Hochzeit ist es nach einer Hopi-Tradition Aufgabe der Verwandten des Bräutigams, das Hochzeitskleid für die Braut zu weben. Dieses gleiche Gewand trägt die Frau später nach ihrem Tod auch als Totengewand.

Töpfern ist wiederum eine Arbeit der Frauen. Auch diese Kunstfertigkeit kann man bei den Hopi bis zu den frühesten Anfängen ihrer Kultur zurückverfolgen. Zunächst waren die Töpfe für den täglichen Gebrauch bestimmt. Heute gibt es auch zahlreiche, sehr fein polierte Töpfe mit verschiedenen Mustern, die gleich für den Verkauf hergestellt werden. Dabei findet man nebeneinander sowohl althergebrachte Formen und Motive als auch eine moderne individuelle Gestaltung des jeweiligen Künstlers. Berühmte Hopi-Töpferinnen in diesem Jahrhundert waren u.a. Nampeio aus dem Dorf Hano und Polingaysi Qoyawayma (Elizabeth White) aus Oraibi. Eine wichtige Tradition ist es, daß die Künstlerin sich ihren Ton nicht im Geschäft kauft, sondern daß sie ihn selbst in der Natur dort holt, wo er für ihre Ideen und ihre Arbeit am besten ist. Und wenn sie den Ton aus der Erde nimmt, wird sie nach alter Tradition für diese Gabe der Erde ein Dankgebet sprechen oder eine kleine Gabe als Ausgleich dort niederlegen. Wenn schließlich ein Topf beim Brennen bricht, so wollte er nicht bei den Menschen sein. Seine Scherben werden in manchen Pueblos aus dem Dorf herausgetragen und zu einem Berg gebracht.

Grundsätzlich werden die Töpfe bei den Hopi – wie auch bei anderen Indianern – nicht auf einer Töpferscheibe gezogen,

Hopi-Keramik (2. Hälfte des 19. Jahrhunderts)

sondern ausschließlich mit der Hand gemacht. Dabei legen die Frauen (heute auch Männer) Rollen oder Bänder von Tonerde spiralförmig übereinander, um den Topf so aufzubauen. Später glätten sie die Bänder und Wülste dann mit den eigenen Händen und schaffen so wunderschöne Töpfe mit (manchmal) hauchdünnen Wänden. – Die Beibehaltung dieser »Aufbau-Technik« (»Coiling«) und die konsequente Ablehnung der Töpferscheibe ist wohl eine bewußte Entscheidung für die indianische Tradition und gegen weiße Einflüsse: Was mit der Töpferscheibe hergestellt wurde, ist für sie nicht mehr Handarbeit. Silberschmiedearbeit – wieder eine Tätigkeit der Männer –

wurde erst im vergangenen Jahrhundert über die Navajo bei den Hopi eingeführt. Sie nimmt heute bei vielen Hopi einen wichtigen Platz für die Sicherung des Einkommens ein. Dabei benutzen sie ein besonderes Verfahren, das man als »overlay«-Technik bezeichnet: Zwei Silberplatten werden aufeinandergelegt und miteinander verschweißt, nachdem aus der oberen Scheibe bestimmte Muster und Motive ausgestanzt oder ausgesägt worden sind. Da zugleich die untere Platte durch Oxydation geschwärzt worden ist, heben sich die Muster und Motive in der oberen Platte deutlich und wirkungsvoll vor diesem dunklen Hintergrund ab. Natürlich werden als Motive viele überlieferte Symbole verwendet: Wolken, Blitze, Maispflanzen, Treppenstufen, Kachina-Figuren, Regenschlangen und andere. Berühmte Silberschmiede waren/sind u.a. Fred Kabotie und Charles LoLoma.

Neben der Silberschmiedearbeit ist das Schnitzen von Kachina-Figuren heute die wichtigste kunsthandwerkliche Tätigkeit bei den Hopi. Kachinas sind in der Religion der Hopi die geistigen Wesenheiten aller Naturkräfte, die in grauer Vorzeit den Hopi einmal alle Künste gezeigt haben, welche sie zum Überleben in dieser Welt brauchen. Heute helfen sie den Hopi, den Regen herbeizubringen und die Fruchtbarkeit der Felder zu fördern. Dabei ist es allerdings religiöse Aufgabe der Hopi, sie (die Kachinas) in Zeremonialtänzen darzustellen. Dies geschieht alljährlich in den Kachina-Tänzen von Dezember bis Juli. – Damit nun Kinder sich an das Aussehen dieser helfenden Geistwesen gewöhnen können, schenken Kachina-Tänzer während des Tanzes den Kindern, vor allem den Mädchen, kleine Kachina-Figuren, die sie aus der Wurzel der amerikanischen Pappel (cottonwood) geschnitzt haben.

Eben diese Kachina-Figuren sind inzwischen zu einem beliebten kunsthandwerklichen Gegenstand und zu gesuchten Sammelobjekten bei Reservationsbesuchern und auch in vielen Museen geworden. Dadurch haben diese Figuren ihren ursprünglichen sakralen Charakter weitgehend eingebüßt, denn viele Kachina-Figuren werden heute gleich für den Verkauf gefertigt. Jetzt bringen sie nicht mehr so sehr durch ihre spirituelle Kraft als vielmehr durch ihren Preis den Hopi ein Stück Wohlstand. – Gerade bei diesen Kachina-Figuren läßt sich über die letzten 100 Jahre hin eine deutliche Stilentwicklung beobachten: von den älteren, sehr statisch wirkenden Figuren, bei denen die Arme eng am Körper anliegen, bis hin zu neueren, bewegten Kachinas, bei denen sich die Glieder vom Körper lösen und z.B. eine Tanzbewegung demonstrieren. Wo früher stilisierte Formen vorherrschten, sieht man heute »action dolls«. Die Gestaltung der Figuren ist im Laufe der Zeit immer realistischer geworden.

Über die Rolle der Kachinas in der Religion der Hopi soll unten noch ausführlicher gesprochen werden.

Eine andere Form, den Lebensunterhalt zu bestreiten, ist z.B. eine Tätigkeit für die Stammesverwaltung. Von dieser bei den Hopi so umstrittenen Einrichtung lebt inzwischen eine ansehnliche Zahl von Hopi-Familien. – Schließlich arbeiten manche Männer und auch Frauen in Fabriken, meist außerhalb der Reservation. Wieder andere leben von der Wohlfahrt. – Keine Frage: Viele Hopi führen ein bescheidenes – einige gar ein ärmliches – Dasein; junge Leute, die kein Auskommen auf der Reservation finden, wandern ab in die größeren Städte der Umgebung, um dort ihr Glück zu versuchen.

Die Dörfer der Hopi (z.T. am Fuß der Mesas, z.T. auf den Mesa-Höhen) bestehen aus rechteckigen Häusern. Im Zentrum eines jeden Dorfes liegt eine »Plaza«. Auf dieser Plaza finden die Tänze als ein Teil der religiösen Zeremonien statt. Die Häuser sind aus Stein und Lehm gebaut und haben häufig mehrere Stockwerke, heute auch Türen und Fenster. Bis auf drei Dörfer (Hotevilla, Old Oraibi und Walpi) sind inzwischen alle an das elektrische Stromnetz angeschlossen. Deshalb findet man in den meisten Häusern heute Kühlschränke, Radios und Fernsehgeräte. Dadurch gelangt natürlich auch der ganze Rummel einer materialistischen Zivilisation in das Leben dieser Menschen. Die dadurch verursachten Wandlungen im Alltagsleben betreffen u.a. das traditionelle abendliche Erzählen von Geschichten, Mythen und Legenden: Es stirbt langsam aus. Zugleich nimmt die Zahl der typisch weiß-amerikanischen Wohnformen auf der Reservation zu: Es gibt von Jahr zu Jahr mehr Wohnwagen.

Die Kommerzialisierung eines ehemals heiligen und religiösen Bereiches, die sich gerade an den Kachina-Figuren so deutlich verfolgen läßt, stellt gegenwärtig einen wesentlichen Trend in der Entwicklung der Kultur der Hopi (wie auch anderer Indianer) dar. Hopi und andere Indianer haben in ihrer Tradition nie streng unterschieden zwischen dem, was als heilig, und dem, was als unheilig oder profan galt. Das alltägliche Leben und das religiöse Leben waren im Grunde identisch und bildeten ein Ganzes. Eine Sonntagsreligiosität gab es nicht. Im Prin-

Hopi-Dorf Walpi

zip galt alles Tun als religiös relevant, alles Seiende als erfüllt
vom göttlichen Geiste, die ganze Welt als spirituell, alles als
heilig.

Durch den Dualismus der abendländischen, euro-amerikanischen Kultur und ihre strikte Trennung zwischen dem Diessei-
tigen und dem Jenseitigen, zwischen dem Heiligen und dem
Profanen (sowie durch die damit verbundene Entheiligung
alles Weltlichen) ergab sich langsam auch auf Indianerreservationen – so auch bei den Hopi – zunehmend eine dualistische
Lebensform, in welcher die Dinge des Alltags nur alltäglich
sind; in welcher die raum-zeitliche Existenz der Welt nur dies-
seitig-profan ist; in welcher also die Säkularisierung des All-
tagslebens deutlich zunimmt. Es ist wohl nur eine Frage der
Zeit, wie lange ganz anders orientierte, ganzheitlich-holistische
Kulturen – wie die der Hopi – dem mächtigen Ansturm des
dualistischen und materialistischen Denkens der dominanten
weißen Gesellschaft widerstehen können. Denn die Versuchungen einer materialistischen Zivilisation sind für alle Menschen groß. Auch für Indianer. Auch für Hopi.

# Religiöse Überzeugungen der Hopi

Im Mittelpunkt des religiösen Tuns der Hopi stehen die *Kachinas*. Sie sind im strengen Sinne keine Gottheiten, sondern geachtete spirituelle Wesenheiten, unsichtbare Kräfte des Lebens und aller Naturerscheinungen: der Pflanzen, Tiere, Mineralien, Wolken und Winde; verstorbener Menschen; der Gestirne. Jede Kachina hat ihr eigenes charakteristisches und unverwechselbares Aussehen. Wenn man sie mit Konzepten in unserer Kultur vergleichen will, so wird man am ehesten an Engel und Heilige denken.

Kachinas begleiteten die ersten Menschen auf dieser Erde, lehrten sie die Zeremonien und die Künste. Danach verließen sie zwar die Menschen und zogen sich in ihre Wohngebiete auf den San Francisco Mountains (in der Nähe der Stadt Flagstaff) zurück. Doch begleiten sie weiterhin das Tun der Hopi mit ihrer Fürsorge und ihrer Hilfe: Noch immer verbringen sie etwa die Hälfte des Jahres, nämlich die Zeit von Dezember bis Juli, in den Hopi-Dörfern; sie sorgen während dieser Zeit für das Keimen und Gedeihen der Feldfrüchte, bringen Regen herbei und beschützen die Menschen.

In diesen sieben Monaten können die Menschen während religiöser Maskentänze die Kachinas sehen und mit ihnen umgehen. Es sind Männer bestimmter religiöser Bünde, die sich hinter diesen Masken verbergen. Doch ist es religiöse Überzeugung gläubiger Hopi, daß ein solcher Mann nicht nur eine Kachina symbolisiert oder darstellt, sondern daß er sich während des Tanzes realiter in eine Kachina verwandelt, wenn er den Tanz mit reinem Herzen und unter Beachtung der rituellen Vorschriften durchführt. Hier geschieht also für den Gläubigen eine Realverwandlung – in etwa vergleichbar der Verwandlung des Brotes in den Leib Christi durch den geweihten Priester (nach katholischer Überzeugung).

Diese Kachina-Tänze sind besonders eindrucksvolle Teile der Riten des Hopi-Zeremonialkalenders. Einige der bedeutendsten Zeremonien tragen diese Namen: Wúwuchim; Soyál; Powamu. – Nicht zu den Maskentänzen gehören die gleichwohl sehr eindrucksvolle Flötenzeremonie (»Flute Ceremony«) und der Schlangentanz (»Snake Ceremony« oder »Snake Dance«). Diese und einige weitere Tänze sind jeweils das auf der Plaza eines Dorfes stattfindende und so der Öffentlichkeit zugängliche Ende mehrtägiger (vier bis sechzehn Tage dauernder) Zeremonien in den unterirdischen Zeremonialräumen der Dörfer, den Kivas. Alle diese Zeremonien bilden einen das ganze Jahr umfassenden Hopi-Zeremonialkalender. Zu den Kulthandlungen gehört dabei u.a. auch: das Anfertigen und Opfern von Gebetsfedern und Gebetsstäben; das wiederholte segnende Ausstreuen von Maismehl; das Rauchen einer Pfeife, um die Verbindung des Menschen mit den geistigen Wesenheiten der Dinge zu demonstrieren.

In allen diesen religiösen Feiern betet die Gemeinschaft um geistiges und materielles Wohlergehen, vor allem um Regen für das Gedeihen der Feldfrüchte. Die Zeremonien stellen in dramatisierter Form jedoch Verschiedenes zugleich dar: die Entfaltung der Welt; das Zusammenspiel der Naturkräfte; die Geschichte der Hopi auf dieser Erde. Aber es ist auch Überzeugung der gläubigen Hopi, daß nur durch das regelmäßige Abhalten all dieser Zeremonien die Welt und die Menschen im Gleichgewicht, d.h. in der bei der Schöpfung gemeinten kosmischen Balance, gehalten werden können. Insofern stellen diese Zeremonien nicht nur einen Dienst für die Hopi, sondern für das Wohl der ganzen Welt und aller Menschen dar.

Solch ein ganztägiger religiöser Tanz ist in Wirklichkeit ein dramatisiertes Gebet, bei dem die Bitten der Menschen mit den unentwegt stampfenden Füßen in den Boden hineingetanzt werden. Es gehört für mich immer wieder zu den eindrucksvollsten und erregendsten Erlebnissen überhaupt: Man steht auf dem Dach eines Hauses auf einer Mesa; ringsum erstreckt sich das Land wie ein grenzenloses Meer; die Weite eines endlosen blauen Himmels wölbt sich über den Dörfern und der Landschaft. Plötzlich hört man klappernde und rasselnde Geräusche: Aus den unterirdischen Kammern, den Kivas (wo schon viele Tage nicht-öffentliche Gebete und Riten vollzogen wurden) tauchen langsam maskierte Tänzer auf – anscheinend eine endlose Reihe; umständlich formieren sie sich auf der Plaza in Linie oder Kreis; dann beginnt der Tanz, eine dramatisierte Liturgie, die sich mit Unterbrechungen den ganzen Tag hinzieht.
Dabei hört man unentwegt das »irdene« Stampfen der Füße; den Ton der Kürbisrasseln in den Händen der tanzenden Männer; den tiefen dröhnenden Herzschlag einer großen Trommel; das dumpfe Gemurmel und Summen der Männerstimmen. Alle diese Laute scheinen die Geräusche der erflehten Naturerscheinungen vorwegzunehmen: den prasselnden Regen; die rauschenden Bäche; Blitz und Donner; den Herzschlag der Erde.

55

Durch die Abstrahlung konzentrierter psychischer, physischer und spiritueller Energie versuchen die Tänzer, die Naturkräfte in ihrem Sinne zu beeinflussen. Denn nach ihrer Weltansicht wissen sich diese Menschen mit den Erscheinungen der Natur in einem unendlichen Gewebe verbunden. Wenn man diese Auffassung teilt, ist es gar keine Frage mehr, daß gegenseitige Beeinflussungen in diesem umfassenden und vernetzten System der gesamten Wirklichkeit möglich sind und tatsächlich dauernd stattfinden.

Wenn es dann gelingt, daß schon während des Tanzes der erflehte Regen beginnt – ich habe das ein paar Mal erlebt –, dann scheint sich die Energie der Tänzer noch um ein Vielfaches zu steigern: Sie erleben die unmittelbare Wirksamkeit ihres Betens und Tuns; sie wissen sich eins mit den Kräften der Natur.

Die Hopi gehören zu den wenigen Indianervölkern, bei denen solche Zeremonien noch ganz dem ursprünglichen religiösen Zweck dienen und (noch) nichts mit touristischen Attraktionen zu tun haben. Deshalb ist auch jede Form von Aufzeichnung oder Aufnahme während eines Tanzes strengstens verboten (seit 1910). Aber selbst auf der abgelegenen Hopi-Reservation ist der Einfluß der dominanten weißen Kultur so stark, daß in vielen Dörfern der Zeremonialzyklus des Jahres aufgebrochen ist. So findet die Schlangenzeremonie nur noch in zwei Dörfern statt, die einander Jahr um Jahr in der Durchführung dieses Rituals ablösen. Nur in wenigen Dörfern gelingt es noch, einen nahezu geschlossenen Zeremonialzyklus das ganze Jahr hindurch einzuhalten.

Übrigens sind die auf den Plätzen der Dörfer durchgeführten Tänze (auch die Maskentänze) für weiße Besucher offen – im Gegensatz zu den Maskentänzen der östlichen Pueblo-Indianer in New Mexico (die nicht zu den Hopi gehören). Bei diesen wird das ganze Dorf für weiße Besucher gesperrt, wenn ein Maskentanz stattfindet. Bei den Hopi ist nur der Schlangentanz seit 1986 für weiße Besucher gesperrt: Dieses uralte Ritual, das früher bei vielen Völkern zu Hause war, das aber heute auf dem amerikanischen Doppelkontinent nur noch von den Hopi wahrgenommen wird – und bei dem die Tänzer mit lebenden Schlangen tanzen.

Da den Hopi nach ihrer religiösen Tradition eine Hüterfunktion für ihr Land und für die gesamte Menschheit zukommt, ist es für sie auch so wichtig, daß diese Zeremonien nicht aussterben. Denn mit ihrer Hilfe nehmen sie diese Hüterfunktion wahr. Dabei ist es für die in der weißen Gesellschaft beschäftigten Hopi wegen des starren Tages- und Wochenrhythmus' der Arbeit außerordentlich schwierig, sich den Freiraum für ihre religiösen Aufgaben und Verpflichtungen zu erhalten.

Neben den Geistwesen, die als Kachinas bezeichnet werden, spielt im religiösen Glauben der Hopi vor allem *der Gott Massau'u* eine bedeutende Rolle. Er ist der Herr des Feuers und des Todes. Als solcher ist er aber zugleich auch der Herr dieser Vierten Welt, in der die Menschheit heute lebt. Als Herr über alles Leben auf dieser Erde hat Massau'u zunehmend die Rolle des Großen Geistes in dieser Welt übernommen. Er war es, der die ersten aus der Dritten Welt auftauchenden Menschen – die Hopi – in dieser Vierten Welt empfing und ihnen die Erlaubnis gab, hier zu siedeln. Mit seinen ersten Worten gab er ihnen zugleich ihren Lebensplan: »Wenn ihr bereit seid zu leben wie ich und meinen Anweisungen folgt, dem Lebensplan, den ich euch geben werde, dann könnt ihr hier bei mir leben und für das Land sorgen. Dann werdet ihr ein langes, glückliches und fruchtbares Leben haben.« Er hauchte diesen Lebensplan als Zeichnung auf heilige Steintafeln, die im Bären- und im Feuer-Clan von einer Generation zur anderen weitergegeben wurden/werden. Damit ist Massau'u der Begründer der Kultur der Hopi.

Schließlich spielt auch *Spinnenfrau* oder »Großmutter Spinne« (»Spider Woman« oder »Spider Grandmother«) in der Mythologie der Hopi eine wichtige Rolle. Sie ist die Verkörperung der guten Mutter, überhaupt der Güte und der Gerechtigkeit sowie allen irdischen Wissens. Sie half, die Welt für die Menschen wohnlich zu machen. Sie ist die treibende Kraft hinter Entdekkungen und Erfindungen. In großmütterlicher Liebe ist sie ihren beiden Enkeln, den launigen Kriegsgöttern Püánghoya und Palôngahoya, zugetan und hilft ihnen – sowie allen Hopi –, böse Kräfte, böse Ungeheuer und böse Gedanken zu überwinden.

In der Bedeutung von »Spider Woman« können wir vielleicht ein Bild der Hopi-Kosmologie erkennen: Alle Wirklichkeit ist miteinander verknüpft wie das Gewebe einer Spinne. Die Spinne aber webt alles, erschafft alle Wirklichkeit aus ihrem eigenen Leibe, aus ihrem eigenen Sein heraus. So ruht sie nicht in unnahbarer Ferne von ihrer Schöpfung wie ein transzendenter Schöpfergott; sondern sie ist ein Bild der immanenten Kraft einer sich fortlaufend weiterentwickelnden Schöpfung. – Die beiden Enkel von »Spider Woman« haben ihren Platz übrigens an den beiden Polen der Erde. Dort halten sie die Erdachse im Gleichgewicht und in gleichmäßiger Drehung. Wenn sie unachtsam sind, kann es zu Un- Gleichgewichten kommen, z.B. zu Erdbeben. In diesen Zwillingen hat der Grundgedanke der kosmischen Balance also gewissermaßen personalisierte Gestalt angenommen.

Gegenüber diesen hilfreichen und faßbaren Verkörperungen geistiger Kräfte spielt der *Schöpfer-Gott* eine weniger faßbare Rolle in der Hopi-Mythologie. Tawa oder Táiowa ist die ursprüngliche geistige Wesenheit, der spirituelle Aspekt des Seins, bevor es Zeit und Raum gab. Durch ihn entstand Sótuknang als ordnende Macht des Universums. Dieses Universum hat – wie gesagt – vor dieser Welt schon drei Welten oder Erdzeitalter durchlaufen. Doch da die Menschen einer jeden Welt sich von den Weisungen des Schöpfers entfernten, fanden alle diese Welten ein katastrophales Ende. Wenige Gerechte überlebten jedesmal und gründeten die jeweils nächste Welt. Aufgrund der Wiederkehr gleicher Entwicklungszyklen in diesen aufeinanderfolgenden Welten können die Hopi – aus vergangener Erfahrung – die Entwicklungsstufe der jetzigen Welt und ihre Nähe zum Ende erkennen.

Der Kosmos ist nach der Glaubensüberzeugung der Hopi ein komplexes System natürlicher und zugleich spiritueller Kräfte, die sich im Idealfalle und nach der Absicht des Schöpfers in Balance befinden. Ohne diese kann letztlich kein Leben auf der Erde existieren. Deshalb ist es so wichtig, diese Balance zu erhalten bzw. sie immer wieder herzustellen, wenn sie an einer Stelle des großen vernetzten Gefüges verlorengegangen ist. Dieses ist vor allem der Auftrag der Hopi, die diese Aufgabe durch ihre Zeremonien und durch ein Leben der Gerechtigkeit und Friedfertigkeit in Übereinstimmung mit den Weisungen des Großen Geistes wahrzunehmen suchen.

Es ist die Überzeugung vieler Hopi: Wenn durch den Ansturm der euro-amerikanischen Kultur die Religion der Hopi endgültig zerstört werden sollte, wird niemand mehr die Welt im Gleichgewicht halten können; und auch diese Vierte Welt wird sich dann auf ein katastrophales Ende zu bewegen. Die Zeichen dieser herannahenden Unordnung sind schon überall sichtbar. »Koyaanisqatsi« ist das Hopi-Wort für diese Welt, die mehr und mehr aus dem Gleichgewicht zu geraten droht.

Die Hopi glauben an ein Leben nach dem Tod. Dabei ist die zukünftige Welt dieser Welt hier ähnlich, nur steht sie in jeder Weise unter umgekehrten Vorzeichen: Wenn hier ein Mensch stirbt, wird dort einer geboren und umgekehrt; wenn hier Winter ist, ist dort Sommer; wenn hier Tag ist, ist dort Nacht – und jeweils umgekehrt. Die andere Welt ist also ein Spiegelbild dieser Welt, und beide Welten stehen in einer engen, sich gegenseitig unterstützenden Beziehung zueinander. Die Toten sind nicht »vergangen«, sondern für Ansprache und Gebet lebender Menschen zugänglich.

Der Name »Hopi« bedeutet in ihrer Sprache etwa: Diejenigen, die entsprechend göttlichen Weisungen, also rechtschaffen, aufrichtig, anständig und in Frieden mit Mensch und Natur leben. Ihr Name bezeichnet also ursprünglich und bis heute eine ethische Qualität; er wird von den Menschen dieses Volkes auch durchaus als Programm empfunden und dabei der heranwachsenden Jugend immer wieder als Verpflichtung vorgestellt.

Das bedeutet allerdings nicht, daß sie sich immer friedfertig verhalten hätten, wie wir oben im Überblick über die Geschichte der Hopi gesehen haben. Auch kommt es bei ihnen vor, daß Frauen, Kinder, Tiere geschlagen oder in anderer Weise gewalttätig behandelt werden. Wie es vermutlich keine nur friedfertigen Menschen und keine nur friedfertige menschliche Gesellschaft gibt, so existiert auch die Hopi-Gesellschaft nicht ohne Spannungen und nicht ohne Gewalt.

Es scheint aber, daß es den Hopi eher gelungen ist, solche Spannungen und Neigungen zu Gewalt in einen Akt der Trennung und Scheidung menschlicher Gruppen zu verwandeln. Die Teilung des Dorfes Oraibi im Jahre 1906 ist nur ein Beispiel für solche sich in der Hopi-Geschichte vollziehenden Vorgänge: Immer wieder haben menschliche Gruppen sich nach tiefem Zerwürfnis voneinander getrennt; sind etwa aus einem durch Streit zerfallenen Clan zwei neue Clane entstanden. Auch heute kann man auf der Reservation vor allem in der Gegnerschaft zwischen den sogenannten Traditionalisten und den sogenannten Fortschrittlichen diese Teilungstendenzen – wieder oder immer noch? – deutlich erkennen. Ob dieses Muster der Handhabung von Gewaltpotentialen (nämlich das Teilen, Trennen und Scheiden) ein Modell für die Handhabung unserer eigenen Gewaltpotentiale sein kann, muß wohl jeder Leser selbst entscheiden.

Wenn die Hopi auch zu den abgelegensten Indianervölkern der USA gehören, so sind sie doch wahrscheinlich das am meisten von Völkerkundlern studierte und untersuchte indianische Volk. Mehr als 100 Jahre lang hat eine große Anzahl von Ethnologen die Kultur der relativ offenherzigen und einigermaßen friedfertigen Hopi erforscht; ihre Bücher füllen Bibliotheken. Die Hopi sind möglicherweise das einzige Volk, über das es mehr Literaturtitel gibt, als es Menschen zählt. So mischt sich im Bilde der Hopi-Indianer eine Fülle wissenschaftlicher Erkenntnisse und Daten mit einer außerordentlich abgelegenen geographischen Lage und mit einer noch halbwegs intakten religiösen und sozialen Tradition.

Diese Faktoren machen die Hopi wahrscheinlich zu besonders interessanten Gesprächspartnern in unserer heutigen Welt, in der sich die Fragen des Überlebens der Menschheit angesichts ökologischer und waffentechnischer Gefährdung so dringend stellen. Deshalb wollen wir uns in den folgenden Kapiteln mit der Kultur und der Weltanschauung der Hopi aus der Sicht verschiedener (indianischer und weißer) Autoren beschäftigen.

# 3. Mythos und Geschichte

## *Die Erschaffung der Welt*

Nach der Tradition der Hopi lebt die Menschheit heute – wir hörten es schon in Kapitel 2 – in der Vierten Welt, nachdem die drei früheren Welten wegen moralischer Entartung der Menschen und wegen der Zerstörung des Gleichgewichts in der Natur zugrunde gegangen sind. Heute sehen gläubige Hopi auch diese Vierte Welt durch vielerlei Entartungen gefährdet, und manche prophezeien ihr baldiges Ende.

In dem folgenden Mythos geht es um die ursprüngliche Erschaffung der (1.) Welt, also um einen Schöpfungsmythos der Hopi. Darin ist allerdings von vier großen und übereinander gelagerten Höhlen der Unterwelt die Rede, in denen man wahrscheinlich die aufeinanderfolgenden vier Welten erkennen kann. – Insgesamt werden in diesem Schöpfungsmythos wichtige Aspekte der Hopi-Kultur, die bis in unsere Zeit hinein gelten, von den Göttern begründet.

Es ist natürlich reizvoll, diesen Schöpfungsmythos mit anderen Schöpfungsmythen – so etwa mit dem des Alten Testamentes – zu vergleichen. Dabei wird man Ähnlichkeiten und Unterschiede feststellen:

Nicht ein Gott, sondern zwei göttliche Wesen, ein männliches und ein weibliches, erschaffen alles. Darin kommt offensichtlich der bei Indianern zentrale Gedanke der Balance zum Ausdruck – hier zwischen dem männlichen und dem weiblichen

Prinzip – in dem alles seine Ruhe und seine Ordnung hat. Auch scheint es sich nicht um eine Schöpfung aus dem Nichts zu handeln, denn die beiden Schöpfer bedienen sich vorhandener Materialien. Doch ähnlich wie im Alten Testament begründen sie die kosmische Ordnung und erwarten Gehorsam der Menschen ihr gegenüber. Dann wird alles gut sein. Auch vollzieht sich in beiden Fällen die Schöpfung vor allem durch das erschaffende Wort.

Nach dem Begründen der Ordnung und der Belehrung der Menschen entschwinden diese beiden Schöpferwesen. Sie bleiben aber zugänglich und anrufbar als Helfer, wenn das für die Menschen nötig ist.

Vor allem das Entschwinden der (Spinnen-)Frau wird sehr anschaulich beschrieben. Wir mögen dabei an die ebenfalls detaillierte Beschreibung der Himmelfahrt Christi im Neuen Testament denken. Doch entschwindet die Spinnenfrau nicht nach oben in einen jenseitigen Himmel, sondern nach unten in die Erde hinein. Sie ist schließlich eine Erdgöttin; sie wohnt in den Winkeln und Falten der Erde; sie symbolisiert insofern auch die Zuwendung dieser Menschen zur Erde – und damit deren mehr ganzheitliches und nicht dualistisches Weltbild.

Die wichtige Rolle der Frau und des Clans in der Hopi-Gesellschaft wird in diesem Text ebenfalls angesprochen: Der Clan stellt bei jedem Hopi die entscheidende soziale Identifikationsgruppe dar; Clan-Zugehörigkeit wird aber ausschließlich über die Mutter vererbt; insofern steht jedes Kind zunächst und vor allem in der Blutslinie der Mutter, erbt gewissermaßen ihren Namen.

Dieser Schöpfungsmythos ist entnommen dem Buch Legends of the Hopi Indians – Spider Woman Stories; selected and interpreted by G.N. Mullet; Tucson, University of Arizona Press 1979, S. 1-6:

»Am Anfang gab es nur zwei Wesen: Tawa, den Sonnengott, und Spinnenfrau, die Göttin der Erde. Alle Geheimnisse und Mächte über der Erde waren Tawa zugeordnet, während Spinnenfrau unter der Erde ihre Zauberkraft walten ließ. In der Unterwelt, der Wohnstatt der Götter, lebten sie und sie verkörperten alles in einem. Dort gab es weder Mann noch Frau, weder Vogel noch Säugetier; es gab kein Lebewesen, solange diese Zwei es nicht wünschten …

Und dann geschah es, daß diese beiden einen Gedanken hatten – und es war ein großer Gedanke – daß sie die Erde zwischen dem Oben und dem Unten entstehen lassen wollten, wo bis dahin nur die endlosen Wasser schimmerten. Daher setzten sie sich nebeneinander, wiegten ihre schönen bronzefarbenen Körper nach den Klängen der Musik ihrer eigenen Stimmen; und sie schufen den ersten magischen Gesang, ein Lied von brausenden Winden und fließenden Wassern, ein Lied von Licht, Klang und Leben.

»Ich bin Tawa«, sang der Sonnengott. »Ich bin Licht. Ich bin Leben. Ich bin Vater von allem, das je geschaffen werden wird.«

»Ich bin Kokyanwuhti,« sang die Spinnenfrau mit sanfter Stimme. »Ich empfange Licht und nähre das Leben. Ich bin Mutter von allem, was je kommen wird.«

»Viele eigenartige Vorstellungen formen sich in meinem Kopf – wunderbare Vögel, die im Oben gleiten; Säugetiere, die sich auf der Erde tummeln; und Fische, die im Wasser schwimmen,« stimmte Tawa an.

»Laß nun die Dinge, die mein Herr erdacht hat, erscheinen«, sang die Spinnenfrau, indem sie mit ihren schlanken Fingern aus Lehm die Gedanken Tawas Gestalt werden ließ.

Einen nach dem anderen formte sie und legte sie ab – aber weder atmeten sie noch bewegten sie sich.

»Wir müssen noch mehr tun«, sagte Tawa. »Es ist nicht gut, daß sie so still und ruhig liegen. Jedes Ding, das eine Gestalt hat, muß auch einen Geist haben. Daher, meine Liebe, müssen wir eine mächtige Zauberkraft schaffen.«

Sie legten ein weißes Tuch über die vielen Gestalten, ein schön gewebtes, wollenes Tuch, so weich wie eine Wolke: Darüber ließen sie einen beschwörenden Zauberspruch ertönen, und bald bewegten sich die Gestalten und atmeten.

»Nun, laß uns jetzt Wesen erschaffen, die mir und dir ähnlich sind, damit sie diese minderen Geschöpfe leiten und sich an ihnen erfreuen können«, sang Tawa, und die Spinnenfrau gab den Gedanken ihres Herrn Gestalt in Form eines Mannes und einer Frau, die ihnen selbst ähnlich waren.

Doch nach dem Zauber des Tuches blieben die Gestalten immer noch regungslos. Da nahm die Spinnenfrau sie alle in die Arme und wiegte sie an ihrem warmen jungen Busen, während Tawa den Figuren seine glühenden Augen zuwandte. Die beiden sangen dann das Zauberlied des Lebens, und schließlich atmeten und lebten die Gestalten des Mannes und der Frau.

»Das war eine gute und großartige Sache«, sprach Tawa. »Nun ist all dies vollendet, und es sollen von uns keine neuen Dinge erschaffen werden. Alle Wesen, die wir erschaffen haben, sollen sich vermehren, jedes nach seiner Art. Ich werde jeden Tag eine Reise durch das Oben machen, um mein Licht auf sie zu werfen und jeden Abend zu Huzruiwuhti zurückkehren. Und jetzt werde ich meinen feurigen Schild auf die endlosen Wasser richten, so daß das trockene Land erscheinen kann. Und dieser Tag wird der erste Tag auf der Erde sein.«

»Dann werde ich all diese Geschöpfe auf das Land führen, das nach deinem Willen oberhalb des Wassers erscheinen soll«, sagte die Spinnenfrau.

Da nahm Tawa seinen blanken Schild von der Türkis-Wand des Kiva und stieg schnell seinen herrlichen Weg in das Oben hinauf. Nachdem Spinnenfrau ihre klugen, allessehenden Augen über die Scharen von Geschöpfen hatte gleiten lassen, bahnte sie sich ihren Weg zwischen ihnen und teilte sie in Gruppen:

»Das und das sollt ihr sein und dies sollt ihr bleiben, jeder in seinem Stamm und für alle Zeiten.

Auf der Hopi-Reservation

Ihr seid Zunis, ihr seid Kohoninos, ihr seid Pah-Utes –.« Die Hopi und alle, alle Menschen wurden dann von Kokyanwuhti mit Namen versehen.

Spinnenfrau, ihre Magischen Zwillinge neben sich, rief alle Menschen auf, ihr zu folgen, wohin sie sie führe. Durch alle vier großen Höhlen der Unterwelt leitete sie sie, bis sie schließlich an eine Öffnung, ein sipapu, kamen, das nach oben führte. Dieses kam an dem tiefsten Punkt des Pisisbaiya (Colorado River) heraus, da, wohin die Leute zum Salzsammeln kommen sollten.

Die endlosen Wasser waren gerade erst verlaufen, so daß der Truthahn Koyona sich sehr anstrengen mußte, um mit seinen Schwanzfedern dem schwarzen Schlamm zu entkommen, in dem nun die dunklen Gewalten für immer zurückbleiben mußten.

Mourning Dove (Klagende Taube) flog nach oben und rief einige, die ihr folgen sollten. Diejenigen, die ihr dorthin folgten, wo ihre scharfen Augen Quellen erspäht und neben ihnen Woh-

67

nungen erbaut hatten, wurden nach ihr »Huwinyamu« genannt. Dann erwählte Spinnenfrau ein Geschöpf, das jeden Clan zu einer bestimmten Stelle führen sollte, damit die Menschen ihr Haus bauen konnten.

Der Puma, die Schlange, die Antilope, der Hirsch und andere gehörnte Tiere, alle führten sie einen Clan zu der Stelle, wo die Menschen ihr Haus bauen konnten. Seitdem trug jeder Clan den Namen des Geschöpfes, das ihn dorthin geführt hatte.

Dann sprach Spinnenfrau so zu ihnen: »Die Frau des Clans soll das Haus bauen, und der Familienname soll von ihr weitervererbt werden. Sie soll Häuserbauer und Haushaltsführer sein. Sie soll die Gefäße für den Nahrungsvorrat und das Wasser formen. Sie soll Korn für das Essen mahlen und die Kinder liebevoll aufziehen.

Der Mann des Clans soll Kivas aus Steinen unter der Erde bauen, wo er seine Götter verehren soll. In diesen Kivas soll der Mann Bilder aus Sand ›malen‹, die dann seine Altäre darstellen. Er soll sie aus farbigem Sand herstellen, und sie sollen ›ponya‹ genannt werden.

Nach der Beratung werde ich ihm etwas zuflüstern; er soll Gebets-Hölzer oder paho anfertigen, die er auf den Altar (ponya) legt, damit sie seine Gebete bekunden …

Auch soll der Mann die Clan-Tücher mit ihren eigenen Symbolen weben. Der Schlangen-Clan soll sein eigenes Symbol haben und der Antilopen-Clan sein eigenes; so soll es sein für jeden Clan.

Der Mann soll für sich Waffen entwerfen und seine Familie mit Wildbret versorgen.«

Beim Bücken nahm Spinnenfrau etwas Sand in die Hand und ließ ihn dünn und gleichmäßig herausrinnen.

»Seht die Bewegung dieses Sandes. Das ist das Leben, das alle Dinge darin zum Wachsen bringt. Die große gefiederte Schlange, der Blitz, wird erscheinen und die Erde berühren, um sie fruchtbar zu machen. Regenwolke wird Wasser vergießen und Tawa wird allem hold sein, so daß Grünes gedeiht, mit dem ich meine Kinder ernähren kann.«

Ihre Augen suchten nun im Oben, wo Tawa in all seiner roten und goldenen Herrlichkeit jetzt in seinen westlichen Kiva hinabsteigen sollte. »Ich gehe jetzt, aber habt keine Furcht, denn wir zwei wachen über euch. Seht mich an, meine Kinder, ehe ich euch verlasse. Beherzigt die Worte, die ich euch gesagt habe, und alles wird gut sein. Und wenn ihr Hilfe braucht, ruft mich, und ich werde euch meine Söhne zu Hilfe schicken.«

Die Menschen blickten gebannt und mit weitgeöffneten Augen auf ihre schimmernde Schönheit. Ihr oberes gewebtes Gewand aus weicher weißer Wolle hing wie eine Tunika über einem blauen Rock. An der rechten Seite war ein Band eingewoben mit den Symbolen der Frau, dem Schmetterling und der Kürbisblüte, und zwar in den Farben rot, gelb und grün, mit einigen schwarzen Streifen dazwischen. Ihr schöner Hals war geschmückt mit schweren Ketten aus Türkis, Perlmutt und Koralle, und gleicher Schmuck hing auch an ihren Ohren. Ihr Gesicht war lieblich, mit warmen Augen und zarten roten Lippen; ihre ganze Gestalt wirkte sehr anmutig. An ihren zierlichen Füßen trug sie Lederstiefel aus schimmerndem Weiß, und diese wandten sich nun dorthin, wo der Sand strudelartig aufgewirbelt wurde. Sie erhob ihre rechte Hand, lächelte ihnen zu und schritt in dem Sandwirbel davon.

Welch ein Wunder: Vor den Augen der Menschen schien der Sand sie rasch zu verschlingen, bis sie schließlich ganz ihren Blicken entschwunden war.«

# *Wie die Menschen aus der Unterwelt in diese Vierte Welt gelangten*

Das Folgende ist vielleicht der zentralste Mythos der Hopi überhaupt, beschreibt er doch das Leben von der Erschaffung der Welt bis zur Gegenwart. Verschiedenen Teilen und Elementen dieses Mythos begegnet man im Umgang mit den Hopi allerorten und zu allen Zeiten. Ähnlich wie der Paradieses-Mythos aus der alttestamentlichen Tradition bei uns, so ist auch dieser Mythos bei den Hopi zu einem selbstverständlichen Teil ihres Bewußtseins, ihres Denkens und ihres Weltverständnisses geworden.

Obwohl nun diese »Geschichte« allen Hopi vertraut ist, so bedeutet das doch nicht, daß sie nur in einer einzigen Version existiert. Da es schriftliche Niederlegungen tradierter Glaubensüberzeugungen bei den Hopi nie gegeben hat – schließlich kannten sie keine Schrift –, haben sich natürlich je nach Clan, Dorf, religiösem Bund, Mesa und auch Individuum gewisse Unterschiede in der Tradierung dieses Mythos ergeben. Die wesentlichen Momente des Aufstiegs in die jetzige Vierte Welt finden sich jedoch in all diesen Versionen.

Daß die Menschen jetzt in der Vierten Welt leben – und daß überhaupt wichtige Dinge im Tun und im religiösen Leben der Hopi viermal geschehen –, ist natürlich nicht zufällig. Vier ist die heilige Zahl. Über Zahlensymbolik und über die Unterschiede der Vier gegenüber unserer heiligen Zahl, der Drei, soll an dieser Stelle nicht weiter spekuliert werden. Sicher scheint mir allerdings, daß auch die in einer Kultur heiligen Zahlen diese Kultur mit prägen. Und die Vier ist gewiß eine sehr viel »ruhigere« und »ausgeglichenere« Zahl als die »dynamische« Drei.

Ein Kennzeichen vieler Hopi-Mythen sind die helfenden Tiere. Im Verständnis der Hopi sind Tiere offensichtlich Mitgeschöpfe des Menschen und ihm zugetan. Deshalb zollt der Mensch ihnen auch Achtung (»respect«) und erbittet ihre Vergebung, wenn er sie tötet, um seinen eigenen Lebensunterhalt zu sichern.

Die folgende Version des Mythos ist entnommen dem Buch von Harry C. James: Pages from Hopi History; Tucson, University of Arizona Press, 1974, S. 2-9:

»Nachdem die ersten Tiere und die ersten Menschen geschaffen waren, lebten sie für lange Zeit miteinander in Frieden, Freundschaft und Glückseligkeit in der Unterwelt. Es gab sanften Regen; Mais, Bohnen, Melonen, Kürbisse und andere nützliche Pflanzen wuchsen reichlich. Es gab überall Blumen und alle Menschen waren zufrieden.

Als jedoch die Jahre vergingen, begannen viele der Menschen, die Spider Woman geschaffen hatte, miteinander zu streiten … So wurde der Keim der Zwietracht gelegt, welche die Menschheit von jenem Tage bis heute geplagt hat. Viele der streitsüchtigen Menschen wurden brutal und korrupt. Der gute Regen fiel nicht mehr. Die Feldfrüchte begannen zu verdorren. Es gab keine Blumen mehr, um das Herz zu erfreuen.

Die Situation wurde so schlimm, daß schließlich die Häuptlinge aller Menschen, die in der Unterwelt lebten, eine Konferenz der weisesten Ratgeber zusammenriefen. Drei Tage lang saßen sie um ihr kleines Feuer und überlegten, was sie tun könnten, um alle Menschen guten Willens vor dem Bösen zu beschützen.

Am vierten Tag gingen die weisen Männer langsam zu ihrem Ratsfeuer; ihre Schritte waren schwer vor Kummer und Trauer über die Not des Volkes. Sie nahmen schweigend ihre Plätze um das Feuer ein; der Häuptling stopfte seine Pfeife. Dann blies er den Rauch in die vier Himmelsrichtungen und nach oben und unten. Währenddessen betete er um Leitung und Kraft. Als er das Rauchen beendet hatte, reichte er die Pfeife weiter an das nächste Ratsmitglied und sagte:

»Ich bete, daß die Götter, daß unsere Väter und unsere Anverwandten Mitleid mit uns haben und uns Hilfe gewähren. Wir müssen einen Weg finden, aus diesem sündhaften Ort herauszugelangen. Wir müssen einen neuen Ort finden, entweder über uns oder unter uns. Dorthin wollen wir unsere guten Menschen führen, damit sie dort in Frieden leben können.«

Die Ratsmitglieder saßen alle schweigend da mit gefalteten Armen und gebeugten Häuptern. Als der Häuptling geendet hatte, versicherten sie ihm: »Wir stehen zu dir. Wir beten mit all unseren Herzen, daß wir Erfolg haben werden.«

Langsam kreiste die Pfeife von einem Mann zum anderen. Als sie ausgeraucht war, zündete jeder seine eigene Pfeife an, und auch diese kreisten alle in der Ratsversammlung. Und wiederum beteten sie alle um Leitung und Kraft.

Da es keine Antwort auf ihre Gebete gab, erhob sich der alte Häuptling noch einmal und sagte zu ihnen: »Jetzt müssen wir jemanden um Hilfe bitten, der mächtiger ist als wir. Wir müssen ein besonderes Lied singen, um die Spottdrossel herbeizurufen.« Als die Spottdrossel kam, fragte sie: »Warum habt ihr mich gerufen? Womit kann ich euch helfen?«

Der Häuptling erklärte dann der Spottdrossel, warum sie so sehr des Rates und der Hilfe bedürften: »Du bist viel klüger als wir es sind. Du kennst all die Lieder der Götter. Wir müssen sichergehen, daß wir keine Fehler machen in unserem Bemühen, den guten Menschen zu helfen.«

Damit reichte er der Spottdrossel eine Schale mit Gebetsstäbchen (›pahos‹). Die Spottdrossel dankte dem Häuptling und seiner Ratsversammlung für die Gebetsstäbchen; sagte dann aber: »Ja, es stimmt schon, daß ich klug bin und alle die religiösen Lieder kenne; aber es gibt jemanden, der mächtiger ist als ich – der Kanarienvogel (›Sikaya-chi‹). Ihr müßt ihn um Hilfe bitten. Während ihr das tut, werde ich mich verstecken; er könnte nämlich eifersüchtig werden, wenn er erfährt, daß ihr mich zuerst gerufen habt. Aber vergeßt nicht: Wenn er kommt und euch helfen will und wenn er dann möchte, daß ich mit ihm zusammenarbeite, dann will ich das gern tun. Denn ich sehe, daß ihr guten Herzens seid und aufrichtig in eurem Wunsch, euren rechtschaffenen Menschen zu helfen.«

Wiederum stimmten der Häuptling und seine Ratsversammlung den Lockruf an. Bald kam der Kanarienvogel angeflogen und ließ sich auf einem Busch in der Nähe nieder, um ein wenig zu ruhen.

Auf einer Hopi-Mesa

»Willkommen«, sagte der Häuptling.

Der Kanarienvogel flog herunter und saß vor ihnen.

»Was möchtet ihr von mir?« fragte er.

Der Häuptling erklärte ihre großen Sorgen und wie sehr sie der Hilfe bedürften. Dann fügte er hinzu: »Du bist der Klügste von allen. Wir bitten dich, uns zu helfen.«

»Ich weiß von euren Sorgen,« sagte der Kanarienvogel.

»Meine Federn schmücken viele eurer Gebetsgaben. Ich habe mich schon die ganze Zeit gewundert, warum ihr so lange gezögert habt, mich um Hilfe zu rufen.

Der Häuptling erklärte ihm: »Unsere Gedanken sind so voller Sorgen, so daß wir nicht mehr richtig denken können. Vergib uns bitte. Wir hatten nicht die Absicht, dir gegenüber unachtsam zu sein.«

»Ich verstehe das,« sagte der Kanarienvogel beruhigend, »aber ich alleine kann nicht das schaffen, was nötig ist, um euch zu helfen. Ich kann meine Zeremonie nicht ohne die richtigen heiligen Gesänge durchführen. Wir müssen die Spottdrossel bei uns haben. Bitte, ruft sie sofort.«

Spottdrossel war sofort da, als die Männer ihren Lockruf ertönen ließen. Und alle hießen sie herzlich willkommen. Sie war auch gleich damit einverstanden, Kanarienvogel zu helfen. Die beiden Vögel verschwanden hinter einem großen Fels – und als sie wieder erschienen, waren der Häuptling und seine Ratgeber erstaunt: Die Vögel hatten sich in zwei gutaussehende Männer mit langem, glattem, schwarzem Haar verwandelt.

Unter Leitung der zwei Vogelmenschen bauten die Häuptlinge nun einen Altar … Als dies beendet war, fand eine große Diskussion darüber statt, wen sie nun herbeirufen sollten, um den Ort zu suchen, durch den die guten Menschen die Unterwelt verlassen könnten, um dann in Sicherheit und Frieden zu leben. Dafür benötigten sie nämlich jemanden mit großer Stärke und großem Mut. (Denn sie hatten schon öfter polternde und dumpfe Schritte über sich gehört und deshalb gedacht, daß dort oben jemand lebe. Nun wollten sie erkunden, ob die guten Menschen nicht zu diesem Ort über ihrer Welt ausziehen könnten.)

Die Vogelmenschen schlugen vor, daß sie zunächst einmal Steinadler (›Kaw-hu‹) rufen sollten. Am Ende eines jeden Adlerrufs benetzten sie jede der vier Himmelsrichtungen mit einigen Tropfen Wasser. Noch während ihres Liedes ließ sich Steinadler in ihrem Kreis nieder.

»Warum habt ihr mich gerufen?« fragte er.

»Willkommen,« sagte der Häuptling. »Wir sind in großer Not. Da du starke Flügel hast, sind wir sicher, daß du uns helfen kannst, einen Eingang zu dem Ort zu finden, wohin unsere guten Menschen gehen und wo sie in Frieden leben können.«

»Ich will das versuchen,« sagte Steinadler, »doch, obwohl ich starke Flügel habe, wird dieses sogar für mich sehr schwierig sein. Ihr müßt mit all euren Herzen beten, um mir die Kraft zu geben, wieder lebendig zurückzukehren.«

Als Steinadler sich auf seinen Flug vorbereitete, banden sie Gebetsfedern um seinen Nacken und an jeden seiner Füße. Dann stieg er auf, kreiste höher und höher über ihnen – bis er ihren Blicken entschwand.

Den ganzen Tag lang rauchten und beteten der Häuptling und seine Helfer für den Erfolg und für eine heile Rückkehr von Steinadler. Endlich, am frühen Abend, konnten sie ihn sehen. Er war ganz, ganz weit über ihnen, und er flog so, als wenn er sehr erschöpft sei. Dann, zu ihrem großen Erschrecken, fiel er bewußtlos vor ihnen auf den Boden. Sie eilten hin, um ihm zu helfen. Sie rieben ihn und beteten, bis er sein Bewußtsein wiedererlangte und zu ihnen sprechen konnte.

»Meine Nachricht ist entmutigend. Als ich höher über den Wolken flog, da fand ich nichts mehr, kein lebendes Wesen. Ich machte mir Sorgen, ob ich jemals noch einen Platz zum Ausruhen finden würde. Ich flog höher und immer höher. Ich wurde sehr müde. Schließlich, als ich merkte, daß ich nicht mehr fliegen konnte, da schaute ich nach oben. Und es schien mir, daß da eine Öffnung war, noch sehr viel höher über mir. Ich aber war erschöpft und konnte nicht höher fliegen. Mir war klar, daß ich vielleicht nie lebend zu euch zurückkehren würde, wenn ich mich nicht sofort auf den Rückflug machte.«

Die Häuptlinge waren sehr enttäuscht, aber sie entlohnten Steinadler mit passenden Gebetsgaben und baten ihn, bei ihnen zu bleiben, während sie fortfuhren, einen Weg aus ihrer Welt zu suchen.

Den ganzen nächsten Tag sangen sie ihren Ruf; ein Vogel nach dem anderen erschien … Jeder von ihnen flog hoch und versuchte, die Öffnung zu finden, die Steinadler gesehen hatte. Doch keiner von ihnen schaffte es.

Am Morgen des sechsten Tages sagte Kanarienvogel: »Wir müssen einen letzten Versuch unternehmen und unseren Bruder Würger (›Si- katai‹) rufen.« Würger erschien sofort auf ihren Ruf und war einverstanden, ihnen zu helfen. Rasch flog er fort.

Wiederum schien es ein langer Tag für die Wartenden zu sein. Aber spät am Abend kam Würger zurück mit guten Nachrichten: »Ich flog höher und höher und konnte schließlich ganz deutlich eine Öffnung über mir sehen. Aber diese erschien sehr klein, wie die Öffnung zu einem Kiva. Als ich näher heranflog, erschien sie etwas größer; und ich entdeckte einen schroffen Felsen an der einen Seite. Dort ließ ich mich nieder, um meine Kräfte wieder zu sammeln. Bald war ich dann in der Lage, durch die Öffnung zu fliegen und hinein in den Sonnenschein der oberen Welt.«

Dann berichtete ihnen Würger, daß nahe der Öffnung ein furchterregend aussehender Mann saß, der ihm zurief: »Setz dich nieder. Ich weiß, daß du ein Anliegen hast. Was ist es?«

Würger erklärte die unglückliche Situation der guten Menschen in der Unterwelt; und der Mann antwortete: »Ich bin Massau'u, der Gott des Feuers und des Todes. Ich lebe hier in Armut, aber in Frieden. Sag' den guten Menschen in der Unterwelt, daß sie willkommen sind, wenn sie solch ein Leben mit mir teilen wollen.«

»Das ist wahrhaftig gute Nachricht,« sagte der Häuptling, »aber wir wollen alle wiederum beten und hoffen, daß wir einen Weg finden, auf dem unsere Menschen zu diesem fernen Eingang in die Welt hoch über uns gelangen können.«

Darauf herrschte lange Zeit Schweigen. Dieses wurde schließlich von einer leisen Stimme hinten zwischen den Felsen gebrochen, die von einem kleinen Jungen kam, den vorher niemand bemerkt hatte: »Ich bin Ko-choi-laftiyo, einer der fünf Enkel der Spinnenfrau. Wie ihr wißt, bin ich keine wichtige Person. Aber meine Brüder und ich sind da, um Menschen im Unglück zu helfen.«

»Wenn du uns helfen willst, so bist du in unserem Rat willkommen«, sagte der Häuptling. »Komm und setz dich auf meine linke Seite. Was schlägst du vor?«

Mit einer dünnen Stimme antwortete der Junge: »Ich kenne ein kleines Tier, das gestreifte Eichhörnchen (›Koonah‹). Dieses weiß, wie man Pflanzen und sogar Bäume schnell und hoch wachsen läßt. Wenn es einen seiner Bäume pflanzen würde, so wüchse dieser vielleicht hoch genug, um durch die Öffnung in die obere Welt hineinzureichen.«

»Gut!« sagte der Häuptling, »Spottdrossel, bitte rufe gestreiftes Eichhörnchen.« Spottdrossel nahm ihre Rassel und begann zu singen. Nach wenigen Augenblicken schoß gestreiftes Eichhörnchen herein, grüßte, indem es seinen Schwanz hin- und herschwenkte, und lief bis zum Altar hin.

»Wie kann ich euch helfen?« fragte es.

»Du bist klug«, antwortete der Häuptling.

»Du weißt, wie man Samen in die Erde legt, damit sie rasch wachsen. Wir hoffen, daß du einen Baum für uns pflanzen wirst, der so hoch wächst, daß er in die obere Welt ragt.«

»Ich will tun, was ich kann«, versicherte ihnen gestreiftes Eichhörnchen. »Doch während ich arbeite, müßt ihr eure Pfeifen rauchen und eure innigsten Gebete für mich sprechen.«

Gestreiftes Eichhörnchen griff in einen kleinen Beutel und wählte den Samen einer Fichte aus. Als es diesen sorgfältig in die Erde legte, sang es vier Pflanzlieder, die voller Zauberkraft waren. Dann nahm es seine Rassel aus kleinen Seemuscheln und begann, sein heiliges Lied des Wachstums zu singen. Bald begann die Fichte zu wachsen. Mit seinem Gesang zog gestreiftes Eichhörnchen diese höher und höher hinauf. Doch sie wuchs nicht hoch genug, um die Öffnung im Himmel zu erreichen.

Gestreiftes Eichhörnchen ließ den Mut nicht sinken. Es versuchte verschiedene andere Samen –, den der Kiefer und sogar den einer riesigen Sonnenblume. Doch keine dieser Pflanzen erreichte die Oberwelt.

»Seid nicht verzweifelt«, sagte gestreiftes Eichhörnchen. »Ich habe noch eine andere Idee.«

Es verschwand und erschien kurz darauf mit der Wurzel eines schlanken Schilfrohres. Mit großer Vorsicht trug es auch die Schale eines Kiefernsamens, die mit Wasser gefüllt war. Diese setzte es in einem kleinen Körbchen auf den Altar, rauchte und sprach Gebete darüber. Alle im Rat taten es ihm nach. Als dieser Teil der Zeremonie beendet war, grub gestreiftes Eichhörnchen ein Loch in den Boden und setzte die winzige Schale mit Wasser hinein. Darüber pflanzte es sorgfältig das Schilfrohr. Dann nahm es geweihtes Maismehl in seine rechte Hand, stellte sich über das Gepflanzte und sprach viele stille Gebete.

Als es seine Gebete beendet hatte, warf es das Maismehl nach oben und betete, daß das Schilfrohr rasch nach oben durch die Öffnung wachsen würde. Wieder folgten alle seinem Beispiel. Dann sangen die Vogelmänner ihre heiligen Gesänge und forderten alle Ratsmitglieder auf, mit ihnen einzustimmen.

Das Schilfrohr begann mit großer Geschwindigkeit zu wachsen. Von Zeit zu Zeit lief gestreiftes Eichhörnchen an ihm hoch bis zur Spitze, zog es nach oben und beschwor es, höher und höher zu wachsen bis zum Eingang zur Oberwelt. Wie das Schilfrohr nun wuchs, flogen Steinadler und die anderen Vögel hinauf, um zu sehen, ob es die Öffnung bald erreicht hätte. Schließlich war das Schilfrohr so hoch gewachsen, daß nur Würger seine Spitze noch erreichen konnte. Und er saß dort oben, bis das Rohr genau durch die Öffnung hindurchwuchs. Dann flog er ganz rasch zurück, um diese wunderbare Nachricht zu überbringen.

Der Häuptling und alle seine Helfershelfer waren überglücklich. Doch wie sie so am schlanken Rohr des Schilfs nach oben schauten, konnten sie die Spitze nicht einmal mehr sehen.

»Wie sollen unsere Leute jemals in der Lage sein, am glatten Rohr so hoch hinaufzuklettern?« fragte einer der weisen alten Männer.

»Auch da kann ich euch helfen«, versicherte gestreiftes Eichhörnchen und begann, unten ein Loch in das Rohr zu nagen. »Wie ihr seht, ist der Stamm hohl. Deshalb ist es ein leichtes für jeden, darin hochzuklettern.«

Nun waren zwar alle ganz neugierig darauf, in dem Rohr sofort hochzuklettern, um selbst die Welt da oben in Augenschein zu nehmen. Doch wußten sie, daß sie sich für diesen Akt intensiv vorbereiten mußten. Wiederum rauchten sie ihre Pfeifen, sangen ihre heiligen Gesänge und sprachen ihre Gebete am Altar.

Als dann der Morgen kam, bestimmte der Häuptling Adler und Schwalbe zu Wächtern, um sicherzugehen, daß keine bösen Menschen mit ihnen in die obere Welt gelangen würden. Gebetsgaben wurden hergestellt zum Schutz der Menschen und zur Stärkung des Schilfrohrs. Schließlich war es soweit: Sie konnten das Lied ertönen lassen, das die guten Menschen versammeln sollte.

Nachdem der Häuptling ihnen erklärt hatte, was sie tun mußten, stieg er durch das hohle Schilfrohr voran. Als er dann in die obere Welt hinauskletterte, war auch Würger schon da, und zusammen sangen sie Gebete des Dankes. Mehr und mehr Menschen kletterten durch das Schilfrohr hoch und stimmten in das Lied ein. Spottdrossel bezog Stellung direkt an der Öffnung in die obere Welt. Jedem wies sie einen Platz in der oberen Welt zu und lehrte ihn die Sprache, die er sprechen sollte.

Als Spottdrossel ihr Lied beendet hatte, wurden keine Menschen mehr durch das ›Sipapu‹ – wie der Eingang genannt wurde und auch noch genannt wird – in die obere Welt hineingelassen. Alle, die sich noch in dem riesigen Schilfrohr befanden, waren darin gefangen; sie bilden die Knoten, die man bis heute in dieser Art Schilfrohr sehen kann. …

Hopi-Sipapu im Grand Canyon

Bei jeder Gruppe, die aus dem ›Sipapu‹ stieg, war eine alte Frau (›sowouhti‹), auf deren großes Wissen die Menschen sich während der langen Tage der Wanderung verlassen konnten. Seit dieser Zeit haben Frauen bei den Hopi eine wichtige Rolle gespielt –, sowohl in den religiösen als auch in den weltlichen Angelegenheiten des Volkes.

Zunächst wandten sich alle Menschen nach Osten. Entsprechend einer Instruktion führte Weißer Bruder (›bahana‹) sein Volk so weit in diese Richtung, daß er mit seiner Stirn die Sonne selbst berühren konnte. Dort hielten sie an, bestellten ihre Felder und bauten ihre Dörfer. Dann zerstreuten sich die Hopi in alle Winde. Von Zeit zu Zeit hielten sie an bestimmten Orten mehrere Sommer inne, bevor sie ihre Suche nach dem ›verheißenen Land‹ fortsetzten.

Dort – das wußten sie – würden sie Sicherheit vor kriegerischen Feinden, geeigneten Boden für ihre Pflanzen, einen passenden Vorrat an Geld – und besonders wichtig – eine zuverlässige Versorgung mit Wasser finden. All dies fanden sie im Land der Tafelberge, östlich des Little Colorado in Nord-Arizona. Deshalb bauten sie hier ihre dauerhaften Wohnsitze.«

In dieser Version des Mythos vom Aufstieg bleibt unerwähnt, daß, wie bei den zwei früheren Aufstiegen, so auch hier das Böse doch wieder mit in diese Welt gelangte. Adler und Schwalbe waren nicht gänzlich erfolgreich bei ihrer Wache am Einstieg in das Schilfrohr. So wurde das Glück in der neuen Welt bald durch den Tod der Häuptlingstochter getrübt. Und die (böse) Frau, die diesen ersten Tod in der Welt verursacht hatte, sprach: »So wird es nun in Zukunft bei allen Menschen sein …«

Auch fehlt in dieser Version folgendes, sonst gern ausgeschmückte Motiv: Als die Menschen in der Oberwelt erschienen, trafen sie den Gott dieser Welt, Massau'u. Sie fragten ihn, ob sie mit ihm leben könnten. Er antwortete: »Das kommt auf euch an. Mein Leben ist einfach. Alles, was ich habe, ist mein Pflanzstock und mein Mais. Wenn ihr so leben wollt wie ich und meinen Weisungen folgen wollt, dem Lebensplan, den ich euch geben werde, könnt ihr hier bei mir leben und für das Land sorgen. Dann werdet ihr ein langes, glückliches und fruchtbares Leben haben.«

Die Vorstellungen von der Ersten und Zweiten Welt – also der Zeit zwischen Schöpfung und Dritter Welt – sind bei den meisten Hopi sehr vage. Doch beginnt jede Welt als eine Art Paradies, das dann wegen des moralischen Verfalls der Menschen und wegen des Verlustes der Harmonie zwischen Mensch und Natur zerstört wird: die Erste Welt durch Feuer, die Zweite durch Eis – und die Dritte durch eine Flut. Jedesmal gelingt es einigen Rechtschaffenen, vor der anstehenden Naturkatastrophe in die nächste Welt zu entkommen.

Bei dieser letzten, der Dritten Welt, werden dann die Vorstellungen sehr viel klarer und präziser. Zwar gibt es zahllose Variationen im einzelnen, aber die entscheidenden Grundlinien sind doch in fast allen Versionen ähnlich: Die moralische Verderbtheit der Menschen; ihr Verlust an Balance und Harmonie; die Hilfe der Tiere bei dem Versuch, der Dritten Welt zu entkommen; der Aufstieg durch das Schilfrohr und das Mißlingen des Versuchs, alles Böse in der letzten Welt zurückzulassen; die Anerkennung Massau'us als Herrn dieser Vierten Welt; die Versicherung gegenüber Massau'u, sein einfaches, schlichtes und arbeitsames Leben zu teilen; lange Wanderungen der Identitätssuche; die Suche nach einem verheißenen Land.

Die allgemeine Verbreitung dieses Mythos bei den Hopi bedeutet natürlich nicht, daß alle Hopi ihn heute in wörtlicher Gestalt als wahr akzeptieren. Je nach Grad der ›Aufgeklärtheit‹ und der kritischen Vergegenwärtigung der eigenen Tradition, deuten viele Hopi ihn in ihrer eigenen Weise. Doch darum bleibt dieser Mythos immer noch wichtiger Teil ihres Weltbildes.

Ein jüngerer Hopi, der sich nach einigen religiösen Irrfahrten wieder zum Glauben der Hopi bekannte, sagte zu mir, daß er diesen Mythos natürlich nicht wörtlich nehme, sondern als eine Deutung und Interpretation der menschlichen Vergangenheit. Das Bild vom Aufstieg durch die drei Unterwelten sei vielleicht eine Gestaltung des tatsächlichen Zuges der Hopi von Süden her, möglicherweise durch die Tiefen des Grand Canyon, hoch in ihr jetziges Land. – Für den Amerikaner Frank Waters ist dieser Mythos vom Aufstieg eine symbolische Darstellung der psychologischen Entwicklung der Menschheit aus den stärker vom Unbewußten geprägten archaischen Zeiten zu dem helleren Bewußtsein der heutigen Menschheit hin.

Der Hopi Albert Yava berichtet von Diskussionen in den Kivas über die Glaubwürdigkeit dieser Erzählung. Er selbst habe einmal seine Zweifel geäußert, wie denn alle diese Menschen hätten durch ein Bambusrohr kommen können; wie sie hätten hineingelangen können; wie das Bambusrohr hätte ihr Gewicht aushalten können etc.

Es scheint mir aber außer Frage zu stehen, daß eine größere Zahl vor allem älterer Hopi diese mythische Erzählung als Ganze akzeptieren. Das ergibt sich auch immer wieder aus den Niederschriften der ›Hopi Hearings‹ von 1955 und des »Meeting of Religious People« von 1956. Jeder begann damals seine Darstellung des Lebens und des Schicksals der Hopi mit diesem Mythos vom Auftauchen in dieser Welt. Jeder hatte dazu seine eigene Version. Dabei verwoben sie – wie es indianische Art ist – auch my-

Religiöser Führer auf einem Kiva (um 1900)

thische und historische Geschehnisse ununterschieden miteinander, so daß erst beides zusammen den Faden ergibt, an dem sich ihr Bewußtsein orientiert. – Allerdings hat sich auch bei den Hopi seit 1955/56 viel geändert in bezug auf eine kritische Durchleuchtung tradierter Glaubensinhalte.

Die Kivas (also die »Kirchen«) der Hopi sind konstruiert entsprechend dem Mythos vom Auftauchen der Menschen aus einer unteren Welt: Sie sind zumindest teilweise unterirdisch angelegt; jeder Kiva hat ein Sipapuni, welches die Verbindung dieser inneren (Kiva-)Welt zur Unterwelt darstellt; die Unterwelt kann durch diese Öffnung angerufen und beschworen werden. Der Haupteingang zum Kiva ist eine Öffnung im Dach; das bedeutet, daß die Teilnehmer einer Zeremonie symbolisch in den Schoß der Erde hinabsteigen, wenn sie die Kiva-Leiter hinunterklettern. Die Leiter ist also eine Verbindung der inneren Welt des Kiva zur oberen Welt der Menschen (vgl. auch den Umschlag dieses Buches).
Somit verbindet der Kiva durch sein Sipapuni unten und durch seine Einstiegsluke (plus Leiter) oben die Unter- und die Oberwelt miteinander; er verbindet also auch die früheren Welten (unten) mit der jetzigen Welt. Und da die Menschen nach dem Tod wieder in die Unterwelt zurückkehren, symbolisiert ein Kiva nicht nur Geburt und Auftauchen aus der Erde, sondern auch die letzte Rückkehr des Menschen in die Erde.
Der Hopi Albert Yava berichtet, wie das Auftauchen der Menschen in dieser Welt bei bestimmten Zeremonien in einem Kiva nachgespielt wird: Der Führer klettert die Leiter hoch zur Öffnung des Kiva oben in der Decke; er streckt seinen Kopf hinaus, sagt: »Yahhay!« und duckt dann seinen Kopf wieder; dieses macht er viermal; dann sagt er: »Ne talat aouyama = I came out into the light = Ich habe das Licht erreicht!« Danach vollziehen die anderen Mitglieder der Gruppe das gleiche Ritual – offensichtlich ein Mysterienspiel, ein dramatisierter Nachvollzug des mythischen Auftauchens der Menschen in dieser Welt.

»*Der innere Zwang* des Menschen, immer höhere Berggipfel zu erklimmen, ist leicht zu verstehen. Der Sieg der Höhe ist der Sieg des phallischen Kirchturms, der hoch in den Himmel ragt – das Symbol des befreiten Bewußtseins, das sich dem Licht entgegenstreckt. Wie die ragenden Wolkenkratzer von Manhattan, so ist auch dieses ein klares Kennzeichen unserer männlichen, rationalen, christlich-europäischen Zivilisation.

Das indianische Amerika, das auf das Weibliche und auf die instinktiven Kräfte des Lebens hin orientiert ist, ist immer von der Tiefe erfüllt gewesen.« (Frank Waters: Pumpkin Seed Point, S. 152)

## Vergehen gegen den Hopi-Way:
## Die Zerstörung des Dorfes Awatovi

Manche Hopi empfinden ein großes Schamgefühl, wenn der Name des Dorfes Awatovi fällt. Dabei ist es fast 300 Jahre her, daß jene Dinge geschahen, die heute noch wie ein Trauma auf der Seele vieler Hopi lasten: die Zerstörung ihres Dorfes Awatovi durch eine vereinte Streitmacht mehrerer anderer Hopi-Dörfer.

Wie es dazu kam, wird in dem folgenden Text von Frank Waters (Pumpkin Seed Point; Athens, Ohio and Chicago 1969/1981, S. 96 ff.) anschaulich geschildert. Um aber den Schock zu verstehen, den die Erinnerung an dieses Geschehen immer noch bei manchen Hopi bewirkt, müssen wir uns an die Deutung des Wortes »Hopi« erinnern: Es wird von Weißen wie von Hopi-Indianern in der Regel gedeutet als »die Friedfertigen«. Zwar ist es linguistisch korrekter, das Wort eher als »die Rechtschaffenen« oder »die Gottesfürchtigen« zu interpretieren. Dennoch ist es eine Tatsache, daß nicht nur weiße Bewunderer der Hopi, sondern auch Hopi selbst ihren eigenen Namen als ein Gebot und ein Programm der Friedfertigkeit interpretieren.

Dieser Umstand hat mit dazu beigetragen, daß eine merkliche Anzahl von Hopi während des Zweiten Weltkrieges, als die Indianer genauso wie weiße Amerikaner der Wehrpflicht unterlagen, sich geweigert haben, Soldaten zu werden – auch wenn sie dafür eingesperrt wurden. Dieser Umstand hat auch dazu beigetragen, daß später die Mitgliedschaft in den religiösen Bünden der Hopi von Washington anerkannt wurde als hinreichender Grund für eine Kriegsdienstverweigerung (und zwar, bevor in den USA die Wehrpflicht abgeschafft wurde).

Titiev weist (S. 160 und 162) zwar darauf hin, daß die Hopi gegen willkürliches Töten gewesen seien, daß sie jedoch im Herbst nach der Ernte oft gegen andere Indianer auf den Kriegspfad gegangen seien und auch »Skalps« genommen hätten.

Hopi stellen demgegenüber gern heraus, daß sie nie als erste einem anderen Volk den Krieg erklärt, sondern höchstens in Verteidigung und Abwehr eines Angriffes gekämpft hätten.

Hopi-Dorf auf der Second Mesa

Jedenfalls: Bei einer solchen geistigen Tradition, die den eigenen Namen den Heranwachsenden als ein Leitbild und als eine Aufforderung zum friedlichen Verhalten vorstellt und einprägt, ist es verständlich, daß ein Geschehnis wie das von 1700 das Selbstwertgefühl eines ganzen Volkes in besonderer Weise belastet. Denn damals haben nun tatsächlich Hopi-Männer aus verschiedenen Dörfern (vor allem aus Oraibi und Walpi) eines ihrer eigenen Dörfer brutal niedergebrannt. Dabei läßt die folgende Darstellung nicht einmal genau erkennen, mit welcher Grausamkeit die Männer von Awatovi umgebracht wurden: Da die meisten von ihnen sich gerade in den unterirdischen Zeremonialräumen, den Kivas, versammelt hatten, warf man brennende Strohbüschel durch die Deckenöffnung in diese heiligen Räume und hinderte zugleich die Männer am Ausstieg aus dem Inferno. Die Frauen und Kinder wurden verschleppt und auf andere Hopi-Dörfer verteilt.

Frank Waters stellt dieses grausige Geschehen so dar:

87

»Hör', ich möchte dir die Geschichte von Awatovi erzählen.

Als die ersten spanischen Eroberer in der Neuen Welt ankamen, war Awatovi eines der wichtigsten Hopi-Dörfer mit einer
Bevölkerung von – wie es heißt – 800 Personen. Missionarische
Anstrengungen wurden unternommen, um die Hopi zum Christentum zu bekehren. Deshalb wurden Missionsstationen in
Awatovi, Oraibi und Shungopovi errichtet sowie missionarische Zentren in Walpi und Mishongnovi.

Die Christianisierung folgte dem geläufigen Muster als Teil der
spanischen Eroberung. Die Hopi wurden gezwungen, Kirchen
zu bauen und für die Priester zu sorgen; sie wurden öffentlich
ausgepeitscht und auch umgebracht, wenn man sie bei heidni-
schen Ritualen erwischte. Gegen 1680 konnten es die Indianer
nicht mehr ertragen. In einer koordinierten Revolte gegen die
sogenannte ›Slave Church‹ erhoben sich alle Pueblos im Südwesten gegen ihre Herren. Die Indianer töteten fast 500 Spanier, rissen die Kirchen nieder, plünderten Santa Fe und trieben
die Überlebenden zurück nach Mexiko.

Zwölf Jahre später kehrten die Spanier zurück und boten allen
Pueblos, die sich der spanischen Herrschaft wieder unterwar-
fen, Vergebung sowie Geschenke in Form von Schafen und
Pferden an. 73 Pueblos akzeptierten diese friedlichen Bedingungen. Heute erkennt man diese an ihren Namen – es sind die
Namen christlicher Heiliger, die ihnen damals gegeben wurden. Und die gemeinsame Sprache dieser Menschen ist Spa-
nisch. Unter einer christlich- spanischen Patina waren die Menschen jedoch in der Lage, ihre eigene tradierte Lebensform zu
bewahren.

Die Dörfer der Hopi bildeten die bemerkenswerte Ausnahme.
Sie sperrten sich hartnäckig gegen jedes Eindringen der spanischen Kultur und des Christentums. Doch dann geschah das
schreckliche Unglück. Im Jahre 1700 besuchte ein spanischer
Priester das Dorf Awatovi und bewog 73 Hopi dieses Dorfes,
sich taufen zu lassen.

Mit diesem Versuch, das Christentum bei den Hopi wieder zu
etablieren, brach der Haß der Hopi auf die ›Slave Church‹ mit

Heftigkeit und Leidenschaft durch. Bei einer geheimen Zusammenkunft entschieden die Führer der anderen Dörfer, Awatovi zu zerstören, weil es Verrat begangen habe. In der vorherbestimmten Nacht fand der Angriff statt. Die erregten Hopi schwärmten durch die Straßen des Dorfes, mordeten Männer, Frauen und Kinder und zündeten die Häuser an.

Doch ihre Raserei war noch nicht gestillt. Am folgenden Tag kehrten sie in das rauchende Awatovi zurück, rissen Hausmauern nieder, zerstörten alle Geräte der hingeschlachteten Einwohner und schleppten die Überlebenden fort, um sie zu foltern. Als es Nacht wurde, war die Zerstörung von Awatovi vollkommen. Es war eine leere, rauchende Ruine, die den Elementen der Natur preisgegeben und von dem treibenden Sand begraben wurde. Der Ethnologe J.W. Fewks, der das Dorf im Jahre 1893 ausgrub, berichtete: Er fand solche Zeichen massenhafter Schlächterei, daß die von Grauen gepackten Hopi-Arbeiter sich weigerten, weiterzuarbeiten.

Dieses völlige Auslöschen des Dorfes Awatovi rottete endgültig die Vorherrschaft der fremden christlichen ›Slave Church‹ aus. Noch heute (fast 300 Jahre später) gibt es keine katholische Kirche in den Dörfern auf der Zweiten und Dritten Mesa, obwohl die Hopi anderen Missionskirchen längst Zutritt gestattet haben; und ihr Groll gegen die Weißen konzentriert sich vor allem auf die katholische Kirche. Als John F. Kennedy zum ersten katholischen Präsidenten der Vereinigten Staaten gewählt wurde, gab es in New Oraibi (Kykotsmovi) nur eine Stimme für ihn, aber 60 Stimmen für Nixon …

Wie kann man heute die umfassenden Wirkungen der Tragödie von Awatovi ermessen? Die vollständige Zerstörung eines ihrer größten Dörfer durch Hopi; der Massenmord an ihren eigenen Brüdern, weil diese einem neuen Glauben Duldung entgegenbrachten: Das war ein Verrat an ihrer eigenen Tradition. Diese besagte, daß sie ein Volk des Friedens seien, darauf bedacht, in ungebrochener Harmonie das Leben einer jeden Wesenheit, jeder Pflanze, jedes Tieres und jedes Menschen zu erhalten.«

## Wie vermeidet man eine blutige Auseinandersetzung?

Die Begegnung mit der Kultur der Weißen hatte für die Hopi weitreichende Konsequenzen. Nicht nur veränderte sich ihr Alltagsleben durch die Einführung vorher unbekannter Geräte und Maschinen. Auch ihre Weltanschauung und ihre Religiosität waren manchen Gefahren und Angriffen ausgesetzt.

So ist es nicht verwunderlich, daß die Einstellung der Hopi gegenüber der Kultur der Weißen nicht einheitlich war. Vor allem in dem zentralen und größten Dorf Oraibi bildeten sich schon vor 1900 zwei gegensätzliche Fraktionen, von denen die eine mehr für eine Anpassung an die Kultur der Weißen eintrat (»Friendlies«), während die anderen in einer solchen Anpassung einen Verrat an tradierten Normen und Werten der Hopi erblickten (»Hostiles«).

Beide Fraktionen waren etwa gleich stark und bekämpften einander viele Jahre mit den verschiedensten Mitteln.

Endlich, im September 1906, schien ein friedliches Zusammenleben beider Gruppen in einem Dorf nicht mehr möglich. Es drohten handgreifliche Auseinandersetzungen. Rempeleien und gegenseitige Verunglimpfungen nahmen zu. In der Nacht vom 6. auf den 7. September 1906 fand kaum jemand Schlaf im Dorf. Alle fühlten, daß das Dorf am Rand einer kriegerischen Auseinandersetzung stand.

Führer der »Hostiles« war Yukioma, Führer der »Friendlies« war Tawaquaptiwa. Was dann am 7. September geschah, verrät mehrere Charakteristika des Denkens und Handelns der Hopi. Auf der einen Seite zeigt es eine gewisse Neigung zu Streit und Auseinandersetzungen in ihren Gemeinschaften, die sich auch sonst beobachten läßt. Auf der anderen Seite zeigt es aber auch den Willen, solche Auseinandersetzungen – wenn eben möglich – mit friedlichen Mitteln zu lösen.

Die Ereignisse vom 7. September 1906 sind bis heute in der Erinnerung der Hopi lebendig. Sie haben nicht nur zur Gründung neuer Dörfer (Hotevilla; später auch Bakavi und – z.T. –

Moenkopi und Kykotsmovi), sondern auch praktisch zum Verfall des einstmals stolzen und großen Dorfes Oraibi geführt. Ich gebe hier die Darstellung der Ereignisse wieder, wie sie Mischa Titiev (in seinem Buch »Old Oraibi«, S. 86) geboten hat:

»... es folgte ein allgemeines Getümmel. Mehrere Stunden lang herrschte so ein wildes Handgemenge – bis schließlich am späten Nachmittag des 7. September 1906 die zwei Seiten einander auf ebenem Grund gegenüberstanden, gerade außerhalb der nordwestlichen Ecke des Dorfes. Yukioma rief seinen Leuten etwas zu, und beide Seiten wurden still, um zu hören, was er zu sagen hatte. Mit seinem großen Zeh zog der Führer der ›Hostiles‹ nun eine Linie in den Sand, die in ostwestlicher Richtung verlief. Nördlich dieser Linie, mit dem Gesicht nach Süden zum Dorf Oraibi hin, gruppierte er seine eigenen Leute. Die ›Friendlies‹ sammelten sich unterdessen südlich der Linie und wandten dem Dorf den Rücken zu. Dann verkündete Yukioma, in welcher Art und Weise nun endgültig das Schicksal Oraibis entschieden werden sollte:
›Wenn eure Männer‹, sagte er zu Tawaquaptiwa, ›stark genug sind, uns vom Dorf wegzuschieben und mich über die Linie zu drängen, dann wird es erledigt sein. Aber wenn wir euch über die Linie drängen, dann wird es nicht erledigt sein, und dann werden auch wir hier leben müssen.‹
Ohne weitere Umstände stellte Yukioma sich selbst auf die Linie, mit dem Gesicht nach Oraibi; neben ihm stand Tawahongniwa, ... Und hinter ihnen waren ihre Anhänger aufgereiht, bereit, sie in Richtung zum Pueblo hin zu schieben. Auge in Auge mit Yukioma stand Humihongniwa vom Wasser-Coyote-Clan. Und hinter ihm stellten sich alle die Männer auf, die zur Seite der Progressiven gehörten.
Humihongniwa legte seine Hände auf Yukiomas Schultern – und los ging der Kampf. Der arme Yukioma wurde übel zugerichtet, wie ihn da seine eigenen Leute von hinten auf das Dorf zuschoben, während ihn seine Gegner von vorn von Oraibi fortdrängten. Die gegnerischen Gruppen wogten hin und her – bis schließlich Yukioma eindeutig über die Linie gedrängt wurde, nach Norden zu, weg vom Dorf.
Oraibis Schicksal war entschieden; nun mußten die ›Hostiles‹ das Dorf verlassen! Sobald Yukioma wieder sprechen konnte, sagte er: ›Nun, so muß es denn sein. Jetzt, da ihr mich über die Linie gedrängt habt, ist es erledigt.‹ Der siegreiche Tawaquaptiwa gab seinen besiegten Rivalen die Erlaubnis, mitzunehmen, was sie tragen konnten: Lebensmittel, Bettzeug, alle möglichen persönlichen Habseligkeiten. Gegen Sonnenuntergang begann Yukioma seinen Exodus, indem er langsam mit seinen Leuten nach Norden fortzog.«

# 4. Geburt – Gesundheit – Leben – Tod

## *Geburt, Leben und Sterben*

Der Hopi Percy Lomaquahu sprach auf der Hopi Mental Health Conference 1984 (S. 52-54) über dieses Thema:

»Ich möchte jetzt ein bißchen über Tod und Sterben sprechen, so wie es uns als Kindern vermittelt wird.

Gleich von Anfang an, wenn eine Frau ihr Kind noch im Leibe trägt, bereiten ihre Mütter und Väter und alle ihre Verwandten sie auf die Geburt vor und tragen dazu bei, daß das Baby gesund auf die Welt kommt. Auch werden dann schon Vorbereitungen getroffen für die Zeremonie der Namensgebung.

Und wenn das Kind geboren ist, kommt die Großmutter oder die Tante des Kindes, um für Mutter und Kind zu sorgen. Sie bereiten physisch und spirituell für das Kind in der Welt einen Platz vor; und sie markieren den Lauf seines Lebens, indem sie Linien aus Maismehl auf allen vier Wänden anbringen, in jeder der vier Himmelsrichtungen. Dieses symbolisiert die vier Entwicklungsstufen, die das Kind durchläuft, wenn es heranwächst.

Nach 20 Tagen haben wir die Zeremonie der Namensgebung, bei der die Großmutter dem Kinde sagt, wie es sein Leben auf Erden führen soll. Es gibt dann ein Fest für das Baby; und das

Kind sieht zum erstenmal die Sonne, nachdem es von seinen Tanten Namen erhalten hat. Seine Mutter und seine Großmutter beten, daß es ein glückliches Leben habe und erst in hohem Alter sterben möge.

Wir warten 20 Tage hiermit, weil wir meinen, daß das Baby bis dahin sich sozusagen noch in einem Schwebezustand zwischen der geistigen und der körperlichen Welt befindet. Und es passiert ja auch, daß das Kind die ersten 20 Tage nicht überlebt. Wenn es aber 20 Tage alt ist, dann wird es gewissermaßen offiziell geboren.

Unsere Lehren sagen, daß das Leben in einer geistigen Weise beginnt. Wenn ein Baby geboren ist, spricht die Großmutter zu ihm und erklärt ihm alle diese Dinge. Und obwohl das Baby natürlich noch nicht Hopi sprechen kann, so versteht es doch schon alles, was ihm gesagt wird, weil es das nämlich fühlt. Es fühlt alles. Wenn die Mutter zum Beispiel eine ablehnende Haltung einnimmt, wird es viel weinen. Aber wenn sie ihm mit viel Zuwendung begegnet, wird es glücklich sein.

Wenn das Kind dann heranwächst, lernt es viele Dinge von der Gemeinschaft der Menschen, in der es lebt …

Dann kommt die Zeit in seinem Leben, in der es eine Chance hat, wiedergeboren zu werden und mehr zu lernen. Es ist die erste Stufe dessen, was man eine spirituelle Wiedergeburt nennt; und das ist die Zeit, wenn es in den Kachina-Bund initiiert wird. Dieses ist eine Gelegenheit, noch einmal neu zu beginnen und mehr Wissen zu erwerben. Aber es kommt auf den einzelnen an, was er aus diesem Wissen macht.

Und wenn man dann erwachsen wird, dann hat man eine recht gute Vorstellung davon, was die spirituelle und was die praktische Seite des Hopi-Lebens ausmacht. Wir sagen immer, es dauert 25 Jahre, bis ein Mensch voll herangereift ist – es dauert also etwas länger als in der weißen Gesellschaft, wo man schon mit 21 als reif gilt. Wenn jemand dieses Alter des Erwachsenseins erreicht, dann hoffen wir, daß er eine Menge gelernt hat und daß sein Glaube stark genug ist, ihn zu geleiten …

Wenn nun jemand entsprechend seinem Namen und entsprechend den empfangenen Weisungen gelebt hat, dann ist die Zeit des Übergangs von diesem Leben zum nächsten nicht eine sehr kummervolle Zeit für ihn selbst oder seine Angehörigen. Wenn aber jemand nicht entsprechend den Weisungen gelebt hat, dann kann der Übergang schmerzlich sein ...

Manchmal läßt der Sterbende vielleicht zwei Wochen vor seinem Tode seine Angehörigen wissen, daß er um seinen baldigen Tod weiß. Er sagt dann, »mir wird es bald besser gehen« oder »ich werde bald heimgehen. Deshalb mache dir keine Sorgen um mich«. Vielleicht verstehen die Angehörigen das nicht, aber er drückt damit aus, daß er bereit ist zu sterben.

Einige Menschen bringen das erst in der allerletzten Minute zum Ausdruck. Man hört dann, wie selbst sehr alte Leute nach ihrer Mutter rufen. Das tun sie dann immer. Und das bedeutet, daß sie wissen, daß sie bald zurück zu ihrer Mutter Erde gehen werden. Wir wissen ja: Das ist der Grund, warum wir immer nach unserer Mutter rufen. Wenn jemand bereit ist, dann weiß er, wohin er geht; und er wird es die Menschen wissen lassen.

Einem Verwandten, der nicht so sicher ist, daß er ein rechtes Leben geführt hat, kann man das Sterben erleichtern, indem man ihn besucht. Dann sollte man nur von guten Dingen zu ihm sprechen, um ihm Mut zu machen. Und wenn man das wiederholt macht, dann wird er sich langsam wieder an seine Weisungen erinnern. Und damit beginnt manchmal ein Heilungsprozeß. Der einzelne kann sich vielleicht gänzlich selbst heilen – oder er fühlt sich jedenfalls besser vorbereitet, zu seiner Mutter heimzukehren ...

Wenn jemand gestorben ist, dann empfängt er seine letzte Speise. Am vierten Tag nach der Beerdigung bringen Verwandte Schalen mit Nahrung, die von der Erde stammt – Hopi-Nahrung, von der man in dieser Welt gelebt hat – auf das Grab. An diesem Tage wird der Verstorbene in der geistigen Welt wiedergeboren. Von da an kann man nur geistig mit ihm in Kontakt treten.

Dann kehrt der Tote in diese Welt zurück – vielleicht als Luft, als Wolke, als der Wind oder als etwas anderes. Darum achtet man auch während des Lebens hier auf der Erde darauf, daß man nichts Lebendiges vernichtet; denn man weiß ja, daß alles Lebendige ein spirituelles Wesen hat. Unsere geliebten Verstorbenen sind Teil dieser Dinge.

So fällt man zum Beispiel keine lebenden Bäume, um daraus Brennholz zu machen – eben weil sie lebendig sind. Man kann Holz auf dem Boden sammeln, das schon gestorben ist. Das kann man gebrauchen. Und wenn man es nicht gebraucht, so wird es zurück in den Boden gehen und diesen für uns reicher machen. Es ist dasselbe mit der Kohle. Bevor wir damit begannen, die Erde mit Kohlebergwerken zu stören, starben viele lebende Bäume. Diese blieben sich selbst überlassen und wurden zu Kohle, so daß wir sie eines Tages benutzen können.

Diese Dinge geschehen, um uns zu helfen, unser Leben besser zu führen. Aber wir dürfen nicht vergessen, daß wir die Erde mißbrauchen, wenn wir etwas von ihr fortnehmen. Sogar wenn wir pflanzen, stören wir die natürliche Ordnung der Dinge. Wenn man ein Loch gräbt, durchbohrt man gewissermaßen den Boden.

Doch wir müssen dies tun, um zu überleben. Deshalb muß man aber beten, bevor man es tut, und man muß Achtung und Ehrfurcht zeigen. Dann wird man nach dem Tode als etwas Lebendiges zurückkehren – vielleicht als einer der Bäume, die man während des Lebens geschont hat.

Manche Menschen kehren jedoch nicht zurück. Wir haben gelernt, daß es kein Leben nach dem Tode für diejenigen gibt, die ihr eigenes Leben oder das eines anderen Menschen genommen haben. Das ist ja auch sinnvoll im Zusammenhang dessen, was ich gerade gesagt habe: daß man nämlich niemals lebende Dinge töten soll.

Ich sagte, daß man niemals das zerstören soll, was lebendig ist. Wenn man sich also selbst das Leben nimmt oder wenn man in Kriegen kämpft und tötet oder wenn man aus irgendeinem anderen Grunde jemanden umbringt, dann hat man gegen dieses Gesetz verstoßen. Wenn man dann stirbt, ist das das Ende.

Ich glaube, daß die vielen Selbstmorde heute deshalb geschehen, weil wir unsere Kinder nicht mehr in dieser Weise unterrich-
ten. So viele Kinder dieser Generation nehmen sich selbst das Leben – ich glaube deshalb, weil sie alles dieses nicht verstehen.
Wenn man ein Leben nimmt, dann verändert man die natürlichen Übergänge, durch welche ein Leben hindurchgehen sollte; man greift in die Ordnung der Dinge ein. Wenn man sein
eigenes Leben nimmt, so beendet man seine eigene Entwicklung. Als Kinder haben wir gelernt, wie wir unser Leben führen
sollten; doch damit entscheidet man sich, dieses Versprechen
zu brechen. Ein solcher Mensch übernimmt nicht die natürliche Rolle in seinem Leben, und deshalb hat er nach seinem
Tode keinen Platz in der geistigen Welt.
Über all dieses sollte man nachdenken. Und ich hoffe, daß wir
alle diese Dinge auch wieder an unsere jungen Menschen wei-
tergeben werden.«

Bei der gleichen Gelegenheit sagte ein weißer Arzt, Dr. Greg
Lyon-Loftus, der für den indianischen Gesundheitsdienst arbeitete, über den Tod bei den Hopi (S. 52 f.):

»In einigen Kulturen wird der Tod durch Tabus und Geheimnis-
se verschleiert, selten diskutiert und sehr gefürchtet. Bei den
Hopi ist er ein natürlicher Teil des Lebens, vorgesehen seit
Anbeginn der Zeit; jedes neue Leben bereitet sich von seinem
Beginn an darauf vor.
Es ist zwar eine Zeit des Kummers, aber es ist auch eine Zeit,
bei der die Mitglieder der Familie zusammenkommen, um denjenigen liebevoll zu unterstützen, der dabei ist, in die geistige
Welt einzugehen. Der Übergang von diesem Leben zum nächsten kann – wenn man sich während des Lebens darauf vorbereitet hat – friedvoll sein für alle, die dadurch betroffen sind. Sie
wissen, daß dieses nicht das Ende eines Lebens ist, sondern der
Beginn eines neuen. Der geliebte Mensch, der nun fortgeht,
wird dann für immer bei ihnen sein; als ein Teil der Natur wird

er eine aktive Rolle in ihrem Leben übernehmen. Leben und Liebe sind – in der Welt der Hopi – ewig. Der Tod ist nur ein Augenblick in der Zeit ...

Die Hopi glauben, daß man eine andere Art eines lebenden Wesens wird, wenn man den Körper abstreift. Man kommt vielleicht wieder als Wolke und bringt den Menschen Nahrung, Kühle und Frieden. Man hört nie auf, man lebt weiter. Was sich verwandelt, ist das, was man ist: Erst ist man ein Kind und empfängt viel; dann ist man ein Erwachsener und tut viel; und später als Geist, gibt man viel.«

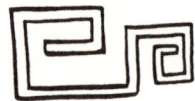

»Wenn ein Kind geboren wird, sagen die Tanten und die Großmütter zu dem Baby: ›Mögest du ein glückliches Leben haben. Mögest du unseren Lebensplan (›life plan‹) erfüllen und frei von Krankheiten sein. Mögest du ein hohes Alter erreichen und dieses (körperliche) Leben in Frieden (nämlich im Schlaf) verlassen. Und dein Name soll sein ...‹«

*Hopi Mental Health Conference 1984; S. 80*

»In ihrem Wunsch nach Kindern steht bei der Hopi-Mutter der *Wunsch nach einem Mädchen* ganz vornan. Denn dadurch wird die Linie ihres Blutes weitergeführt; so kann sie dazu beitragen, ihrem ›Haus‹ und Clan den Fortbestand zu sichern. Natürlich ist auch ein Junge willkommen. Auch er gehört zum Clan seiner Mutter. Doch wenn er heiratet, dann werden seine Kinder zum Haus und zum Clan ihrer Mutter gehören, nicht zu seinem Clan. Deshalb nimmt ein Mädchen in den Gedanken jeder Hopi-Mutter den ersten Platz ein.«

*Walter Collins O'Cane: Sun in the Sky; S. 56*

# Morgengebet

Die Hopi-Indianerin Polingaysi (vgl. die Einleitung zu Kap. 11, S. 251 ff.) erinnert sich ihrer eigenen Kindheit:

»Polingaysi konnte sich an keinen Tag erinnern, an dem sie nicht mit ihrer Mutter, ihren Vettern, Kusinen und Tanten zum Rand des Tafelberges gegangen war, um ihr Morgengebet zu sprechen. Zuerst reinigten sie sich von dem Bösen, das sich in den letzten 24 Stunden in ihnen angesammelt hatte, indem sie sich umwandten und über ihre Schulter spuckten; dann waren sie gereinigt und bereit, dem neuen Tag ihr Gesicht zuzuwenden. Sie atmeten auf das Maismehl in ihren Händen und sprachen dabei Bittgebete für ein langes Leben und gute Gesundheit. Dann streuten sie dieses Mehl aus, der aufgehenden Sonne entgegen und brachten es so der geistigen Welt dar.
Wenn dann die ersten wärmenden Sonnenstrahlen über den Horizont glitten und sie mit goldenen Fingern berührten, dann streckten sie ihre Arme aus, zogen in symbolischer Weise die Strahlen zu sich her und bargen sie an ihren Körpern. Unterdessen atmeten sie tief ein und beteten, daß sie an Körper, Gesicht und Herz schön gestaltet werden möchten. So, versehen mit dem Gewand alles Guten und Schönen, und beschützt vor dem Bösen, waren sie gestärkt, um dem Tag und seinen Problemen zu begegnen ...
Ihre Religion war nicht eine sonntägliche Angelegenheit; es war eine tägliche, stündliche, unentwegte Verbindung mit der Quelle, dem Schöpfer, von dem alle Dinge kamen: die großen und die kleinen; die beseelten und die unbeseelten. Er war die Kraft hinter den Wolken-Wesenheiten, hinter den Regen-Wesenheiten, hinter den Kachinas, hinter all den Kräften, die von den Hopi anerkannt und respektiert wurden.«

*Elizabeth White: No Turning Back; S. 16 f.*

# Leben

ist mein wirklicher Besitz
die Ewigkeit dieses Augenblicks
    dieses Raumes
    dieses Gefühls
ein sanfter Laut
kommt von diesen heiligen Höhen
              Wäldern
              Seen

er spricht
von einer heiligen Art zu leben
    dem Weg des Friedens
    und des Lichtes
    der allen Geschöpfen Freiheit bringt
so daß sie sehen
    Leben Ist Ewig

*Gebet einer Hopi-Frau*

## Hopi-Zeit

»Was bedeuteten Daten für die Hopi von ehedem? Was bedeuteten ihnen Tage und Monate? Sie lebten die Tage, wie sie
kamen und machten sich keine Sorgen um die Länge ihres
Aufenthaltes auf der Erde. Solange sie lebten, gab es Arbeit zu
tun. Wenn sie im hohen Alter dann langsam wieder in die Erde
wuchsen, dann wußten sie, daß sie bald wieder in die Welt des
Geistes reisen würden.«

*Polingaysi = Elizabeth White: No*
*Turning Back; S. 104*

← Schmetterlings-Tänzerin

# Vorstellungen von Gesundheit und Krankheit

Bei der Hopi Mental Health Conference 1984 wurde ausführlich über das Hopi-Konzept von Gesundheit und Krankheit gesprochen. Dabei äußerten sich unter anderem eine Hopi-Medizinfrau, ein Hopi-Spezialist für traditionelle medizinische Verfahren und ein weißer Arzt, der für den indianischen Gesundheitsdienst auf der Reservation tätig war.

Dabei sagte der weiße Arzt, Dr. Charles North, unter anderem:

»Gesundheit bedeutet nicht nur, daß man frei von Krankheit ist. Es ist auch eine positive Erfahrung des Wohlbefindens – spirituell, körperlich und geistig – in einem ganzheitlichen Sinn.
In der Entwicklung der Wissenschaft sehen wir immer wieder den Versuch, alles in kleine Teile zu zerlegen, unser Wissen in Atome aufzulösen und in Kategorien zu ordnen. Dieses heißt ›Wissenschaftlicher Reduktionismus‹. Und der führt zu einer Art des Denkens, bei der Tatsachen und Empfindungen und Erfahrungen in keiner Weise mehr miteinander verbunden sind. Wir fühlen uns dann einfach aufgelöst und verwirrt. Aber das Wesen ganzheitlichen Verständnisses der geistigen Gesundheit und des Heilungsvorganges ist es, alle diese verschiedenen Aspekte unserer Erfahrung zusammenzuführen in einem menschlichen Wesen oder in einer Gemeinschaft. Und so ist man sich dann auch all der Faktoren bewußt, die das menschliche Leben betreffen.« (S. 34)

Der indianische Experte für traditionelle indianische Medizin, Edward Monetathchi, sagte unter anderem folgendes:

»Indianische Medizin hat es mit dem Körper und der ›Seele‹ zu tun. Sie beginnt nicht und endet nicht mit der erfolgreichen Behandlung eines körperlichen Leidens. Sie durchdringt jeden

Aspekt des Lebens und erfordert eine lebenslange Praxis des Gebetes und der Disziplin sowohl von den Heilern als auch von den Patienten …

Und von diesem Gedanken ausgehend möchte ich jetzt hier damit beginnen, uns allen ein Gefühl der Mitte zu geben; uns allen ein Gefühl des Gegründetseins zu geben; uns allen ein Gefühl des Einsseins zu geben.

Wir begleiten alles mit Gebeten. Und ich möchte jetzt, daß ihr eure Füße flach auf den Boden stellt. Entspannt euch. Ich spiele euch jetzt ein Tonband vor, und ich möchte, daß ihr dabei ein Gefühl für das Universum habt – in euch selbst und in Beziehung zu denen, die um euch sind. Fühlt den Frieden. Fühlt Leben, fühlt Glück, fühlt Freude und den Segen, der unser ist. Denkt nicht an das, was wir nicht haben, weil wir es nicht haben. Fühlt, was wir haben und seid dankbar dafür.

Es gibt viele Arten zu beten. Und jede Art ist die richtige. Es gibt viele Wege zum Mittelpunkt. Und jeder Weg ist der richtige. Fühlt diese Musik, da ihr sie hört. Meditation ist eine Art des Gebetes. Schließt eure Augen. Sitzt einfach da und gebt eurem Gefühl Raum.

Jetzt öffnet langsam eure Augen. Ihr habt gerade das getan, was alle Medizinleute tun, bevor sie mit ihrer Arbeit an einem Kranken beginnen. Das tun sie immer, jeden Morgen und den ganzen Tag hindurch; denn sie haben gelernt, dies zu tun. Sie wissen, wie man mit sich selbst in Frieden ist; wie man das Ganze in den Blick bekommt; wie man jeden Teil anschaut und dabei das Ganze im Blick behält; wie man das Ganze ist.

Sie kennen und fühlen den Großen Geist; Gott; den Vater; das höchste Wesen – welchen Namen man auch immer dieser Kraft geben will. Man kennt sie, man fühlt sie, man arbeitet mit ihr …

Aber sie (die Medizinmänner und Medizinfrauen) lernen auch, daß sie selbst niemanden heilen können; daß sie vielmehr nur den Heilungsprozeß im Inneren eines jeden einzelnen fördern können. Du bist nicht der Heiler; jeder einzelne ist es. Jeder einzelne von uns muß sich selbst heilen.

Ihr fragt vielleicht: ›Wovon muß ich geheilt werden? Warum muß ich geheilt werden? Was verstehen wir unter Heilung?‹ Schaut her. Jeder von uns hat eine Seele, jeder von uns hat einen Verstand, jeder von uns hat einen Körper – und jeder von uns hat Gott in sich. Und jeder von uns hat eine Umwelt.

Wenn nun eins von diesen mit dem anderen nicht mehr im Gleichlauf, nicht mehr in Harmonie ist, dann ist man ›krank‹. Einige Leute nennen es Krankheit, einige Leute nennen es Unwohlsein. Ich bevorzuge den Ausdruck ›Un-Wohl-Sein‹ oder ›Nicht-in-Harmonie-Sein‹. Wenn wir nun von Heilung sprechen, so bedeutet das: diese Kräfte wieder in einen Gleichlauf miteinander zu bringen, so daß dann Harmonie und Frieden ist …

Man hat gesagt: Wenn wir in den Kindergarten gehen, dann sind unsere Sehkraft und unser Vorstellungsvermögen weit offen. Dann aber, wenn wir von einer Klasse zur anderen hochsteigen, dann verringert sich dieses Blickfeld immer mehr bis wir schließlich ins College kommen. Und wenn wir dann unseren Doktor machen, dann können wir überhaupt nichts mehr sehen. Die indianische Medizin versucht nun, uns wieder zu öffnen, so daß wir nicht nur mit unseren Augen, sondern auch mit unseren Herzen sehen …

Wenn man einen Medizinmann oder eine Medizinfrau aufsucht, aber gleichzeitig fortfährt, andere Menschen zu verletzen und ein Leben ohne Gleichgewicht zu führen, dann sagt man vielleicht: Die können ja nichts; die können mich ja nicht heilen. Nun, das stimmt – die können einen nicht heilen. Aber das liegt nicht an ihnen. Das liegt an dir – es ist dein ›Un-Wohl-Sein‹; es ist deine Erfahrung, nicht die des Medizinmannes oder der Medizinfrau. Du selbst mußt wachsen und dich entwickeln. Diese Verantwortung nehmen sie dir nicht ab …

Dein eigener Verstand bringt beinahe alles fertig. Die Worte, die du sagst, haben eine Wirkung auf alles andere. Deine Gedanken lassen Dinge geschehen; deine Gedanken schaffen Wirklichkeit …« (S. 71-75)

Schließlich sagte die Medizinfrau Theodora Sockyma von der Hopi-Reservation bei der gleichen Gelegenheit:

»Du solltest von einem Tag zum anderen leben. Widme dich immer nur einem Tag. Du weißt nie, was vielleicht am nächsten Tag geschieht. Du mußt dir selbst sagen, ›morgen beginne ich einen neuen Tag‹. Und sei dankbar, wenn der Tag vorüber ist, daß du ihn gelebt hast.« (S. 79)

# Eine Hopi-Heilungszeremonie

Der Amerikaner Jerrold E. Levy lehrt an der University of Arizona in Tucson Ethnologie/Anthropologie. Schwerpunkt seiner Forschungen sind die Kulturen der Navajo- und der Hopi-Indianer. In einer Studie aus dem Jahre 1982 hat er sich ausführlich mit dem Hopi-Schamanismus beschäftigt. Der Schamane unterscheidet sich bekanntlich von dem Heiler oder dem Medizinmann insofern, als er seine übernatürlichen Heilkräfte in einer Vision von einem oder mehreren geistigen Helfern erhält; und er vollzieht Heilungen, indem er sich in einen Trance-Zustand versetzt und so mit diesen übernatürlichen Helfern in Verbindung tritt.

Ich selbst habe an Teilen einer Heilungszeremonie bei den Navajo-Indianern teilgenommen. Sieben Patienten wurden in einer mehrtägigen, von mehreren hundert Navajo-Verwandten besuchten Heilungs-Zeremonie von einem Medizinmann behandelt. Dabei bediente er sich u.a. bestimmter Gesänge, die aus dem Heilungs-Hogan zu hören waren und welche die Harmonie und die Symmetrie des Kosmos beschworen. Außer den Gesängen spielen in den meisten Navajo-Heilungszeremonien, die häufig von einem großen sozialen Fest eingerahmt werden, das Anfertigen (und das Zerstören) von Sandgemälden (»sand paintings«) eine große Rolle. Bei diesen Sandgemälden handelt es sich um ritualisierte Darstellungen von Geschehnissen aus der mythischen Vergangenheit des Volkes. Die dargestellten Geistwesen nehmen bei der Zerstörung des Sandgemäldes die Krankheit des Patienten mit fort.

Auch habe ich einen ausführlichen Bericht eines Navajo-Mannes erhalten, der sich einer solchen Heilungszeremonie unterzogen hatte und geheilt worden war. Er erzählte mir, daß er als Soldat am Vietnam-Krieg teilgenommen hatte. Nach den grausigen Erfahrungen dort war er jede Nacht von schlimmsten Alpträumen heimgesucht worden. Diese hatten sich so gesteigert, daß er schließlich Angst hatte, abends einzuschlafen und

– natürlich vergeblich – versucht hatte, sich stets wachzuhalten. Schließlich hatte er einen Medizinmann seines Volkes aufgesucht.

Die Heilungszeremonie lag mehrere Jahre zurück, als er mir im Sommer 1987 davon berichtete. Seit der Zeremonie waren die Alpträume verschwunden. Er konnte nun ruhig schlafen.

Kehren wir zurück zum schamanistischen Heilungsritual der Hopi, das Jerrold Levy beschrieben hat. Es fand im Frühjahr 1964 statt und betraf nicht nur ihn selbst, sondern seine ganze Familie. Schon das ist für uns ungewöhnlich. Doch wir sollten daran denken, daß auch bei uns in der Vergangenheit ein guter Familiendoktor die engeren Sozialbeziehungen eines Patienten immer mit im Auge hatte. Außerdem war im Fall des Jerrold Levy nicht nur ein Familienmitglied krank, sondern es gab innerhalb kurzer Zeit mehrere Unglücksfälle in der Familie, darunter auch einen Fall von Gehirnhautentzündung. Das veranlaßte Angehörige des Ethnologen Levy (seine Frau ist Hopi-Pueblo), den Heiler Jay Kuwanheptiwa aus dem Dorf Shungopovi auf der Hopi-Reservation zu einer Heilungszeremonie zu bitten. Das Ereignis fand im Dorf Moenkopi auf der Hopi-Reservation statt. Zum Verständnis des Geschehnisses ist es noch wichtig zu wissen, daß es von Moenkopi nach Window Rock, wo Jerrold Levy zu dieser Zeit wohnte, fast 200 Kilometer sind. (Doch nach dem Gesetz der Sympathetischen Magie können Gegenstände einander über große Entfernungen hin beeinflussen!)

Außerdem: Bei nahezu allen Indianervölkern ist noch der Glaube an Hexen oder Zauberer, die vor allem für Krankheiten und andere Unglücksfälle verantwortlich sind, lebendig. Verbreitet ist auch die Auffassung, daß die Zauberer das Unglück durch das Hineinschießen oder das Postieren winziger Teilchen (wie z.B. kleiner Pfeilspitzen) in den menschlichen Körper bewirken; und daß solche Unglücksbringer von einem Medizinmann lokalisiert und mit seinem Mund herausgesogen werden können. Man spricht dann von einer »sucking cure«, also einer »Saugheilung«.

Daß indianische Medizin in erster Linie nicht darin besteht, Krankheitssymptome zu kurieren, sondern die Ungleichgewichte zwischen dem Patienten und der kosmischen Ordnung wieder auszugleichen – das sei hier nur am Rande vermerkt. Deshalb ist der/die Medizinmann/-frau oder der Schamane der Idee nach niemals nur ein »Mediziner« in unserem Sinne, sondern immer auch ein Mensch, der in Beziehung steht zu den das Gleichgewicht sichernden geistigen Kräften des Universums. (Quelle der folgenden Beschreibung ist das Manuskript: Jerrold E. Levy: Hopi Shamanism: A Reappraisal; March 6, 1982, S. 7 f.)

»Ich, meine Frau und unsere Kinder saßen Kuwanheptiwa ge-genüber. Ohne weitere Vorbereitungen drückte Kuwanheptiwa eine schwarze Obsidianspitze gegen verschiedene Teile mei-nes Körpers. Dann steckte er die Spitze in seine Tasche – eine gewöhnliche Damenhandtasche aus schwarzem Leder – und verkündete, daß unser Blut schlecht sei und daß er es zuerst herausholen werde. Dann brachte er die Spitze eines Projektils zum Vorschein, etwa 7,5 Zentimeter lang und aus milchigwei-ßem Quarz bestehend, mit einem leicht rosa Schimmer an der Spitze. Auch diese drückte er gegen verschiedene Teile meines Rumpfes. Als er dieses tat, breitete sich die rosa Farbe aus und wurde intensiver, bis die ganze Klinge in einem tiefen, vollen Rosa leuchtete. Der gleiche Vorgang wurde bei meiner Frau wiederholt, die mir später sagte, daß auch sie gesehen habe, wie sich die Spitze des Projektils in ihrer Farbe von weiß zu rosa änderte. Kuwanheptiwa setzte sich dann zurück und verkünde-te, daß das schlechte Blut entfernt worden sei und daß er nun feststellen müsse, was die Ursache dessen sei.

Er wandte uns dann sein Profil zu, atmete tief ein und versetzte sich so durch Hyperventilation in einen Trance-Zustand. Dabei gab es keine Unruhe; alles ging überlegt und ruhig vor sich. Er blieb in diesem Zustand nur eine Minute. Nachdem er sein Bewußtsein wiedererlangt hatte, verkündete er, daß er den He-xer gesehen habe, der ein Navajo sei. Diese Person habe meh-rere Pfeilspitzen um unser Haus in Window Rock auf der Na-vajo-Reservation placiert; und er schlug nun vor, daß er diese beseitigen werde. Dadurch werde die Krankheit vertrieben, oh-ne daß er zugleich dem Hexer ein Leid zufüge. Sollte dieses Verfahren aber ohne Wirkung bleiben, so würde es für ihn nötig sein, das Böse auf den Hexer selbst zurückzuwenden und ihn dadurch zu töten. Da dieses Verfahren so gefährlich sei, werde er es lieber nur als letzten Ausweg benutzen.

Darauf wies Kuwanheptiwa eine unserer Verwandten an, mit einem Papiertuch neben ihm zu stehen, um damit die Pfeilspit-zen aufzufangen, die er jetzt aus unserem Haus saugen werde. Wiederum versetzte er sich mit Hyperventilation in eine Trance. Nach wenigen Sekunden begann er, sich unter Krämpfen in das Tuch zu erbrechen, das ihm vorgehalten wurde. Von der Stelle aus, wo wir saßen, konnten wir es nicht sehen: Doch unsere Verwandte sagte uns, daß sie mit dem Tuch etwa fünf kleine schwarze Pfeilspitzen auffing, die sie dann an den westlichen Rand des Dorfes fortschaffte.

Der letzte Akt war dann die Vorbereitung eines medizinischen Tees, den jeder von uns trank, auch die Kinder. Wir bekamen dann einen Vorrat der Kräuter mit nach Hause und wurden angewiesen, mindestens vier Tage lang Tee daraus zu kochen und ihn häufig zu trinken.«

## Alte Menschen

Wie bei anderen Naturvölkern, so war es auch bei den Hopi in der Vergangenheit selbstverständlich, daß Menschen im Alter dort blieben, wo sie in jüngeren Jahren gearbeitet und ihre Familie aufgezogen hatten. Ebenso selbstverständlich war es, daß sie von ihren Kindern oder Enkeln versorgt wurden, wenn sie selbst dazu nicht mehr in der Lage waren. Traditionell kam ihnen auch eine ganz wichtige Rolle bei der Erziehung der Enkelkinder zu: Mehr als die Eltern hatten die Großeltern Zeit und Muße, der heranwachsenden Generation die Werte und Leitbilder, die Geschehnisse der mythischen und der historischen Vergangenheit zu vermitteln – oftmals in Form des berühmten »storytelling« an langen Winterabenden.

Heute ist all das auch auf der Hopi-Reservation nicht mehr selbstverständlich. Zwar gibt es diese Tradition der Großfamilie noch, und sie wird auch bei den Mental Health Conferences auf der Reservation immer wieder beschworen. Es gibt aber inzwischen auch Alten- und Siechenheime, die zudem oftmals weit von der Reservation entfernt liegen. Die Fremdheit, die Einsamkeit, die seelische Not der alten Menschen in diesen Häusern läßt sich leicht begreifen. Eine alte Hopi-Frau in einem solchen Heim hat in einem kurzen poetischen Text ihren Gefühlen Ausdruck gegeben (Hopi Mental Health Conference 1984, S. 84):

Ich starre aus dem Fenster
einen nutzlos verstrichenen Tag
    nach dem anderen.

Als wir noch eine Familie waren,
baten die Kinder häufig:
›Spiel mit uns, Mama‹!

Und ich tat es,
wenn es auch manchmal bedeutete,
daß ich noch stundenlang arbeiten mußte,
wenn sie im Bett lagen.

Schlafen die Kinder jetzt?
Hören sie meine stumme Bitte nicht?

Bleibe bei mir, Liebes –
es ist dunkel hinter meinem Fenster.
Die Stunden verrinnen –
doch eine einsame Minute ist eine lange,
    lange Zeit.

## Totengebet

Wenn ein Hopi stirbt, wird sein Leichnam sofort für die Beerdigung vorbereitet. Dazu gehören Waschen und Kleiden des
Leichnams. Das Gesicht wird mit einer Baumwollmaske bedeckt. Diese Maske und die frischgewaschenen Haare werden
mit Gebetsfedern geschmückt. Die Baumwollmaske symbolisiert den Übergang des Toten in die Existenzweise einer Wolke, die dann den Lebenden den stets ersehnten Regen bringen
kann.
Am vierten Tag nach der Beerdigung verläßt der Geist des
Toten, sein Atemkörper, das Grab. Dabei bedient er sich einer
Leiter oder eines Stabes, der zu diesem Zweck auf das Grab
gesteckt worden ist. So begibt er sich aus dem Grabe unten zu
den Wolken-Wesenheiten oben.

Der Tod ist für Hopi offensichtlich ein Übergang zu einem
besseren Leben – und zu einem Leben, das mit den Lebenden
durch gegenseitige Fürsorge eng verbunden bleibt.

Vor der Beerdigung werden Gebete zu dem Toten gesprochen.
Folgendes Totengebet ist von der Dritten Mesa überliefert
(Simmons: Sun Chief, S. 313):

Nun, lieber Onkel, ist es Zeit für dich zu gehen …
Ich habe dich gekleidet für deine Reise zum Haus der Toten.
Verlier keine Zeit, dorthin zu gelangen.
Unsere Lieben (Verstorbenen) werden dich dort herzlich will-
kommen heißen
und dir deinen Platz zeigen.
Sei gut zu ihnen, wie du zu uns gut gewesen bist.
Vergiß uns nicht und schicke uns Regen …
denn wir brauchen immer noch deine Hilfe.
Sei gut und weise in deinem zukünftigen Leben.

## Der Tod des Sonnenpriesters

Der folgende Text ist ein Zeugnis des Glaubens der Hopi, sowohl an die Unsterblichkeit des Menschen als auch an die einander unterstützenden Beziehungen zwischen Lebenden und Toten. Auch die besondere Rolle der Zahl Vier wird hier noch einmal deutlich.

Der Text stammt aus dem Buch »The Unwritten Literature of the Hopi« von Hattie Greene Lockett (S. 41-42):

»Am 4. Juli 1928 starb Supela, der letzte der Sonnenpriester ... Die Menschen litten unter einer langen Dürre. Da der alte Supela bald durch das Sipapu in die Unterwelt eingehen würde, wo die Geistwesen leben, die den Regen und das Wachstum kontrollieren – da versprach er (noch vor seinem Tod), daß er den göttlichen Wesen dort die Situation (der Menschen) ohne Zögern erklären und um Hilfe für sein Volk bitten werde. Und er fügte hinzu: Sie könnten damit rechnen, daß sofort nach seiner Ankunft dort unten die Ergebnisse sichtbar sein würden. Da er ein religiöses und gottgefälliges Leben geführt hatte, glaubten sowohl Supela selbst als auch seine Bekannten, daß er die Reise in vier Tagen machen werde. Das ist eine Rekordzeit für diesen Weg und gelingt nur, wenn man unterwegs keine Hindernisse in Form von Buße und Bestrafung zu überwinden hat. Supela versprach es so, und die Menschen warteten darauf, daß es sich so erfülle.

Vier Tage nach Supelas Tod wurde die lange Dürre durch einen Wolkenbruch mit Donner und Blitz gebrochen.

Waren die Hopi überrascht? Ganz im Gegenteil! Sie glühten vor Genugtuung und gratulierten einander zu dieser so dramatisch demonstrierten Gewißheit, daß Supela es in vier Tagen ›geschafft‹ hatte. Das war die großartigste Lobrede auf einen Toten, die man sich denken kann.«

# 5. Erziehung

## *Traditionelle Erziehung*

Die Hopi-Frau Polingaysi Qoyawayma – Elizabeth White (vgl. die Einleitung zu Kap. 11; Darstellung in der 3. Person) – erinnert sich ihrer Hopi-Erziehung (No Turning Back, S. 128 f.):

»Eine echte Hopi ist ein Teil des Universums und muß sich selbst immer um Ausgeglichenheit bemühen. Alle Dinge, beseelte und unbeseelte, besitzen Leben und Sein. Eine echte Hopi versucht, sich der tiefen geistigen Wesenheit im Inneren aller Dinge bewußt zu sein. Alle Dinge haben einen inneren Sinn und eine Gestalt und eine Kraft. Der Hopi muß in die Natur hineinreichen und ihr helfen, sich in ihren Zyklen vorwärts zu bewegen – in Harmonie und in Schönheit.
Man hatte sie (Polingaysi) gelehrt, hilfsbereit und großzügig zu sein. Die Hopi-Idee der Verantwortung für sich selbst war ihr vertraut. Familie, Clan, Gemeinschaft und Rasse: Wenn man in Harmonie dem echten Hopi-Leben folgte, so würde dies allen Menschen helfen. Das hatte sie in ihrer frühen Jugend gelernt. Wenn du dein Morgengebet verrichtest, so sprich leise einen Wunsch, daß dein Leben gut sein möge. Wer etwas Gutes in seinem Leben verwirklicht, wünscht sich ein langes Leben. Wer glücklich ist, singt. Sing, wenn du in der Morgenfrühe zu deinem Garten eilst. Sing, wenn du im Sonnenlicht arbeitest. Gestatte dem Ärger nicht, dein Herz zu vergiften. Gedanken des Ärgers gegenüber anderen Menschen öffnen Wege in das Leben desjenigen, der sich ärgert; und durch diese Wege können schlechte Einflüsse eindringen.«

»Intelligenztests, denen Hopi-Kinder unterzogen wurden, haben ergeben, daß sie deutlich höhere Ergebnisse hatten als der Durchschnitt weißer Kinder in den USA.«

Harry C. James: Hopi History,<br/>S. XII

# Freiheit oder Zwang

Der amerikanische Ethnologe Mischa Titiev schreibt in seinem Werk über »The Hopi Indians of Old Oraibi«:

»Vielleicht ist die Freiheit, die man Kindern gibt, der Grundstein für die außerordentliche Individualität, die man im Verhalten Erwachsener beobachtet. Kinder werden selten an die Kandare genommen; man läßt sie in der Regel gewähren ...
So wachsen Kinder zu Erwachsenen heran, ohne daß ihr Verhalten je kritisiert wurde. Sie entwickeln also keine Disziplin, die sich aus der Macht anderer Menschen ergäbe ...
Diese Freiheit des Denkens und Tuns für jede Person ist wohl auch der Grund dafür, daß manche Mitglieder einer Familie Christen werden, andere aber nicht ...« (S. 55 f.)

»Niemand nimmt es auf sich, einem anderen vorzuschreiben, wie er sich verhalten soll ...« (S. 69)

»Die Herausstellung der Individualität erstreckt sich bei den Hopi sogar auf Hunde. Immer wenn man Med beim Ausgehen fragt, ob er seine Hunde mitnehmen will, antwortet er: ›Nun, das kommt auf sie an. Sie können mitkommen, wenn sie wollen‹...« (S. 129)

»Die Hopi vermeiden es nun zwar, sich in das einzumischen, was ein anderer tut; aber sie lieben es, zu spionieren und darüber zu tratschen ...« (S. 106)

»So verbreitet ist dieses Auskundschaften der Angelegenheiten anderer Menschen, daß der gängige Gruß lautet: ›Um hakami'i?‹ (›Wohin gehst du?‹). Diese Frage stellt man sogar, wenn jemand in einem Pueblo nur von einer Straße zur anderen geht. Vielleicht gebrauchen sie diese Grußformel nicht bei jemandem, mit dem sie nicht verwandt sind oder den sie nicht mögen; aber in solch einem Fall werden sie versuchen, die Information von jemandem zu erhalten, der vielleicht darüber Bescheid weiß ...« (S. 183)

»In einem Pueblo weiß jeder, was jeder andere tut, und ein ungestörtes Privatleben ist praktisch unmöglich. Solch eine Atmosphäre kann vielleicht helfen zu klären, warum die Einwohner der Pueblos Heimlichkeit so sehr schätzen; und warum Anschuldigungen aller Art, einschließlich Hexerei, so verbreitet sind.« (S. 287)

# Hopi-Erziehung

*Hopi sagen gern* zu ihren Kindern:
»Die Sonne hat so viel Arbeit zu tun, muß die ganze Erde erwärmen und die Dinge wachsen lassen. Mach ihr nicht noch mehr Arbeit, indem du sie zwingst, dich aufzuwecken. Steh auf, bevor die Sonne aufgeht.«

*Helen Sekaquaptewa/Louise Udall:*
*Me and Mine, S. 4*

»... *Sogar heute noch* ist bei den Hopi die öffentliche Meinung die wirksamste Form der Bestrafung.«

*Harry C. James: The Hopi*
*Indians, S. 106*

»*Hopi-Kinder werden gelehrt*, niemals etwas zu zerstören oder auch nur etwas abzupflücken, was sie nicht benötigen – nicht einmal ein Unkraut; und alles zu benutzen, was sie pflücken. Diese Haltungen und Werte, die das Leben fördern und bewahren, wiederholen das fundamentale Hopi-Konzept: daß nämlich menschliche Wesen aktiv dafür verantwortlich sind, das harmonische Gleichgewicht zwischen Natur und Mensch aufrechtzuerhalten; denn es ist für die Wohlfahrt des Ganzen unverzichtbar.«

*Laura Thompson: Logico-Aesthetic*
*Integration in Hopi Culture, S. 548*

# Auf zur Schule in Keams Canyon

Helen Sekaquaptewa ist wohl eine der bekanntesten Hopi-Frauen des 20. Jahrhunderts. Sie wurde im Jahre 1899 im Dorf Old Oraibi geboren, heiratete 1919 und hatte zehn Kinder. Mehrere ihrer Söhne haben es zu hohem Ansehen in der Gesellschaft der Hopi und sogar bei den Weißen gebracht. Helen Sekaquaptewa hat sich aber auch selbst einen Namen gemacht. In mehreren Filmen, die sich mit der Kultur der Hopi beschäftigen (z.B. in dem Film »Songs of the Fourth World«), tritt sie als Mutter oder Großmutter auf, welche den Kindern die in der Hopi-Erziehung so wichtigen Geschichten (»Stories«) erzählt. Außerdem hat sie der Amerikanerin Louise Udall ihre eigene Lebensgeschichte erzählt. Diese wurde dann unter dem Titel »Me and Mine – The Lifestory of Helen Sekaquaptewa« im Jahre 1969 als Buch veröffentlicht. Aus diesem Buch ist der folgende Text genommen.

Um die Jahrhundertwende versuchte die weiße Indianerverwaltung, alle Hopi-Kinder zum Schulbesuch zu zwingen. Dabei wurden die Kinder in der Regel aus ihren Familien herausgenommen und in Internatsschulen gesteckt. Hopi-Eltern wußten, daß damit auch das Ziel verfolgt wurde, diese Kinder ihrer tradierten Lebensform zu entfremden und sie an die Lebensform der Weißen zu gewöhnen. Deshalb wehrten sich viele Hopi-Eltern hartnäckig und verbissen gegen eine solche Entfremdung ihrer Kinder und weigerten sich, sie zur Schule gehen zu lassen. Wenn dann Soldaten oder Beamte der Indianerverwaltung kamen, um die Kinder mit Gewalt zur Schule zu holen, versteckten manche Eltern ihre Kinder tagelang in den Bergen. Es gibt erschütternde Berichte über die Erlebnisse dieser Kinder und dieser Eltern.

Vor allem der Dorfhäuptling von Old Oraibi, Yukioma, war ein erbitterter Gegner der »weißen« Schulbildung für Hopi-Kinder. Er war der Führer der sogenannten »Hostiles«, die gegen eine Zusammenarbeit mit den Weißen eintraten. Die Familie der Helen Sekaquaptewa gehörte zu diesen »Hostiles« und verließ mit Yukioma an jenem denkwürdigen Septembertag des Jahres 1906 das Dorf Oraibi, nachdem der Zweikampf gegen Yukioma entschieden worden war. Die »Hostiles« zogen daraufhin einige Meilen weiter und lebten in einem Lager, aus dem später das heutige Dorf Hotevilla hervorging.

Hier beginnt die folgende Erzählung. Sie verrät zugleich, daß die Familie der Helen S. eine etwas andere Haltung einnahm als ihr Führer Yukioma. Diese Erzählung stellt gleichwohl einen der eindrucksvollsten Berichte dieser Geschehnisse aus der Perspektive eines Hopi-Kindes dar und ist zugleich eines der bewegendsten Kapitel des Buches der Helen Sekaquaptewa.

(Zur Erläuterung des Textes: Aus Tierknochen roh gefertigte Puppen waren ein traditionelles Spielzeug für Hopi-Mädchen. Der sogenannte Home-Dance ist eine der wichtigsten religiösen Zeremonien der Hopi und findet im Juli statt.)

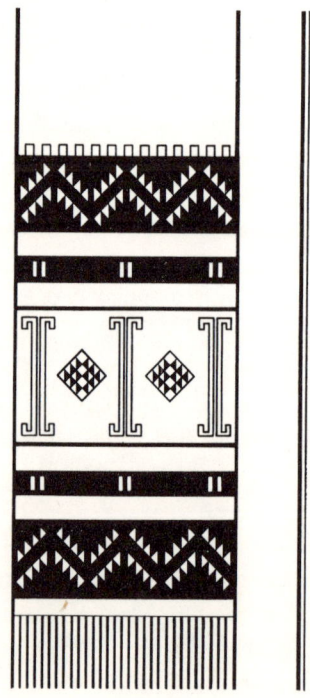

»Eines Morgens gegen Ende Oktober 1906 wachten wir sehr früh auf und sahen, daß unser Lager von Soldaten umringt war, die während der Nacht von Keams Canyon herangerückt waren. Superintendent Lemmon rief die (indianischen) Männer zusammen und befahl den Frauen und Kindern, in ihren einzelnen Familiengruppen zu bleiben. Dann sagte er den Männern, es sei ein Fehler, blindlings Yukioma zu folgen; die Regierung sei nun mit ihrer Geduld am Ende; die Kinder müßten jetzt endgültig zur Schule gehen.

Yukioma widersetzte sich ärgerlich und weigerte sich, nachzugeben. Er wurde in ein Haus gebracht und unter Bewachung gestellt.

Dann wurden alle Kinder, die im schulpflichtigen Alter waren, aufgestellt, ihre Namen wurden notiert, und sie wurden fortgebracht zur Schule. 82 Kinder standen auf der Liste; eines davon war ich. Es war später Nachmittag, als die Eintragungen endlich beendet waren. Dann wurden wir auf Wagen geladen, welche die Weißen von unseren Feinden, den ›Friendlies‹, gemietet hatten und die auch von diesen gefahren wurden. Da es nicht genug Wagen gab, mußten die größeren Jungen zu Fuß gehen. Unter militärischer Eskorte wurden wir zunächst zum Schulhaus in New Oraibi gebracht. Die Nacht über schliefen wir auf dem Fußboden des Raumes dort.

Am nächsten Morgen wurden drei weitere Wagen gemietet, Planwagen, die von vier Pferden gezogen wurden. Dann wurden wir alle aufgeladen, Jungen und Mädchen auf getrennte Wagen. Wir saßen einfach auf dem Boden des Wagens und so ging es, immer noch unter militärischer Eskorte, auf nach Keams Canyon. Auf jedem Wagen kümmerten sich die älteren Jungen und Mädchen um die kleineren. Ich war eins der kleineren. Ein kleiner Junge war gar erst etwa fünf Jahre alt. Er durfte im Schlafraum bei den großen Mädchen schlafen, so daß sie ihn ein bißchen bemuttern konnten. Alle nannten ihn ›Baby‹ – und er hieß immer noch ›Baby‹, als er ein erwachsener Mann war.

Es war schon dunkel, als wir die Internatsschule in Keams Canyon erreichten. Man lud uns vom Wagen und führte uns in den großen Schlafsaal, der durch elektrische Lampen hell erleuchtet war. Ich hatte niemals soviel Licht in der Nacht gesehen. Das brachte mich ganz durcheinander, und ich dachte, es sei noch Tag, weil es so hell war. Man gab uns Schiffszwieback und Sirup zu essen. Weil es nicht genug Betten gab, wurden Matratzen auf den Fußboden gelegt. Als ich da lag, schaute ich nach oben und sah, woher all das Licht kam. Gleich darauf machte die Hausdame das Licht aus.

Die ersten paar Tage waren wir alle neugierig darauf, unsere neue Umgebung zu erkunden. Sie kam uns wunderbar vor, und wir dachten nicht viel an zu Hause. Doch nach einiger Zeit, als wir uns etwas an die Schule gewöhnt hatten, packte uns das Heimweh. Drei kleine Mädchen schliefen in einem Doppelbett. Damit uns die Hausdame nicht hören konnte und uns nicht ausschimpfen oder gar schlagen würde, hockten wir abends dann alle in einer Ecke zusammen und weinten still vor uns hin. Ich versuchte, die anderen zu trösten, doch nach kurzer Zeit heulte ich selbst auch. Ich höre immer noch die klagenden kleinen Stimmen: »Ich möchte nach Hause.« »Ich möchte zu meiner Mutter.« Wir verstanden kein Wort Englisch und wußten nicht, was wir sagen oder tun sollten.

Unsere eigene Kleidung wurde uns abgenommen und in Kisten verpackt, bis unsere Angehörigen kamen und sie mitnahmen. Wir erhielten dafür richtige Schulkleider. Jedes Mädchen hatte zwei Alltagskleider, drei Unterröcke, einmal Unterwäsche zum Wechseln, zwei Paar Strümpfe, ein Paar Schuhe, ein Sonntagskleid und zwei weiße Mousselin-Schürzen, die wir über den Kleidern trugen, außer am Sonntag. Die Kleider bestanden aus gestreiftem Inlett, die Röcke waren gekräuselt, die Ärmel lang. Einige der Mädchen der ›Friendlies‹ und auch solche von anderen Dörfern nannten uns ›Hostiles‹ und ärgerten uns, bis wir weinten. Nachts waren die Türen geschlossen, und wir kleinen Mädchen lagen in unseren Betten: Dann erschienen diese Quälgeister, nahmen unsere einheimischen Kleider aus den Kisten, zogen sie an und tanzten darin herum. So machten sie sich über uns lustig.

Jungen und Mädchen marschierten von ihren getrennten Schlaf-
räumen in den Speisesaal. Meistens waren die großen Jungen zuerst da. Das Essen wurde an zwölf langen Tischen eingenom-
men, jeweils so wie in einer großen Familie. Die älteren Jungen
und Mädchen deckten die Tische und eines von diesen Kindern
saß dann oben vor und teilte das Essen aus. Es gab auch Navajos
dort, obwohl es an sich eine Schule für Hopis war. Und anscheinend saß immer ein Navajo oben vor und sorgte dafür, daß die
Teller der anderen Navajos gut gefüllt waren, während wir kleinen Hopi-Mädchen nur gerade einen Teelöffel voll von allem bekamen. Ich war immer hungrig und den Tränen nahe, weil ich
nicht genug zu essen bekam. Man konnte auch nichts nachbe-
kommen und ich dachte, ich würde wirklich verhungern. Man
kann auch nicht einschlafen, wenn man hungrig ist.
Mitten auf dem Tisch stand ein großer Teller mit Brot. Die
großen Jungen nahmen sich davon, wenn sie hereinkamen.
Wenn wir Kleinen dann endlich ankamen, war kein Brot mehr
da. Manchmal nahmen große Jungen uns Kleinen sogar noch
Brot weg. Es gab da zwar eine Hausdame, die alles überwachen
sollte, doch diese Dinge schien sie nicht zu bemerken.
Zum Frühstück bekamen wir Haferbrei ohne Milch oder Zucker
und trockenes Brot. Die Navajos mochten den Brei nicht. Deshalb nahmen sie das Brot, und wir hatten den Brei. Mittags gab
es Rindfleisch, Kartoffeln und Soße – mit Pflaumen oder einem
Pudding aus Brot als Nachtisch. Abends gab es die Reste vom
Tage, dazu manchmal Bohnen. Ein anderes Essen, das es häufiger gab, war Brot mit gesalzener Schinkensoße … Manchmal
waren wir Kleinen so verhungert, daß wir die Jungen baten, uns
wenigstens eine Scheibe Brot für die Soße zu geben. Das taten
sie aber nie. So tranken wir einfach nur die Soße. Jeden Tag gab
es dieselbe Verpflegung. Wie wir uns dann nach etwas Essen
sehnten, wie es unsere Mütter kochten – und nach der Menge,
die wir gewohnt waren!
Wenn es ab und zu einmal geschah, daß die Mädchen schneller am Speiseraum waren als die Jungen, dann marschierten wir
direkt hinein und machten es ihnen nach. Wir nahmen das

ganze Brot, legten es auf unsere Sitze und deckten unsere Schürzen darüber. Dann warteten wir, bis jeder auf seinem Platz war und das Tischgebet gesprochen wurde. Danach nahmen wir das Brot hoch und setzten uns.

Später wurde das System geändert. Nun saßen nicht mehr die Jungen auf der einen und die Mädchen auf der anderen Seite des Tisches, sondern gleichaltrige Mädchen wurden an einen Tisch gesetzt und ebenso die Jungen. Da ging es mir besser.

Wenn man krank war, wurde man von der Hausdame ins Bett gebracht. Sie war mitfühlend und versuchte zu trösten. Sie brachte das Essen auf einem Tablett – und dann gab es auch genug zu essen. Das Ärgerliche war nur: Wenn man krank war, dann hatte man keinen Appetit.

Es schien einfach, daß zu Anfang alles gegen uns war.

Wir waren solch eine Gruppe von heimwehkranken, einsamen, auf dem Schulhof zusammengekauerten kleinen Mädchen –, als wir eines frühen Morgens hörten, wie sich ein klirrendes Geräusch näherte. Wir fragten uns, was das wohl sei und rannten zu dem hohen geflochtenen Drahtzaun, der das Grundstück umgab. Da sahen wir eine lange Reihe von Männern, die alle die Straße herunterkamen. Es war ein Teil der ungefähr 70 Väter von Hotevilla, die eingesperrt und zu 90 Tagen Zwangsarbeit verurteilt worden waren, weil sie sich der Regierung widersetzt hatten. Der Superintendent benutzte sie nun, um einen Hohlweg in den Canyon zu bauen und auszubessern. Dadurch verkürzte er eine Straße um etliche Meilen. … Was für eine Erregung packte uns, als nun ein kleines Mädchen nach dem anderen seinen Vater erkannte, sich gegen den Zaun drückte und seinen Namen rief!

Diese Straßenkolonne marschierte jeden Morgen vier Meilen hinaus zur Arbeit. Die Männer waren paarweise durch Kugel und Kette aneinander gefesselt. Wenn einer mit seinem Partner nicht Schritt hielt, fiel er manchmal hin. Doch darüber lachten sie nur. Sie schämten sich ihrer Lage nicht, weil sie in ihrem Herzen wußten, daß sie kein Unrecht begangen hatten. Sie hatten nur dagegen protestiert, daß andere sich in ihr Leben einmischten. Ein Offizier mit einem Stock achtete darauf, daß sie nicht stehenblieben und mit ihren kleinen Mädchen sprachen.

Jeden Morgen rannten wir nun hinaus, um zu sehen, ob unsere Väter vorbeizogen. Wir weinten, wenn wir sie sahen – und wir weinten, wenn wir sie nicht sahen. Ich entdeckte meinen Vater nur ein einziges Mal in der Ketten-Kolonne. Dann hatte er Küchendienst, und ich sah ihn da einmal, bevor er ins Gefängnis nach Fort Huachuca geschickt wurde.

Ich füge hier einen Brief ein, den die Frau eines Gefangenen am 28. Dezember 1906 an den Superintendenten richtete:

›Mein Mann hat in diesem Jahre in Oraibi Mais angebaut, aber er konnte ihn nicht ernten, weil Soldaten ihn fortholten. Pferde und Vieh haben jetzt den Mais aufgefressen. Ich habe nichts zu essen, auch keine Bohnen, nur die Lebensmittel, die mir die Leute im Dorf geben. Die Frauen hier möchten zur Schule kommen und bei ihren Männern sein und etwas zu essen haben. Selbst wenn die Männer sofort hierher zurückkehrten, würde es unsere Situation der Armut nicht ändern. Ein Jahr dauert es – eine Wachstumsperiode – bevor wir etwas ernten können.‹

… Da ich ein kleines Mädchen war dort in Keams Canyon, habe ich erst später eine Ahnung davon bekommen, wie traurig und erbärmlich die Lage meiner Mutter und der anderen Frauen war, die dort in Hotevilla gewissermaßen in der Verbannung lebten. Sieben alte Männer gab es dort und ein paar jüngere, die versprochen hatten, ihnen zu helfen; dann gab es 23 Kinder, die noch nicht im Schulalter waren; und schließlich gab es 63 Frauen – alte, solche im mittleren Alter, denen man die Kinder weggenommen hatte, und junge Mütter mit kleinen Babys. Sie alle weinten und sehnten sich nach ihrem alten Heimatort (Oraibi, den sie Anfang September mit Yukioma verlassen hatten) und nach ihren heimatlichen Feldern; sie sehnten sich nach ihren Männern und nach ihren Kindern, die man ihnen weggenommen hatte. Nur wenige waren stark genug, um Holz sammeln und hacken zu können, und um Wasser holen zu können. Ihre Maiskörbe waren leer. Sie hatten solchen Hunger!

Manchmal veranstalteten die jüngeren Frauen eine Kaninchenjagd. Die beste Zeit dafür ist, wenn Schnee liegt. Dann wickelten sie ihre Füße in irgendwelche Lappen, die sie zur Verfügung hatten; ein Stück Schaffell mit der Wolle nach innen ist gut dafür, man muß es nur gut festbinden. Sie hatten keine Gewehre, nur Steine und Stöcke und vielleicht einen Hund. Wenn dein Hund dann ein Kaninchen fing, dann gehörte es dir. Irgendwie schafften sie es tatsächlich, den Winter zu überleben. Unterdessen hatte ich jeden Tag drei Mahlzeiten, ein bequemes Bett und ein warmes Dach über dem Kopf.

Die Monate vergingen. Und dann kam der letzte Schultag dieses ersten Jahres in Keams Canyon. Aus allen Himmelsrichtungen fanden sich die Eltern bei der Schule ein: in Wagen, zu Pferde oder mit kleinen Packeseln. Sie waren gekommen, um ihre Kinder den Sommer über nach Hause zu holen. Da waren auch unsere Eltern von Hotevilla; aber diese wollten nicht versprechen, daß sie uns im September wieder zur Schule zurückbringen würden. … Ihre Kinder durften dann nicht nach Hause, sondern mußten den Sommer in der Schule verbringen. Mit einigen anderen Jungen und Mädchen gehörte auch ich dazu.

Während des Sommers ging es uns mit dem Essen aber besser, weil wir insgesamt nur etwa 20 Mädchen und sechs Jungen waren und darunter keine Navajos. Die großen Mädchen, die in der Küche und im Eßraum arbeiteten, meinten es gut mit uns. Im Keller hinter der Küche gab es viele Säcke mit Kartoffeln. Hin und wieder gab eines der älteren Mädchen aus der Küche uns kleinen Mädchen heimlich eine rohe Kartoffel. Sie schmeckten gut und süß. Ich habe oft rohe Kartoffeln probiert, aber keine schmeckten so süß wie diese.

Dann kam der September (1907). Alle anderen Kinder wurden von ihren Eltern zur Schule zurückgebracht und der Schulalltag begann wieder.

Eines Oktobernachmittags fielen unsere Blicke auf einige Wagen der Regierung, wie sie langsam den Hohlweg hinunter in den Canyon zogen und an der Schule hielten. Und siehe da! Die Fracht entlud sich – es waren Männer, die Gefangenen, die vom Fort Huachuca zurückkamen … Wir beobachteten die Männer, wie sie einzeln zum Speiseraum gingen – und welche Überraschung: Ich entdeckte meinen Vater. Er trug eine alte Militäruniform; ich fand, daß er gut und jung und stramm aussah; und ich war stolz auf ihn.

Für eine kurze Zeit sprachen wir am Abend miteinander und dann noch einmal am nächsten Morgen. Der Hopi-Name meines Vaters ist Talashongnewa, aber in Huachuca hatten sie ihm den Namen Sam gegeben. Von da an hieß er Sam Talashongnewa. Er hatte keinen Groll auf die Wachsoldaten. Er sagte, daß sie die Hopi gut behandelten und daß diese sie gernhatten. Viele der Wachsoldaten hätten Tränen in den Augen gehabt, als sie ihren indianischen Gefangenen ›good-bye‹ gesagt hätten. Aber die Gefangenen waren immer noch ›Hostiles‹. Die Einstellung meines Vaters war unverändert, und es dauerte noch viele Jahre, bevor er in der Lage war, langsam gewisse Teile der Kultur des weißen Mannes zu akzeptieren. – Die Gefangenen wurden dort entlassen und mußten die 40 Meilen bis Hotevilla zu Fuß gehen. Wahrscheinlich kamen ihnen diese 40 Meilen sehr kurz vor.

Nachdem wir ungefähr ein Jahr in Keams Canyon waren, bekamen einige Mütter die Erlaubnis, ihre Kinder zu besuchen. Sie kamen zu acht oder zehn auf einem Wagen oder mit einem Lastesel. Wenn eine von ihnen keinen Esel hatte, so borgte sie sich einen und bepackte ihn mit Decken und Nahrungsmitteln: Piki-Brot, geröstetem Mais, getrocknete Pfirsiche und dergleichen. Sie packte so viel auf, wie sie konnte – für sich selbst und als Geschenk für ihre Kinder. Mütter, die nicht kommen konnten, gaben für ihre Kinder Pakete mit …

Es war eine lange Tagereise. Die meiste Zeit gingen die Frauen zu Fuß. Jede trieb ihren kleinen Packesel vor sich her. Wenn eine Frau dann sehr müde wurde, hielt sie ihren Esel bei einem Baumstumpf oder einem Felsen an, kletterte darauf und ritt eine Zeitlang …

Meine Mutter kam das erste Mal nicht mit – sie kam zweimal während der vier Jahre, die ich in Keams verbrachte. Ich hatte aber eine gute, eine sehr nette Patentante. Sie kam jedesmal und brachte mir etwas zu essen mit und auch einige Knochen-Puppen zum Spielen. Wir fühlten uns unendlich glücklich, wenn unsere Mütter so eine kurze Zeit bei uns waren und wir Dinge essen konnten, die sie über dem Feuer zubereitet hatten … Sie blieben meistens drei Tage.

Leider mußte unsere Hausdame unsere wertvollen Päckchen mit Piki-Brot oder geröstetem Mais wegschließen, damit die Sachen nicht stibitzt wurden. Diese Hausdamen waren meistens ältere Frauen, die recht gut zu uns waren. Bei diesem ersten Besuch nahmen unsere Mütter unsere heimische Kleidung wieder mit nach Hause, die wir getragen hatten, als wir – ich möchte sagen – gekidnappt wurden.

Ich erinnere mich an das erste Weihnachtsfest in Keams Canyon. Wir hatten nie etwas von Weihnachten gehört. Am Abend kamen dann Mr. Lorenzo Hubbell, der einen Trading Post in Keams Canyon hatte, und ein anderer Mann mit Paketen voller Äpfel, Orangen und Süßigkeiten in unseren Schlafsaal. Mr. Hubbell stieg auf einen Tisch und rief die Mädchen zu sich. Wir trugen unsere alltäglichen Kinderschürzen. Er sagte: ›Haltet eure Schürzen auf und fangt!‹ Dann warf er Äpfel, Apfelsinen und Süßigkeiten nach allen Seiten. Einige Mädchen hatten ihre Schürzen bald voll, andere fingen wenig oder nichts. Er verteilte aber wohl nicht alle Geschenke auf diese Art. Denn als die Mädchen aus dem Saal gingen, schaute er in ihre Schürzen und legte denen noch etwas hinein, die nur wenig hatten. Dabei sagte er: ›Das ist für Weihnachten‹. Ich wußte nicht, was das bedeutete; und sie erzählten uns auch keine Weihnachtsgeschichten.

Das zweite Jahr war Weihnachten genau wie im Jahr zuvor, aber jetzt verstand ich mehr Englisch. Es gab dann auch ein kleines Programm mit Liedern. Und jedesmal brachte uns Mr. Hubbell Süßigkeiten und Apfelsinen. Später schenkte uns die Regierung sogar Spielzeug. Ich erinnere mich, daß ich einmal eine kleine Puppe bekam und einige Schüsseln zum Spielen. Einmal bekam ich auch eine sehr schöne Puppe; sie war in einer Schachtel und kam von einer Gruppe Kinder der Baptistenkirche. Das Mädchen, das die Puppe geschickt hatte, bat mich, ihre Brieffreundin zu sein. Eine Zeitlang tauschten wir Briefe aus. Als ich dann größer war, gaben wir Mädchen uns gegenseitig manchmal kleine Geschenke zu Weihnachten …

Ich gab mir von Anfang an Mühe in der Schule, aber einige Lehrer waren unfreundlich zu mir. Als ich einmal eine falsche Antwort gab, schlug mich die Lehrerin richtig heftig aufs Ohr. Danach hatte ich jede Nacht Ohrenschmerzen, für eine lange Zeit; und noch heute kann ich nicht gut auf dem Ohr hören. Wenn sie mich anderswohin geschlagen hätte, wäre es nicht so schlimm gewesen.
Jeden Samstagmorgen mußten die kleinen Mädchen den Schlafsaal verlassen und draußen warten, während die größeren Mädchen die Zimmer wischten. Manchmal war es schrecklich kalt draußen, aber wir mußten hinaus. Oft lag Schnee auf dem Boden, und ich hatte das Gefühl, daß meine Füße nie wieder warm werden würden.

Jeden Samstag nachmittag war Haarwaschzeit. Auf ein Glok-
kenzeichen hin mußten sich all die kleinen Mädchen im
Waschraum versammeln, wo eine Hausdame ihres Amtes wal-
tete. Wir stellten uns auf – das scheint überhaupt das erste
englische Wort gewesen zu sein, das wir lernten: »Stellt euch
auf, stellt euch auf!« Immer mußten wir uns aufstellen.
Dann kam zunächst die Entlausung. Wir tauchten unsere Finger
in eine Schüssel mit Kerosin und rieben das auf unser Haar und
die Kopfhaut. Dann stellten wir uns wieder auf und jede von
uns bekam einen feinen Kamm, mit dem sie durch ihr Haar
gehen mußte. Wenn der Kamm sauber blieb, konnte man sich
die Haare waschen und zum Spielen nach draußen gehen.
Wenn im Kamm aber Läuse oder Eier von Läusen waren, dann
hieß es: ›Hin zur Läusebank!‹
Dann saßen wir auf dieser langen Bank. Noch einmal mußten
wir Kerosin auf die Haare bringen, feine Kämme wurden aus-
geteilt, und die Mädchen kämmten sich gegenseitig das Haar
oder suchten sich die Läuse vom Kopf. Es war, als müßten wir
den ganzen Nachmittag dort sitzen, wenn wir doch lieber nach
draußen gegangen wären, um zu spielen. Nach einer gewissen
Zeit inspizierte uns die Hausdame wieder und einige konnten
passieren. Sie bekamen ein Stück gelbe Seife, um ihr Haar zu
waschen. Das half, das Kerosin herauszuwaschen und die Läuse fortzuhalten. Einige der Mädchen nahmen das Ganze auf die
leichte Schulter, und die Hausdame sagte dann manchmal verzweifelt: ›Dann geht hinaus und spielt, aber nächste Woche
sitzt ihr wieder auf der Läusebank.‹
Die meisten unserer Lehrer waren Frauen. Aber es gab da einen
Mann, der immer eines der Mädchen zu sich rief, wenn die
Klasse lesen mußte. Das Mädchen mußte dann am Lehrertisch
stehen und mit ihm ins Buch schauen, während die anderen
abwechselnd lasen. Er legte dann seinen Arm um dieses Mädchen, streichelte es und nahm es manchmal auf seinen Schoß.
Einige der Mädchen hatten das offensichtlich gern. Sie lachten
– und weder der Lehrer noch die Schülerin achteten auf das
Lesen.

Ich hatte eine Todesangst, daß ich als nächste zum Lehrertisch gerufen würde. Endlich war es soweit. Er rief: ›Helen, komm zum Lehrertisch, während wir lesen.‹ Als ich dorthin kam, legte Mr. M. seinen Arm um mich und streichelte meinen Arm von oben bis unten. Dann drückte er sein Gesicht gegen meins. Als sein stacheliger Schnurrbart mein Gesicht berührte, fing ich an zu schreien und schrie und schrie und hörte nicht auf, bis er mich losließ. Ich weiß, daß es ihm peinlich war. Ich lief aus dem Klassenraum, bevor er mich fangen konnte, und in den Schlafsaal hinein.

Ich wurde nicht bestraft. Als sie mich sahen, wußten sie, daß ich wirklich Angst hatte. Ich ging auch an dem Tage nicht mehr zur Schule zurück und niemand versuchte, mich zu zwingen. Die anderen Mädchen sagten mir nachher, daß der Lehrer für den Rest des Tages einen hochroten Kopf hatte …

Ein, zwei, drei und vier Jahre gingen vorüber. Und in jedem Frühjahr sahen wir Mädchen von Hotevilla, wie die Kinder aus den anderen Dörfern mit ihren Eltern nach Hause gingen, um den Sommer dort zu verbringen – während wir in der Schule gehalten wurden. Schließlich, im Juni des Jahres 1910 – ich war jetzt vier Jahre älter und nicht mehr eines der kleinen Mädchen – strahlten eines schönen Tages alle Jungen und Mädchen, die aus den Familien der ›Hostiles‹ kamen. Unsere Väter hatten (in Hotevilla) Häuser gebaut und Äcker angelegt. Jetzt, Ende Juni, dachten sie an ihre Kinder in Keams Canyon, und sie kamen auf ihren Lasteseln und baten den Superintendenten, ihre Kinder nach Haus holen zu dürfen, damit sie zum ›Home Dance‹ zu Hause seien. Der Superintendent war ein freundlicher Mann und gab seine Zustimmung. Er machte es allerdings zur Bedingung, daß unsere Eltern uns zum 1. September zurückbringen würden, wenn die Schule wieder begann.

Das war vielleicht eine Karawane: ungefähr 50 Jungen und Mädchen, jeder auf einem Esel, während die Väter nebenher gingen. Und alle waren glücklich, daß es nach Hause ging.

Es war eine lange Tagesreise. Wenn der Weg steil und steinig wurde, stiegen wir ab und gingen zu Fuß. Wenn wir zu einem flachen Tal kamen, veranstalteten wir Rennen, um zu sehen, wessen Esel der schnellste war. Dabei rannten unsere Väter mit und hielten mit uns Schritt. Es war dunkel, als wir im neuen Dorf ankamen. Statt der alten Behelfsunterkünfte, die wir vor vier Jahren verlassen hatten, gab es jetzt Häuser aus Stein. Alles war anders – aber unsere Mütter waren da, und wir waren wieder zu Hause!

Als der September kam, brachten unsere Väter uns nicht wieder zur Schule in Keams Canyon. Ich blieb ein Jahr zu Hause, freute mich an dem Leben, wie ich es von früher her kannte, und lernte von meiner Mutter die Dinge, die ein Hopi-Mädchen kennen und wissen sollte ...

Ein Jahr später, im September 1911, wurden die Kinder von Hotevilla wieder von Soldaten zusammengesucht, wieder auf Wagen geladen und zur Schule zurückgebracht. Einige der älteren Mädchen hatten inzwischen geheiratet, und einige Mütter kämmten das Haar ihrer älteren Töchter so, wie es verheiratete Frauen tragen; und sie zogen ihnen auch die Kleider verheirateter Frauen an. So wurden diese nicht mehr nach Keams Canyon zurückgeholt.«

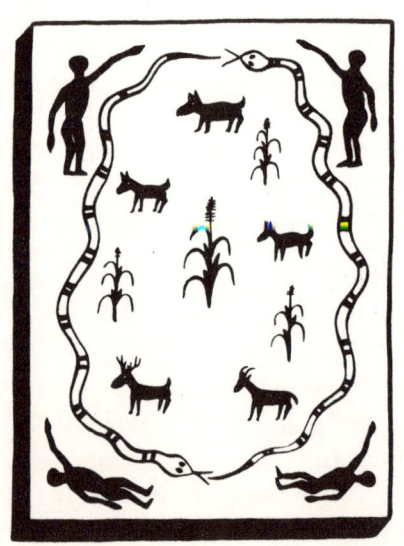

## Eine Ethik des Lebens

»Die Lebensform der Hopi ist eine Ethik des Lebens und kann nicht mehr verbessert werden: Sorgt für die Mutter Erde, und sie wird für euch sorgen. Sorgt für euren Bruder. Nehmt, was ihr benötigt; aber nicht mehr, als ihr benötigt. Teilt das, was ihr habt; und sagt Dank dem geistigen Ursprung des Universums. Dieses ist eine Ethik des Lebens, die euch Kraft gegeben hat seit den Anfängen der Zeit. Und es ist auch eine Ethik, die ihr mir vermittelt habt.«

*Dr. Carl Hammerschlag, ein Weißer;*
*Hopi Mental Health Conference 1983, S. 46*

# 6. Liebe – Ehe – Familie
## Rolle der Geschlechter

## *Eine Hopi-Liebesgeschichte*

Eine größere Anzahl traditioneller Überzeugungen, Sitten und Lebensformen der Hopi – und auch deren Gefährdung durch die Kultur der Weißen – werden in dieser kleinen Liebesgeschichte lebendig und anschaulich dargestellt. Geschrieben wurde sie von einem Hopi-Mädchen, das 1982 die High-School der Pueblo-Dörfer Laguna und Acoma besuchte.

Es ist natürlich keine Frage, daß der »clash of cultures«, also die Kollision der Kulturen, nicht immer so versöhnlich verlaufen ist, wie in dieser Erzählung. Auch war die Sitte, daß die Mutter eine Frau für ihren Sohn aussucht und ihn ohne sein Wissen mit ihr verheiraten kann, nicht so allgemein verbreitet, wie es sich in dieser Geschichte anhört. Dagegen spricht auch die Tradition, die am Schluß der Geschichte herausgearbeitet wird: Wenn ein Hopi-Mädchen sich in einen Mann verliebte und ihn gern heiraten wollte, dann mahlte sie etwas Maismehl sehr fein und trug dieses zum Haus seiner Mutter. Wenn diese das Mehl annahm und in ihr Haus trug, so galt das als ein Zeichen, daß das junge Mädchen als Schwiegertochter akzeptiert war. Fortan galt sie als Verlobte des Mannes, zu dem sie eine Zuneigung gefaßt hatte.

Wenn also Hopi-Ehen auch in der Regel von den Partnern selbst geplant und arrangiert wurden, so hatten doch die Mütter (und auch die älteren Brüder der Mütter) ein gewichtiges Wort mitzureden. Das ist auch verständlich, wenn man bedenkt, daß der Mann nach der Hochzeit zu der Frau und deren Familie zog/zieht und deshalb nicht nur mit ihr, sondern auch mit ihren Angehörigen auskommen muß(te).

»Seit seiner Rückkehr aus der indianischen Internatsschule war Ta Ah die meiste Zeit damit beschäftigt gewesen, in einem fernen Camp auf der Hopi-Reservation Schafe zu hüten.
Obwohl er mit vielen anderen indianischen Kindern mehrere Jahre eng in einer gefängnisähnlichen Schule in Kalifornien zusammengelebt hatte, war er dennoch nicht einsam in diesem entlegenen Camp; denn er träumte oft von einem wundervollen Hopi-Mädchen, dem er im Zug begegnet war, als er von der Schule heimkehrte. Dieses Mädchen lebte in dem Pueblo Walpi, nahe seinem eigenen angestammten Pueblo Sichumovi.
Eines Tages kam Ta Ahs Vater zu dem Camp mit den Schafen, um ihm zu sagen, daß seine Mutter ihn zu sehen wünsche und daß er nach Hause gehen und die Schafe so lange seinem Vater zur Aufsicht überlassen sollte.
Als Ta Ah zu Hause ankam, begrüßte ihn seine Mutter mit einem glücklichen Lächeln und sagte:
›Ta Ah, ich habe eine gute Nachricht für dich. Du bist nun alt genug, um zu heiraten und glücklich zu sein, daher habe ich während deiner Abwesenheit eine kleine Überraschung für dich vorbereitet. Ich habe ein nettes, kluges Mädchen gefunden, und ich habe sie mit dir verheiratet. Seit heute morgen ist sie deine Frau und wartet nun darauf, daß du zu ihrem Haus kommst.‹
Ta Ah war entsetzt über diese Mitteilung. Er wußte zwar, daß es Sitte bei den Hopi war, daß die Mutter eine Frau für ihren Sohn aussuchte. Aber er war so lange fort gewesen in der Schule, daß er das alles vergessen hatte. Und nie hätte er daran gedacht, daß auch ihm so etwas passieren könne.
Todunglücklich und deprimiert war er nicht in der Lage, zu

seiner immer noch lächelnden Mutter ein Wort zu sprechen. Er verließ hastig das Haus und eilte zurück zu den Schafen.

Er beschloß, nichts mit dieser ihm unbekannten Frau zu tun haben zu wollen, die er sich nicht ausgesucht hatte.

Ta Ahs Vater wunderte sich über seine Rückkehr und fragte ihn nach dem Grund seines Kummers. Ta Ah erzählte, was seine Mutter ihm gesagt hatte, aber sein Vater war nicht überrascht.

›Deine Mutter ist klug, sie hat eine gute Frau für dich gefunden. Warum läufst du vor ihr weg? Du bist von der Schule gekommen und mußt heiraten. Und es ist Hopi-Brauch, daß eine Mutter eine Frau für ihren Sohn sucht, denn sie weiß, welches die tüchtigsten Mädchen sind und welche das Korn am besten mahlen können. Du bist erst kurze Zeit zu Hause, und du weißt nicht, welches die besten sind.‹

›Aber Vater‹, antwortete Ta Ah, ›ich möchte nicht mit einer Frau verheiratet werden, die ich nicht liebe. Ich lese in den Büchern der Weißen, daß Menschen sich lieben sollten, bevor sie heiraten.‹

›Das‹, sagte der Vater, ›ist wieder einmal eine von den unsinnigen Ideen der Weißen, die ihr jungen Leute immer von den staatlichen Internaten mit nach Hause bringt. Unser Weg ist aber besser, denn dann kann ein junger Mann sicher sein, daß er eine gute Frau bekommt. Nun wollen wir schlafen, und morgen werden wir weitersehen.‹

Ta Ah konnte nicht schlafen. Er war zu sehr beschäftigt mit seinem Dilemma, und die Gedanken an Dawa, das Mädchen, in das er sich im Zug verliebt hatte, hielten ihn wach.

Lange vor Tagesanbruch stahl sich Ta Ah aus dem Camp davon und ging zu einem Freund, der im Jahr zuvor die Schule verlassen hatte. Diesem Freund vertraute er seine Sorgen an.

Sein Freund hörte ihm in ruhiger, verständnisvoller Art zu und sagte dann: ›Du brauchst nicht die Frau zu nehmen, mit der deine Mutter dich verheiratet hat, wenn du es nicht willst. Der weiße Verwalter sagt, daß alle Hopi zur Agentur kommen und dort so wie die Weißen heiraten sollen. Wenn Dawa Mana dich also haben will, wird der Verwalter dich trauen und dein Vater und deine Mutter können nichts dagegen tun. Du schreibst einen Brief an Dawa und fragst sie, ob sie dich heiraten will, und ich werde ihn überbringen.‹

Ta Ah nahm einen Bleistift und Papier und kam nach langem Überlegen zu folgendem Ergebnis:

›Dawa Mana, liebe Dame, ich schreibe diesen Brief, um dir zu sagen, daß ich dich liebe. Möchtest du mein sein? Ich finde, du bist hübsch und nett, und deine beiden Augen leuchten wie die einer Wüstenmaus im Mondschein. Dein Haar ist wie die Wolle auf dem Rücken der Schafe, jedoch schwarz und nicht weiß, wie bei Schafen. Und deine Wangen erinnern mich an die Wüste beim Sonnenuntergang.

Ich denke immer an dich, wenn die Coyoten gerade einmal nicht den Schafen nachjagen; denn sonst muß ich sie vertreiben, damit sie nicht die Schafe reißen. Dein ergebener Ta Ah P.S. Willst du mich auch heiraten? Wenn du es möchtest, wollen wir uns morgen in Ishba Spring treffen, wenn die Sonne aufgeht; und wir werden zum indianischen Verwalter gehen und uns trauen lassen, wie es auch die Weißen tun. Meine Mutter hat mich schon mit einem Mädchen verheiratet, das ich noch gar nicht kenne, aber ich möchte nur dich heiraten. Bitte antworte mir bald. Ta Ah‹

Der Brief wurde übergeben, und etwas später kam der Freund zurück mit folgender ermutigenden Antwort:

›Ta Ah, lieber Herr, ich habe deine kürzliche Mitteilung erhalten, in der du anfragst, ob ich dich heiraten will. Ich teile dir als Antwort mit, daß dein Vorschlag meine Zustimmung findet. Deine ergebene Dawa Mana P.S. Ich werde dich, wie von dir gewünscht, in Ishba Spring treffen. Auch meine ich, daß die Art, in der die Weißen heiraten, auch ein guter Weg ist. P.S. Immer wenn ich dich sehe, denke ich an den Adler.‹

Ta Ah war überglücklich, und er und sein Freund begannen, Mittel und Wege zu diskutieren.

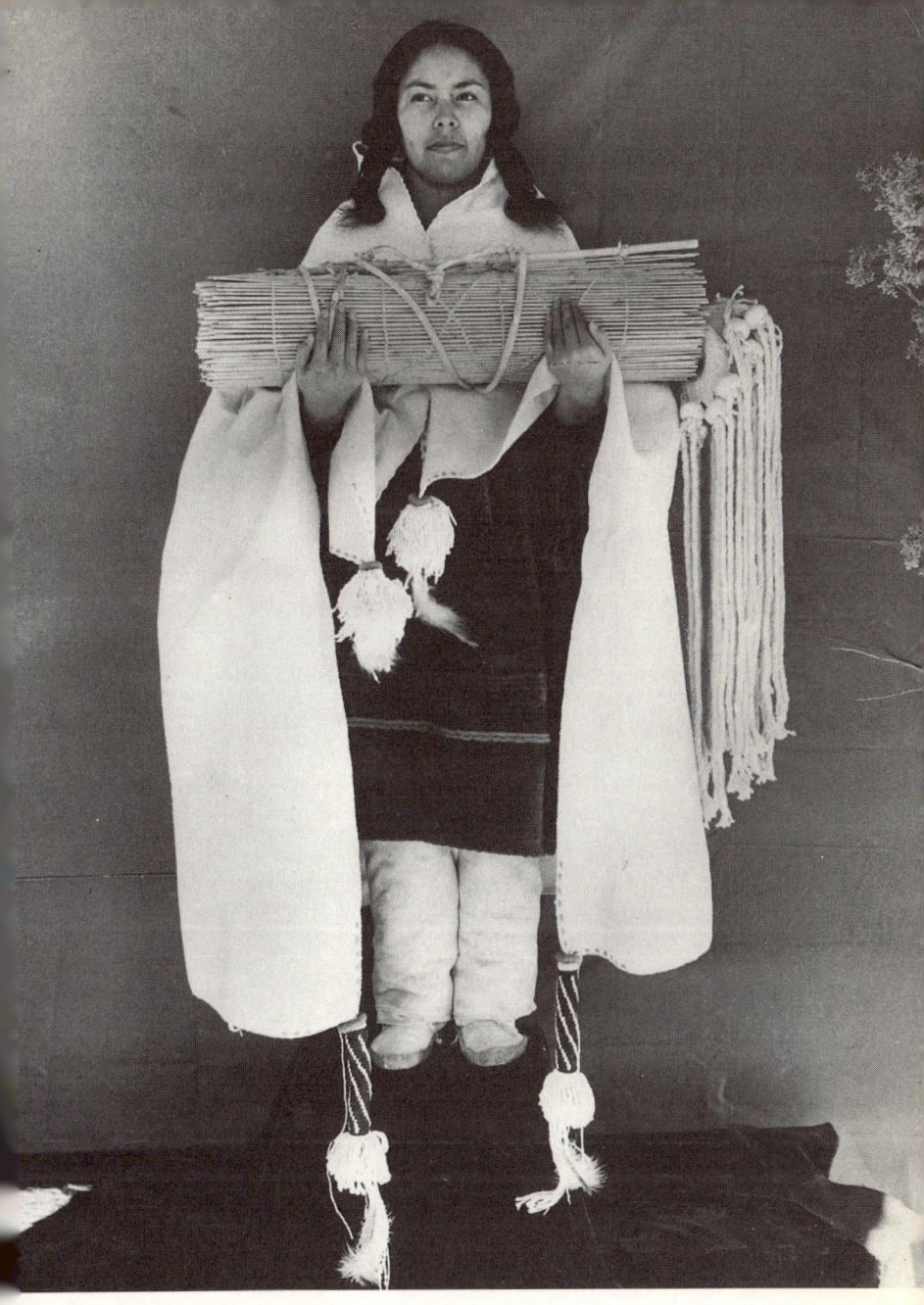

Jung verheiratete Hopi-Frau bei der Niman-Zeremonie

141

Nun war Ta Ahs Freund nicht nur ein Freund in Worten, sondern auch in Taten. Er hatte einen Ford. Klar, daß der Ford seine besten Tage schon hinter sich hatte. Aber wenn man ihn einigermaßen instand setzte, konnte er wieder durch die Wüste holpern; und am nächsten Morgen bei Tagesanbruch begannen die jungen Männer, ihn in Gang zu setzen. Sie kurbelten und kurbelten, und schließlich hustete der Ford etwas Sand aus seinem Hals und lief dann auf zwei Zylindern; als er dann angewärmt war, lief noch ein weiterer mit. So war es bei ihm üblich. Dies war ausreichend für die jungen Männer, und sie erreichten das Rendezvous gerade, als die Sonne über den Rand der Wüste kam.

Dawa Mana wartete schon auf sie, und nach etwas mehr als einer Stunde war sie die gesetzlich angetraute Ehefrau von Ta Ah.

Mit einem Trauschein in der Art der Weißen und mit dem Segen des Verwalters kehrten Ta Ah und Dawa nach Sichumovi zurück. Dawa war sehr glücklich. Ta Ah auch – aber er war auch ein wenig beunruhigt. Er dachte über den Empfang nach, der ihm zu Hause wohl bereitet werden würde, nachdem er einen der ältesten Hopi-Bräuche verletzt hatte.

Als sie das Haus seiner Mutter erreichten, betrat er es zitternd mit seiner neuen Braut; aber entgegen seinen Erwartungen strahlte seine Mutter über das ganze Gesicht, als sie die beiden sah.

›Du magst die Frau, die ich für dich ausgesucht habe? Sie ist nett und kann arbeiten.‹

Der junge Mann war überrascht von diesem Empfang; und dann kicherte Dawa. Er drehte sich zu ihr und sagte: ›Bist du die Frau, mit der meine Mutter mich gestern verheiratet hat?‹

›Ja‹, lachte sie. ›Ich habe dich als Ehemann gewünscht, seit ich dich das erstemal sah, lieber Adler-Mann. Ich mahlte feines Mehl, um deiner Mutter zu zeigen, wie gut ich arbeiten kann. Sie war damit einverstanden, nahm das Mehl an und alles war in Ordnung. Nur du kamst nicht zu meinem Haus, sondern liefst weg und schriebst mir, daß du mich aus Liebe heiraten möchtest. Ich denke, alles ist in Ordnung. Wenn du meinst, daß das der beste Weg ist, dann bin ich einverstanden; dann ist das auch ein guter Weg.‹

## Von der Philosophie der Hopi

»… ein wenig von der Philosophie der Hopi, besonders in bezug auf die Geschlechter … Grundlegend für die Hopi-Kosmologie ist die Existenz maskuliner und femininer Prinzipien, nach denen die natürlichen Objekte und Kräfte klassifiziert werden können. Die Erde, Mutter Erde, ist weiblich, genau wie ihr wichtigstes Erzeugnis, der Mais. Die Erde ist das Gefäß des Lebens, aber dieses Leben muß von männlichen Kräften wie der Sonne, dem Regen und den Blitzen aktiviert werden. Dies sind gefährliche Kräfte, die das Leben erwecken, aber auch den Tod bringen können, wenn sie nicht kontrolliert werden: intensive Sonnenstrahlung kann die jungen Pflanzen verbrennen; schwere Regenschauer können sie fortschwemmen; und der gleiche Blitz, der die Felder befruchtet, kann Pflanzen und Menschen zerstören. Das männliche Prinzip in der Natur hat also sowohl einen zerstörerischen als auch einen beschützenden Aspekt … Dieses Prinzip ist aber notwendig, um das Leben, das in den weiblichen Dingen und Wesen ruht, aufzuwecken.«

*Alice Schlegel, in: Albert Kunze (Hrsg.): Hopi und Kachina, S. 169*

## Mütter, Väter und Kinder

»Die Hopi-Gesellschaft ist eine der wenigen, in der Mädchen gegenüber Jungen bevorzugt werden, auch wenn Hopi-Eltern eilfertig betonen, daß sie sich Kinder beiderlei Geschlechts wünschen. Den Müttern und ihren Brüdern verspricht das neugeborene Mädchen die Kontinuität des matrilinearen Clans. Ihren Eltern gewährt eine Tochter Sicherheit für die Zukunft, denn sie und ihr Mann werden im Alter für die Eltern sorgen. Da ein Hopi-Ehemann nach der Heirat im Haus seiner Frau und ihrer Eltern lebt, ist es der Schwiegersohn, der den Vater als Versorger des Haushalts ersetzt und der die Feldarbeit, die Viehhaltung und die Jagd besorgt. Eine Tochter ist also unentbehrlich zur Aufrechterhaltung des Haushaltes; daher wird eine Frau, die selbst keine Kinder bekommen kann, Töchter ihrer Schwester adoptieren.

Aber neben diesen praktischen Erwägungen gibt es einen ideologischen Grund dafür, Mädchen zu bevorzugen, und dieser hat mit der Auffassung der Hopi vom Leben zu tun. Das Leben ist das höchste Gut, da die Umwelt, in der Hungersnöte und eine hohe Säuglings- und Müttersterblichkeit herrschen, eine ständige Herausforderung für das Überleben darstellt. Deshalb gelten Überfluß an Nahrung und viele Kinder als größter Segen. Dieser Segen ist das Zeichen dafür, daß die übernatürlichen Wesen mit den Hopi zufrieden sind und ihnen ihre Herzenswünsche erfüllen. Es bedeutet allerdings harte Arbeit und Selbstdisziplinierung durch Gebete, rituelles Fasten und anstrengende zeremonielle Mitwirkung, um die Gottheiten zu erfreuen und ihren Segen zu erlangen. Dies bedeutet ebenfalls, sich um den inneren Zustand des ›reinen Herzens‹ zu bemühen, von Streit und Selbstsucht Abstand zu nehmen, böse oder störende Gedanken zu vertreiben, welche die individuelle und soziale Harmonie stören könnten.

Durch ihre Rolle als Ernährerin und Gebärerin der Kinder ist die Hopi-Frau die Quelle des Lebens auf dieser Erde. Auch die Männer schenken Leben und halten es in einem spirituellen Sinne aufrecht ... Aber sowohl die materielle Nahrung, die das

Hopi-Frau mit Kind und Körben

physische Leben garantiert, als auch spirituelle Nahrung – das heilige Maismehl –, die das spirituelle Leben erhält, wird von Frauen zubereitet. Als Quelle dieses kostbaren Lebens sind Frauen von höherem Wert als Männer und müssen von diesen beschützt werden. Es ist die Pflicht der Männer, Frauen und Kinder gegen alle möglichen Bedrohungen der äußeren Welt zu schützen. Die grausame Pflicht des Kämpfens, welche im Gegensatz zum Ideal der Friedfertigkeit und der Bewahrung des Lebens steht, war ein notwendiges Übel, das zur Verteidigung der Dörfer auf sich genommen werden mußte. Von den Mühen der Zeremonialteilnahme und der damit verbundenen Aufopferung sind vor allem die Männer betroffen.

Im Gegensatz zur westlichen Vorstellung vom Vater ist der Hopi-Vater nicht die Autoritätsperson des Haushaltes. Diese Autorität liegt bei der Mutter, beziehungsweise beim weiblichen Oberhaupt, welche das Haus und das vom Ehemann bearbeitete Land besitzt und die den Vorrat an Nahrungsmitteln zuteilt. Der größte Teil dieser Lebensmittel dient zur Ernährung der Familie, aber ein nicht unbeträchtlicher Überschuß wird für den zeremoniellen Austausch und für den Handel mit anderen Stämmen verwendet. Auch dieser Überschuß wird von den Frauen verwaltet. Über die grundlegenden wirtschaftlichen Ressourcen für Unterhalt und Tausch bestimmen und verfügen also die weiblichen Haushaltsvorstände, auch wenn fast die gesamte Arbeit der Feldbestellung, Viehhaltung und Jagd von Männern geleistet wird …

Der Ehemann ist nie die höchste Autorität im Haus, ebensowenig wie der Vater die höchste Autorität über seine Kinder besitzt. Wenn Väter ihre Kinder auch erziehen, disziplinieren und – wenn nötig – bestrafen, ist es der Mutterbruder, der als oberste männliche Erziehungsinstanz gilt. Als erwachsenes Mitglied desselben Clans, dem auch die Kinder angehören, wird er herbeigerufen, wenn es notwendig erscheint, ein widerspenstiges Kind zu ermahnen oder zu bestrafen. Kinder werden dazu angehalten, den Ermahnungen ihrer Onkel mit besonderem Respekt zu lauschen. Die Väter haben – auf der anderen Seite – vor allem die Pflicht, ihre Kinder zu beschützen und zu ernähren und für ihr körperliches und spirituelles Wohlergehen Sorge zu tragen. Von Kindern erwartet man Respekt und Zuneigung für Väter und Onkel, aber die Distanz und Achtung ist gegenüber den Onkeln größer, während die Beziehung zum Vater vertrauter und entspannter ist …

Obwohl Väter ihre Söhne und Töchter gleichermaßen beschützen, läßt sich mit Recht behaupten, daß Töchter besondere Aufmerksamkeit erfahren, weil sie nicht nur Kinder, sondern auch weibliche Wesen sind.«

*Alice Schlegel, in: Albert Kunze (Hrsg.): Hopi und Kachina, S. 166-168*

# Jungen sind einfach »besser« als Mädchen

»Es gibt eine verbreitete Auffassung bei den Hopi, daß Jungen eine fügsamere Gemütsart und ein besseres Naturell haben als Mädchen. Wenn ein Junge sich mit jemandem streitet, dann ›meint er es nicht so‹ und hat seinen Ärger auch bald vergessen. Wenn aber ein Mädchen herumstreitet, dann nährt sie ihren Groll auch noch lange nachher. Man sagt sogar, daß ein trotziges Mädchen sich aus Selbstmitleid oder aus reiner Bosheit gegenüber ihren Eltern manchmal entschließt zu sterben …

Die Symptome sind Launenhaftigkeit, mürrische Verschwiegenheit und Starrsinn. Männer sind von Natur aus unfähig, das zu tun, da sie so lange leben möchten wie möglich. Ein Hopi, der sich eine Theorie dazu gebildet hatte, sagte mir, daß Mädchen diesem Phänomen unterworfen seien, weil sie sich selbst zu hoch einschätzten. Als zukünftige Mütter, von denen der Fortbestand des Clans abhängt, würden sie so eitel und selbstgefällig, daß sie die Anweisungen ihrer Brüder und ihrer Onkel mütterlicherseits mißachteten.

Sowohl Männer wie Frauen sind gerne bereit, den Temperamentsunterschied zwischen den Geschlechtern zuzugeben; und eine junge Frau erzählte mir einmal ganz treuherzig, daß einer der Männer im Dorf ›ebenso niederträchtig wie ein Mädchen‹ sei.«

*Mischa Titiev: Old Oraibi, S. 23 f.*

»Seit einem oder zwei Jahren kannte ich Kwa'taka, aber ich war nie seiner Frau Ka'chi begegnet, obwohl ich sie vom Aussehen her kannte und auch wußte, in welchem Teil des Dorfes ihr Haus war. Ich wußte auch, daß nach alter Hopisitte das Haus der Frau gehört und nicht dem Mann. Als ich eines Tages auf eine Gruppe von Häusern zuging, sah ich, wie Ka'chi aus einem Haus herauskam. Ich blieb stehen und sagte: ›Dieses muß also Kwa'takas Haus sein‹. Ka'chi lächelte und antwortete prompt: ›O nein! Es ist nicht Kwa'takas Haus. Er wohnt hier nur‹.«

*Walter Collins O'Kane: The Hopis, Portrait of a Desert People, S. 9*

»Wenn ein Mann von ›*seinem* Haus‹ spricht, dann meint er in der Regel sein Geburtshaus, also das Haus seiner Mutter, wo er geboren wurde – nicht das Haus, wo er mit seiner Frau wohnt.«

*Mischa Titiev: The Hopi Indians of Old Oraibi, S. 155*

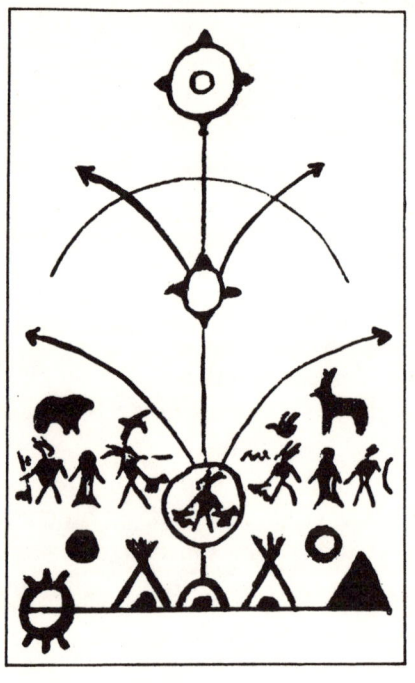

# Scheidung auf Hopi

»Wenn eine Hopi-Frau ihre Ehe beenden möchte, dann stellt sie die persönlichen Habseligkeiten ihres Mannes nach draußen vor die Tür des Hauses. Das Haus und alle Haushaltsgegenstände sind das Eigentum der Hopi-Frau.«

*Mary-Russell F. Colton, in: Truth of a Hopi,*
*by Edmund Neqatewa, S. 125*

# 7. Der »Hopi-Way-of-Life«

## *Hopi-Werte – Hopi-Sprache – Hopi-Leben*

Authentische Information darüber, wie Hopi heute selbst ihre Vergangenheit, ihre Gegenwart und ihre Zukunft sehen, erhält man am ehesten durch die »Hopi Mental Health Conferences«, die seit 1981 jeweils im Sommer auf der Reservation stattfinden. Bei diesen Konferenzen wird einerseits immer wieder die Tradition des eigenen Volkes beschworen. Es werden aber auch ebenso dringend die Sorgen und Ängste benannt, die am Horizont der Gegenwart und der Zukunft dieser Menschen aufzutauchen scheinen. In dem Band, der die Reden und Vorträge des Jahres 1984 enthält, wird das Ziel dieser Konferenzen so beschrieben: »Diese Konferenzen werden jedes Jahr abgehalten, um den Wert des Hopi-Lebens zu vermitteln und um darzutun, daß diese Lebensform wichtig ist für die heutigen Hopi und möglicherweise entscheidend für das Überleben der ganzen Menschheit.« (S. 10) Im gleichen Jahre, 1984, führte der Vorsitzende des Stammesrates der Hopi, Ivan Sidney, in seiner Eröffnungsrede der Konferenz unter anderem aus:

»Pay nu' kurs hinqe; umomi piw Hopiikwa yu' a' atami.«
(Ich fühle, daß ich unbedingt auf Hopi zu euch sprechen muß.)
»Pay uma mavoti'yyungba, itaahopiqatsi, itaahopimomngwit
aasakis Hopi hiita pavasibne', hiita oovi himtsakye', pam hapi
soosok sinmuy amumgem hapi maawak nangwu, soosoy himu
pominitaqat pam engem naawaknangwu. Saaqa aw hoyokng-
wu. Ii'i hapi himu lavayi. I' hapi Hopit lavayi'at.«
(Ihr alle wißt, daß in unserem Hopi-Leben unsere zeremoniellen Führer immer dann, wenn sie eine religiöse Zeremonie
durchführen, Gebete für alle Menschen sprechen. Für alles,
was lebt, wird gebetet. Dieses ist die Hopi-Art.)
»Pu' yep hapi piw supwa, naatwani. Put hapi itaa aw okiwiwta
pu'. Naatwanit aw'i, ange' uylalwa. Hak uuye', uma navoti' yy
ongwa, hak aw hapi popthngwu. Hak aw hapi tawlawmgwu.
Hak aw hapi naawakmangwu. Hak paslawngwu. It soosok hak
aw anmaqw, yooykye', put hakim amgqw nonvangwu.«
(Es gibt auch noch eine andere wichtige Sache: unser Pflanzen
und Ernten. Es ist jetzt wieder für uns die Zeit zu pflanzen. Menschen pflanzen gerade jetzt. Nun wißt ihr alle, daß, wenn man
pflanzt, man auch für diese Pflanzen sorgen muß. Man muß zu
ihnen singen. Man muß für sie beten und ihnen Achtung entge-
genbringen. Man muß das Unkraut rundherum hacken. Wenn
man alle diese Pflichten erfüllt, dann kommt der Regen und wir
können unsere Körper mit dieser Nahrung stärken ...)

»Einige Leute meinen, daß ›Hopi‹ nur unser Name ist. Es ist
aber viel mehr als das. Man muß sich diesen Namen verdienen
... Um diese Bezeichnung ›Hopi‹ zu verdienen, muß man
freundlich sein, sanft, wahrhaftig, bescheiden und mit einem
wachen Sinn für alles um sich herum: Tiere, Vögel, Pflanzen.
Für alle diese Dinge ist man verantwortlich. Und durch Meditation, Gebet und religiöse Zeremonien nimmt man sich all
dieser Dinge an und sorgt für sie.«

*Hopi Mental Health Conference 1984, S. 63*

# Der »Hopi-Way-of-Life«

In den Berichten und Vorträgen der Hopi Mental Health Conferences von der Reservation begegnet man immer wieder einem starken Bemühen um die heutige Identität der Hopi, also einem Suchen nach dem, was heutzutage der Name Hopi bedeuten und wie die Lebensform dieser Menschen aussehen kann. Man findet da ein unentwegtes Ringen in der Auseinandersetzung mit der dominanten Kultur der Weißen; ein Ringen um eine Formulierung dessen, was die Kultur der Hopi für die Hopi selbst und für die Welt insgesamt besagt.

Das gilt auch für den folgenden Text aus dem »Report of the Second Hopi Mental Health Conference« aus dem Jahre 1982. (Der Autor bleibt – wie meistens bei diesen Texten – anonym.)

»Wir wissen, daß
    unsere Kinder unsere Zukunft sind;
    unsere Werte und Traditionen bewahrt werden müssen;
    unsere Sprache unsere Identität ist;
    Mais und Landarbeit unsere Lebenslinie bedeuten; und daß
    wir allen lebenden Dingen mit Achtung begegnen müssen.
Doch wenn wir uns umschauen, dann sehen wir, daß wir nahezu vollständig von dem Gegenteil dessen umringt sind, was nach unserem Wissen der richtige Weg entsprechend den Weisungen Massau'us ist.
Wir finden, daß viele Kinder
    unsere Traditionen nicht verstehen;
    die Lebensform der Weißen erlernen;
    ihre Achtung vor den Älteren verloren haben;
    sich dem Alkohol und Marihuana zuwenden, um Weisung
        und Unterstützung zu erhalten; und daß
    viele junge Menschen und sogar solche im mittleren Alter
        die Hopi-Sprache nicht sprechen oder verstehen –
    oder sie nur wie ein kindliches Gebabbel beherrschen.

Es gibt unter uns solche, die zu Sklaven weltlicher und materieller Dinge geworden sind; zu Sklaven solcher Vorrichtungen, die unser Leben leichter machen. Alle ihre Mühen sind nur darauf gerichtet, hochentwickelte Maschinen zu unterhalten und Geld zu verdienen … Einige von uns können inzwischen besser mit Gegenständen aus Metall, aus Plastik und anderen synthetischen Stoffen umgehen, als sie miteinander umgehen können. Wir sind ichbezogen geworden. Wir denken nicht mehr an andere und an unsere Verpflichtungen gegenüber dem Universum. Wir beten nicht mehr.

Alle Hopi wissen, daß unsere Traditionen und unsere Lebensform Tausende von Jahren alt sind. Unsere Kultur ist reich, sie gründet tief, und sie ist voller Bedeutung. Unser Leben ist hart. Die Kraft, die wir aus unseren Hopi-Lehren gewinnen konnten, hat es uns möglich gemacht, angesichts großer Nachteile zu überleben. Aber wir finden, daß heute die Hopi vor der größten Prüfung ihrer Geschichte stehen: nämlich vor der Aufgabe, den Glauben und die Kultur der Hopi vor dem Ansturm der weißen Einflüsse zu retten.

Kann es wahr sein, daß wir Hopi unsere Hopi-Weisungen, unsere Lebensform und Glaubensüberzeugungen in einem solchen Grade vernachlässigt und schon verloren haben, daß wir bereit sind, die Ganzheitlichkeit und die Wundersamkeit des Universums für moderne Annehmlichkeiten zu opfern? Haben wir die Charakterstärke und die Verhaltensweise verloren, eine selbstgenügsame Existenz zu führen, ohne von der Bundesregierung und der amerikanischen Lebensform abhängig zu werden? …

Wir werden heutzutage geplagt von einem Mangel des Willens; von einem nachlassenden Interesse und von einem Mangel an Hingabe und Opferbereitschaft, der Hopi-Lebensform treu zu bleiben. Natürlich wird das Auftauchen neuer Lebensformen durch die herrschende Gesellschaft auch Verschiebungen in unserer Lebensform mit sich bringen – aber solch eine dramatische Verschiebung? Ist es nötig, daß wir unsere körperliche Leistungsfähigkeit vernachlässigen und nun kraftlos und kränklich werden? Ist es vernünftig, sich auf Alkohol und andere

Drogen zu verlassen, wenn man sich gut fühlen will; wenn man dem normalen täglichen Streß von Arbeit und Familie entgehen will? Nicht nur verzehren wir diese Gifte; sondern diese Gifte verzehren auch uns! Ignorieren wir die Segnungen des Großen Geistes und alle wundersamen Dinge der Erde so sehr, daß wir es fertigbringen, das Land mit Glasscherben, mit Kunststoffwindeln und anderen häßlichen Produkten einer materialistischen Einstellung zu verunstalten?

Die Antwort auf die Frage, wie man ein gutes Leben führen kann, ist einfach: Wir müssen fleißig sein und hart arbeiten. Wir müssen uns auf die Stimme unseres Herzens verlassen und dem richtigen Lebensweg folgen. Wir müssen Ehrfurcht vor anderen Wesen haben und Dankbarkeit gegenüber dem Großen Geist, weil er uns das Leben gegeben hat. Wir müssen bescheiden sein und dankbar für den Regen und die Feldfrüchte. Wir müssen beten. Wir müssen unsere Kinder und Jugendlichen unsere Sprache und unsere Traditionen lehren – und was es bedeutet, ein Hopi zu sein. Und wir müssen stark sein.

Jeder einzelne ist in der Lage, wichtige Änderungen in seinem (oder ihrem) Leben zu vollziehen. Aber auch unsere Führer – sowohl die im Dorf wie die im Stamm – sind in der Lage, Veränderungen zum Besseren zu bewirken …

Dazu gehört:

1. Unterricht in der Hopi-Sprache sollte in allen Grundschulen eingeführt werden. Die Erziehung sollte zweisprachig (bilingual) sein. (Englisch sollte auf dem Weg über das Hopi gelernt werden.)

2. Der neue Lehrplan der weiterführenden Schulen sollte die Traditionen, die Glaubensüberzeugungen und die Sprache der Hopi einschließen.

3. Alle Familien und alle Dörfer der Hopi sollten aktiv an der Förderung der Hopi-Sprache Anteil nehmen.

4. Ältere Hopi sollten am Erziehungsprozeß beteiligt werden.

5. Für alle Mitglieder des Stammesrates und auch des Stammes sollte die Bedingung gelten, daß sie flüssig Hopi sprechen können.

6. Entwicklungsplanungen des Stammesrates sollten auf keinen Fall das Land oder andere lebende Organismen bedrohen oder beeinträchtigen.
7. Landarbeit und die Werte, die mit ihr verbunden sind, sollten sehr gefördert werden.
8. Die Autorität des Stammes sollte bemüht werden, um das Sammeln und den Gebrauch traditioneller Nahrungsmittel der Hopi zu erleichtern ...
9. Alle sollten die Teilnahme junger Menschen an traditionellen Zeremonien und Praktiken aktiv unterstützen – ebenso das Bewußtsein und die Beachtung der traditionellen Weisungen und Verhaltensformen.
10. Der Stamm der Hopi sollte dafür sorgen, daß der Unrat fortgeräumt wird, der gegenwärtig unser Land verunstaltet ...« (S. 13 f.)

Im Inneren eines Kiva

# Eine Vision – ein Traum

Es ist eine Vision –
  ein Traum, den wir alle haben.
  Es ist eine Welt
  die nicht einmal das Wort ›vollkommen‹ beschreiben kann:

Wir schreiten auf der hellen Seite –
  wo der Mais hoch wächst
  wo der Regen fällt
      durch die Reinheit und die Weisheit der Herzen
      der Männer und Frauen der Hopi
      die sich einander und der Natur mitteilen.

Wir schreiten auf der dunklen Seite –
  entlang der Straße
      auf der viele ihre Achtung verloren haben
      füreinander und für die Natur;
      wo die Menschen nehmen
      aber nicht geben.

Was ist mit uns geschehen?
Wo ist der friedliche Ort
  den du uns einmal gabest?
  die Achtung, die wir einmal hatten?

Willst du uns noch einmal helfen
  wieder auf der hellen Seite zu schreiten
    wo der Mais hoch wächst
    wo der Regen fällt
      durch die Reinheit und Weisheit der Herzen
      der Männer und Frauen der Hopi
      die sich einander und der Natur mitteilen?

Es ist eine Vision –
  ein Traum, den wir alle haben.
  Es ist eine Welt
  die nicht einmal das Wort ›vollkommen‹ beschreiben kann.

*Nathaniel Rogers und Denise Masayesva, in: Report of the Second Hopi Mental Health Conference, S. 14 f.*

»Die ursprünglichen Weisungen des Schöpfers sind universell und gelten für alle Zeit. Der Kern dieser Weisungen ist Mitgefühl für alles Lebendige und Liebe zu aller Schöpfung. Wir müssen uns bewußt sein, daß wir nicht in einer Welt toter Materie leben, sondern in einem Universum lebendigen Geistes. Deshalb wollen wir unsere Augen öffnen gegenüber der Heiligkeit der Mutter Erde – oder unsere Augen werden für uns geöffnet werden.«

*Aus einem nicht datierten Schreiben der traditionellen Führer des Dorfes Hotevilla*

# Mangel an Achtsamkeit

»Der Weiße Mann hat durch seine Gefühllosigkeit gegenüber der Natur das Angesicht der Mutter Erde entweiht. Die fortgeschrittene Technologie des Weißen Mannes ist ein Ergebnis seines Mangels an Achtsamkeit gegenüber dem spirituellen Weg und gegenüber der Existenzweise aller lebenden Wesen. Die Gier des Weißen Mannes nach materiellem Besitz und nach Macht hat ihn blind gemacht für den Schmerz, den er der Mutter Erde verursacht hat durch seine Suche nach dem, was er Naturschätze nennt. Im ganzen Land ist das Wasser verunreinigt, der Boden aufgebrochen und verschmutzt, die Luft verdorben. Lebende Geschöpfe sterben an den Giften, die die Industrie hinterlassen hat. Und der Weg des Großen Geistes ist nun für fast alle Menschen schwierig zu erkennen, – sogar für viele Indianer, die sich statt dessen entschieden haben, dem Weg des Weißen Mannes zu folgen.

Wir haben die Verantwortung übernommen, die unsere Prophezeiung vorgibt: nämlich, Ihnen zu sagen, daß nahezu alles Leben enden wird, wenn die Menschen nicht zu der Erkenntnis kommen, daß jeder von ihnen in Frieden und Harmonie mit der Natur leben muß. ...

Der Große Geist gebot uns, nichts aus der Erde zu holen – und lebende Wesen nicht zu zerstören. Der Große Geist Massau'u sagte, daß der Mensch in Harmonie leben solle und daß er für alle Kinder kommender Generationen ein gutes und sauberes Land hinterlassen solle
...

Heute haben sich fast alle Prophezeiungen erfüllt. Weite Straßen ziehen sich wie Flüsse durch die Landschaft; der Mensch spricht zum Menschen durch die Spinnweben seiner Telefondrähte; der Mensch reist auf den Straßen am Himmel in seinen Flugzeugen; zwei große Kriege sind geführt worden von denen, die das Hakenkreuz und die aufgehende Sonne trugen; der Mensch macht sich mit dem Mond und den Sternen zu schaffen.

Die meisten Menschen sind abgewichen von dem Weg, den uns der Große Geist gewiesen hat. Und nur Massau'u ist groß genug, um uns den richtigen Weg zu ihm zurück zu weisen.«

*Aus einem Brief traditioneller Hopi-Führer an den Präsidenten der USA, Richard M. Nixon, vom 4. August 1970*

## Was ist Bioregionalismus?

»Die traditionellen Hopi sind Verwalter der Erde von höchstem Rang. Sie betrachten sich selbst als Wächter des Planeten und haben seit Tausenden von Jahren in Harmonie mit ihrer Umwelt, dem Colorado-Plateau, gelebt. Ihr bäuerlicher Lebensstil verbindet sich mit einer äußersten Ehrfurcht gegenüber dem Land. Dieses wird deutlich an der Art und Weise, wie Hopi ihre Felder bestellen: mit Hilfe von Gebeten, aber ohne Hilfe von künstlicher Bewässerung und ohne Pestizide. So produzieren sie reiche Ernten aus dem Wüstenboden, der ihre hohen Tafelberge umgibt, auf denen viele von ihnen in ihren Adobe-Häusern wohnen ...

Obwohl alle zwölf Dörfer auf der Reservation (traditionell) autonom sind, so haben sie doch ein tiefes Empfinden der Gemeinschaft und der Solidarität innerhalb ihrer traditionellen Lebensformen.

Religiöse Zeremonien, die während des ganzen Jahres durchgeführt werden, beeinflussen und betreffen ihre gesamte Existenz als eingeborene Menschen. Sie beten nicht nur für ihr eigenes Wohlergehen, sondern auch für das des gesamten Planeten. Hopi haben ein inneres Wissen von dem ›Gesetz der Natur‹ – ein Gesetz, das von diesem Planeten selbst bestimmt wird, ohne die Einmischung politischer Systeme der Menschen. Man könnte die Hopi ›Bioregionalisten‹ nennen. Sie selbst würden von sich sagen, daß sie nach dem ›Hopi way‹ leben.«

*Aus der Hopi-Zeitung »Kahtsimkiwa« 1987, S. 17*

## Ein Hopi-Traum

Fred Eggan und seine Frau Dorothy sind amerikanische Ethnologen, die sich viel mit den Hopi beschäftigt haben. Vor allem Dorothy Eggan hat von verschiedenen Hopi eine größere Zahl an Träumen gesammelt und versucht, diese ethnologisch zu deuten.

Es erscheint ganz selbstverständlich, daß die kulturellen Strukturen eines Volkes sich auch in den Träumen der Menschen wiederfinden, – daß also die spezifischen Weltansichten, die religiösen Prägungen und die ethischen Normen den Menschen bis in seine Träume begleiten. Das ist bei uns nicht anders als bei den Hopi.

Was bei den Hopi aber anders ist, ist die Tatsache, daß Träume bei ihnen wichtig genommen werden. Unser Wort ›Träume sind Schäume‹ besagt genau das Gegenteil von dem, was Träume den Hopi (und anderen Indianern) bedeuten. Für Hopi werden Träume nicht nur durch individuelle und kulturelle Mechanismen bestimmt, sondern in ihnen können Weisungen göttlicher Kräfte und Lösungen individueller Probleme bildhafte Gestalt gewinnen. (Wir kennen ähnliches aus Traumerzählungen der Bibel.)

Träume können danach – ähnlich wie Geschichten – wichtiger sein für das Leben eines Menschen und seine Problembewältigung als Erwägungen des Verstandes und rationale Antworten. Für Dorothy Eggan sind »Traumgestalten der Ausdruck einer einmaligen Folge persönlicher Ereignisse, die durch einen kulturellen Filter wahrgenommen werden« (»dream forms are the expression of unique sequences of personal events, perceived through a cultural screen …«).

Den folgenden Traum eines Hopi namens Sam hat Dorothy Eggan in ihrem Aufsatz »The Personal Use of Myths in Dreams« (im »Journal of American Folklore«) mitgeteilt. Darin spielt die mythische Figur der Tuwapongwuhti eine wichtige Rolle. Diese ist sowohl der »Spinnenfrau« (»Spider Woman«) und der »Spinnen-Großmutter« (»Spider Grandmother«) verwandt, wie auch der Figur der »Mutter Erde«; denn Tuwapongwuhti ist die Mutter alles Lebendigen und wird außerdem noch besonders mit wilden Tieren assoziiert. Dorothy Eggan weist darauf hin, daß sie auch den Wunsch nach Kindern erfüllen kann; daß sie Jägern zu Jagdglück verhelfen kann; und daß sie überhaupt häufig Männern im Traum erscheint und dabei manchmal um sexuelle Gunsterweise bittet. In Sams anderen Träumen ist sie gelegentlich als ein wilder Geist (»fierce ghost«) erschienen und hat sich dann in ein schönes Mädchen verwandelt – oder auch umgekehrt. Sam hat ihren Versuchungen immer widerstanden, ist manchmal von Furcht gelähmt gewesen, hat ihr dann aber Gebetsfedern (»pahos«) versprochen, für die sie ihm wieder Glück bei der Jagd zugesagt hat.

Wichtig im Zusammenhang dieses Traumes ist noch, daß Sam alle seine Kinder durch Krankheit und Tod verloren hat und daß er ein schlechter Jäger ist. – Der kulturelle Rahmen eines Hopi wird in diesem Traum nicht nur sichtbar an der Gestalt der Tuwapongwuhti, sondern auch an den gleitenden Übergängen zwischen Mensch und Tier und Tier und Mensch, wie sie nicht nur für Hopi-Mythen, sondern auch für das Alltagsverständnis der Hopi kennzeichnend sind. Hier nun der Bericht über Sams Traum:

»Er ist mit Weißen und anderen Hopi auf der Jagd, stellt aber plötzlich fest, daß er nur noch einen Geist-Begleiter bei sich hat; und der ist auch noch ein Zauberer. Sam erinnert sich jedoch der Hopi-Doktrin, daß man zu Zauberern freundlich sein soll. Also bleibt er bei seinem Partner. Sie sprechen die ganze Nacht miteinander und fertigen Gebetsstäbchen an für Tuwapongwuhti und für das Wild, das sie erlegen wollen. Am nächsten Tage hat Sam Angst, daß er von anderen Jägern angeschossen werden könnte und fühlt sich den ganzen Tag unglücklich. Schließlich schießt er aber doch noch einen großen Hirsch. Daraufhin ruft er seinen Begleiter, der ihm helfen soll, den Hirsch auf die Schulter zu heben.

Später verläßt er das Lager und sagt dazu: ›Ich weiß nicht, warum ich nach draußen gegangen bin. Ich stand da bei dem Baum und sah ein Feuer herankommen. Es verschwand in einem Tal und erschien dann wieder und verwandelte sich. Es war eine menschliche Gestalt, die auf mich zutrat. Sie leuchtete sehr hell und als sie nahe bei mir war, hielt sie inne. Ich beobachtete sie. Es war die Dame, die Herrin über Hirsche und Kaninchen ist, Tuwapongwuhti. Sie sagte: ›Ich suche dich. Diese zwei Rehkitze, die ich geboren habe, sind deine Söhne.‹

Sam ist erstaunt und fragt, wie das sein könne. Sie sagt ihm, daß er sie schwanger gemacht habe, als er in der Nacht vorher an einer bestimmten Stelle im Gras Wasser gelassen habe. Wörtlich fährt Sam fort: ›Dieses erschreckte mich, denn ich dachte nie, daß ich das getan hätte. Doch die beiden Rehkitze wurden mir übergeben, ich nahm sie und wandte mich zurück zum Lager. Doch sie rief mich zurück. Ich wandte mich um und sah, daß die Mutter dieser beiden Rehkitze sich in eine wunderschöne junge Frau verwandelte. Sie sagte: ›Mein Gatte, habe keine Angst vor mir. Ich bin deine liebende Frau.‹ Mit diesen Worten zog sie mich dicht an sich heran und hielt mich umschlungen. Ich erwachte und stellte fest, daß meine Frau ihren Arm über meine Brust legte.‹

»*Ich kann nicht* weiß werden. Ich habe eine Hopi-Haut, Hopi-Blut, ein Hopi-Herz. Ich spreche noch meine Morgengebete.«

*Hopi Mental Health Conference, 1981, S. 21*


»*Die Hopi* wurden immer angehalten, bescheiden zu sein. Sei kein Angeber; versuche nicht, etwas besser zu machen als ein anderer; sei einfach und anspruchslos, innere Befriedigung kommt aus Bescheidenheit .. und durch Fleiß bei der Feldarbeit. Diese Dinge sind eine Grundlage und ein sehr wesentlicher Teil des Hopi-Lebens.«

*Second Hopi Mental Health Conference, 1982, S. 58*


»*Wir sind* allzusehr abgelenkt
durch die Lichter dort draußen
durch die protzigen Autos
durch die auffälligen Kleider.
Wir vergessen die Hopi-Werte:
Bescheidenheit,
Fleiß.
Dieses ist das Wesen der Hopi.«

*Second Hopi Mental Health Conference, 1982, S. 63*


»*Unsere Kinder* sind Gefangene zwischen zwei Welten.«

*Second Hopi Mental Health Conference, 1982, S. 72*

# Gastfreundschaft

»Man lehrte uns, daß wir, wann immer jemand in unser Haus kam, ihm einen sauberen Platz auf dem Boden bereiten, Nahrung herausstellen und den Gast zum Essen einladen sollten. Erst nachdem der Besuch gegessen hatte, fragte mein Vater dann: ›Was kann ich für dich tun?‹ Mein Großvater sagte, daß wir immer diese Regel beachten und die Gäste zuerst mit Nahrung versorgen müßten, auch wenn wir selbst hungrig oder unglücklich seien.«

*Der Hopi »Sun Chief« in seiner Biographie gleichen Namens, S. 53*

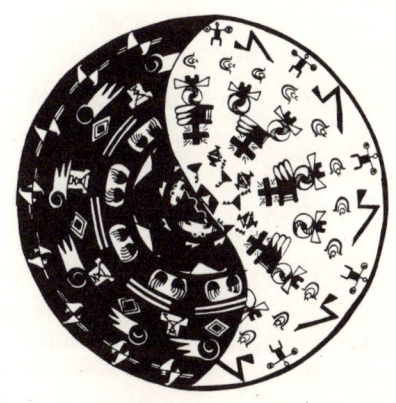

# Selbstbeherrschung

»Ein böses Wort ist, wie wenn man mit einem Messer zustößt.«

*Ein Hopi-Sprichwort, bei: Richard B. Brandt: Hopi Ethics, S. 141*

»*Die Hopi sind* beneidenswert still, und sie kontrollieren ihre Gefühle sehr ... Wir werden sehen, daß die Hopi auffallend erfolgreich darin sind, ihre aggressiven Neigungen zu beherrschen und daß Gewalttätigkeit bei ihnen außerordentlich selten vorkommt ... Die Hopi können in bestimmten Dingen jedoch außerordentlich eigensinnig und halsstarrig sein, wie Angestellte der Indianerverwaltung bezeugen können.
Die Hopi sind ein sehr kooperatives und hilfsbereites Volk. Wenn man einen Hopi bittet und ihm sagt, daß man seine Hilfe benötigt, reagiert er in der Regel darauf sehr großzügig.«

*Richard B. Brandt: Hopi Ethics, S. 144 f.*

»*Die Hopi glauben*: Obwohl der Mensch im Brennpunkt der geistigen und der natürlichen Welt steht, so kann es ihm doch auf Erden nicht gut gehen, wenn sein Leben nicht in Harmonie mit der festgelegten Ordnung des Universums verläuft. Das Hopi-Leben muß einem Weg folgen, der mit den Zyklen der natürlichen Welt zusammenfällt; nämlich dem Zyklus der Befruchtung, der Geburt, der Jugend, der Reife, des Todes und der Wiedergeburt. Auf der Erde müssen die Hopi einem göttlichen vorgegebenen Lebenspfad folgen, und beim Tode müssen sie dem heiligen Pfad zur geistigen Welt folgen. Dort ist dann der Schutz und die Unterstützung der Hopi-Menschen auf Erden ihre hauptsächliche Aufgabe.«

*Patricia Janis Broder: Hopi Painting, S. 175*

# Hopi – ka-Hopi

»Der verbreitetste Ausdruck der Hopi bei Zurechtweisungen für falsches Verhalten irgendwelcher Art ist ›ka-Hopi‹ (= ›un-Hopi‹, ›nicht-Hopi‹, ›ungehörig‹, ›falsch‹). Dieser Ausdruck kann sich beziehen auf unruhige Pferde, bösartige Hunde, laute oder streitsüchtige Kinder, ehebrecherische Ehemänner und auf zahllose andere Fälle, wo es um ungehöriges Verhalten geht. (Der Ausdruck scheint zu implizieren, daß man nicht ein Hopi ist, wenn man Dinge nicht ›richtig‹ tut.)«

*Mischa Titiev: The Hopi Indians of Old Oraibi, S. 31*

»*Wenn ein Hopi* irgend etwas gefunden hat, dann soll er sagen, ›danke‹. (Diese Sitte herrscht auch heute noch. Der Dank gilt dann dem eigenen Schutzgeist dafür, daß er einem Glück gebracht hat.)«

*Mischa Titiev: The Hopi Indians of Old Oraibi, S. 98*

»*Die Maismutter* ist eine Verheißung von Nahrung und Leben. Ich mahle mit Dankbarkeit für unsere reiche Ernte, nicht mit Ärger über die harte Arbeit. Wie ich da an meinem Mahlstein knie, neige ich meinen Kopf im Gebet und danke den geistigen Kräften für die Nahrung. Ich habe viel empfangen. Ich bin auch bereit, viel zu geben. Denn – wie ich es dir gesagt habe – man muß immer geben für das, was man empfängt.«

*Worte der Hopi-Frau Sevenka zu ihrer Tochter Polingaysi – von den Weißen genannt Elizabeth White –, in: No Turning Back, S. 71*

## Hopi-Lied beim Maismahlen

O, daß mein Herz so rein sei
  wie Blütenstaub und Maisblüten;
und daß mein Leben so süß sei wie Honig,
der von den Blüten gesammelt wird;
und so schön wie Schmetterlinge im Sonnenlicht.
Ich will Gutes tun, wie der Mais
  Gutes getan hat für mein Volk
in all den Tagen der Vergangenheit.
Bis meine Aufgabe erfüllt ist und der Abend fällt,
o, mächtiger Geist, hör mein Mahl-Lied.

*Polingaysi – Elizabeth White: No Turning Back, S. 5*

←Hopi-Frau beim Maismahlen

# 8. Land – Natur – Kosmos

## *Dieses Land steht nicht zum Verkauf an*

In den Jahrzehnten seit dem II. Weltkrieg haben Vertreter der Hopi sich wiederholt mit Eingaben, Briefen, Pamphleten oder ähnlichem an die Weltöffentlichkeit gewandt. In der Regel war es nicht der Stammesrat, der hinter diesen Schreiben stand, sondern eine größere oder kleinere Gruppe von traditionell eingestellten Hopi. Durch diese Eingaben wollten sie die Weltöffentlichkeit auf ihre Situation und ihre Probleme aufmerksam machen; zugleich wollten sie aber auch der Welt sagen, auf welch gefährlichem Weg sie sich befände und daß es in den Traditionen der Hopi Wegweisungen gebe, welche die Welt auf eine bessere Bahn lenken könnten.

Adressaten dieser Eingaben und Schreiben der Hopi waren vor allem die jeweiligen Präsidenten der Vereinigten Staaten und die UNO. Es gingen aber auch Schreiben an andere Persönlichkeiten der Weltpolitik sowie Briefe einzelner Hopi an Privatpersonen in verschiedenen Teilen der Welt.

Wahrscheinlich das erste dieser Schreiben ist ein Brief an den damaligen Präsidenten der USA, Harry S. Truman, im Jahre 1949. Dieser Brief war unterzeichnet von den Dorfältesten dreier Hopi-Dörfer, von 19 religiösen Führern und von vier Dolmetschern. In diesem Brief findet sich eine klare und deutliche Darstellung dessen, was die religiösen, weltanschaulichen und politischen Grundlagen der traditionell eingestellten

Hopi in dieser Zeit ausmacht. Doch nimmt der Brief auch auf (damals) so aktuelle Vorgänge wie die Gründung der NATO Bezug: Aus ihrer Tradition der Friedfertigkeit heraus weigern sich diese Hopi kategorisch, ihr Leben und vor allem das Leben ihrer Söhne dieser NATO-Doktrin zu unterwerfen.

Außerdem beziehen sich diese Hopi auf die damals (1946) eingerichtete »Land Claims Commission« in Washington, D.C., welche die Indianer des Landes aufforderte, Ansprüche auf Land geltend zu machen, das ihnen vielleicht unrechtmäßigerweise abgenommen worden war. Die Hopi weigern sich entschieden, vor einer solchen Kommission von Weißen Ansprüche auf ihr Land nachzuweisen, das ihnen vom Großen Geist bereits anvertraut worden war, als noch kein Weißer an Amerika dachte. Tatsächlich haben die Hopi bis heute das Geld nicht angerührt, das ihnen von dieser Kommission für verlorengegangenes Land zugebilligt worden ist.

Dann beziehen sich die Hopi in dem Brief auf eine Politik Washingtons, die später den Namen »Termination« erhielt und vor allem von dem Präsidenten Eisenhower und seiner Regierung favorisiert wurde. Ziel dieser Politik war es, die besonderen Rechte von Indianern auf Reservationen abzubauen und sie zu vollen steuerpflichtigen amerikanischen Bürgern zu machen. Diese Politik, die später von Präsident Nixon widerrufen wurde, hatte für die besonderen sozialen, religiösen und weltanschaulichen Traditionen indianischer Gemeinschaften katastrophale Folgen.

Weiterhin nehmen die Hopi in diesem Brief Bezug auf die Steintafeln, die in ihrem Besitz sind. Auf ihnen ist nach ihrer Überzeugung ihr Anspruch auf ihr Land vom Großen Geist niedergeschrieben und für alle Zeit (dieser Vierten Welt) festgelegt worden. – Dann tauchen noch Hinweise zum »Thanksgiving Day« auf, der auch heute noch in den Vereinigten Staaten jedes Jahr im November als einer der höchsten amerikanischen Feiertage gefeiert wird und der an die Hilfe der Indianer für das Überleben der Pilgerväter im schrecklichen Winter 1620/21 erinnern soll.

Schließlich ist in dem Brief die Rede von einer Reduktion nicht nur der Ländereien, sondern auch der Viehherden. Diese war sowohl den Hopi als auch den benachbarten Navajo schon vor dem II. Weltkrieg von der weißen Indianerverwaltung verordnet worden, weil diese der Ansicht war, daß vor allem die wachsenden Schafherden dieser Stämme zu einer zunehmenden Erosion des Landes in dieser Halbwüste führten.

Ich stütze mich hier auf die Veröffentlichung des Briefes in: Richard O. Clemmer: Continuities of Hopi Culture Change, S. 71 f. – Zum Inhalt des Briefes vgl. meine Untersuchungen zu den Prophezeiungen der Hopi-Indianer: Die Stimme des Großen Geistes, München 1989 (Kösel-Verlag).

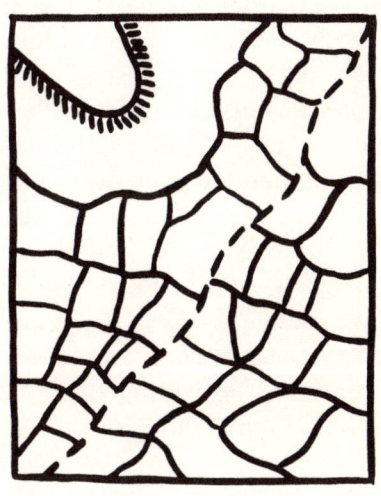

»An den Präsidenten:
Wir, die erblichen Hopi-Führer der Hopi-Pueblos von Hotevilla, Shungopovi und Mishongnovi, bitten in aller Bescheidenheit um ein Wort mit Ihnen.
Die Regierungsform der Hopi wurde ausschließlich auf religiösen und traditionellen Grundlagen errichtet. Der göttliche Lebensplan in diesem Lande wurde für uns von dem Großen Geist
Massau'u ausgebreitet. Dieser Plan kann nicht verändert werden. Das Leben der Hopi ist in seiner Gesamtheit nach den
fundamentalen Prinzipien dieses göttlichen Planes geordnet ...
Dieses Land ist die heilige Heimat des Hopi-Volkes und der
gesamten indianischen Rasse in diesem Land. Dem Volk der
Hopi wurde die Aufgabe zuteil, dieses Land zu behüten. Das
sollte aber nicht durch Waffengewalt geschehen, nicht durch
Töten, nicht dadurch, daß man anderen Menschen ihr Eigentum fortnimmt; es sollte vielmehr geschehen durch demütiges
Gebet, durch Beachtung unserer traditionellen religiösen Weisungen und durch Treue gegenüber unserem Großen Geist
Massau'u. Wir sind immer noch eine souveräne Nation ... Wir
haben unsere Souveränität niemals an irgendeine fremde
Macht oder Nation abgetreten. Wir waren Menschen, die sich
selbst regieren, lange bevor irgendein Weißer unsere Küsten
betrat. Und das, was der Große Geist gemacht und geplant hat,
kann keine Macht der Erde ändern.
Die Grenzen unseres Reiches wurden dauerhaft festgelegt und
niedergeschrieben auf Steintafeln, die wir noch besitzen. Eine
dieser Tafeln wurde dem Weißen Bruder gegeben, der nach
dem Auftauchen der ersten Menschen in diesem neuen Land
nach Osten ging. Doch hatte er zugesagt, daß er mit seiner
Steintafel zu den Hopi zurückkehren werde. Wenn dann diese
Steintafeln nebeneinander gelegt werden und wenn sie zueinander passen, dann werden sie der ganzen Welt beweisen, daß
dieses Land in Wahrheit dem Volk der Hopi gehört ...
Heute fordert man uns auf, unseren Anspruch auf Land in der
›Land Claims Commission‹ in Washington, D.C., geltend zu
machen. Wir, die erblichen Führer des Hopi-Stammes, können

und werden keine Ansprüche geltend machen … Wir werden keinen weißen Mann, der erst kürzlich zu uns gekommen ist, um ein Stück Land bitten, das uns schon gehört.

Auch werden wir zu dieser Zeit kein Stück unseres Landes verpachten, damit auf ihm nach Öl gesucht werden kann. Dieses Land steht nicht zum Verpachten und nicht zum Verkauf an. Dieses ist unser heiliger Boden …

Man hat uns gesagt, daß vom ›Indian Bureau‹ 90 Millionen Dollar für die Hopi und die Navajo bereitgestellt werden … Wir sind zwar arm, um so ärmer, als unser Land, unsere Viehherden und unsere Farmen verkleinert werden … Dennoch, wir brauchen all dieses Geld nicht und wir bitten nicht darum. Wir sind Menschen, die sich selbst unterhalten können. Wir sind nicht am Verhungern …

Wir können einfach nicht verstehen, warum die Regierung der Vereinigten Staaten seit ihrer Gründung mit Gewalt, mit Bestechung, mit Überlistung und manchmal mit rücksichtslosem Töten alles an sich gebracht hat, was wir besaßen. Dadurch hat sich die Regierung sehr reich gemacht. Und nach all diesen Jahren der Vernachlässigung der Indianer hat sie heute die Kühnheit, der Welt einen Plan zu verkünden, der ›die 400 000 Indianer des Landes in volle, steuerpflichtige Bürger unter der Gesetzgebung des Staates verwandeln‹ soll.

Werdet ihr jemals zufrieden sein mit dem Reichtum, den ihr durch uns, die Indianer, habt? Mit eurem Regierungssystem läuft irgendetwas schrecklich falsch; denn nach all diesen Jahren leben wir Indianer immer noch von den Knochen und Krumen, die von eurem Tisch fallen. Habt ihr die Bedeutung des ›Thanksgiving Day‹ vergessen? Haben die Amerikaner – die Weißen – ihre Verträge mit den Indianern vergessen und die Verpflichtungen der Obhut, die sich daraus ergeben?

Jetzt hören wir von dem Atlantischen Sicherheitsvertrag. Dieser wird nach unserem Verständnis die Vereinigten Staaten, Kanada und sechs weitere europäische Nationen zu einer Allianz zusammenbinden, in welcher ein Angriff gegen eine als ein Angriff gegen alle angesehen wird.

Wir, die traditionellen Führer, möchten, daß Sie und das amerikanische Volk wissen, daß wir unerschütterlich auf unseren traditionellen religiösen Prinzipien beharren werden und daß wir uns zu dieser Zeit nicht an irgendeine fremde Nation binden werden. ... Unsere Tradition und unsere religiöse Erziehung verbieten uns, jemanden zu belästigen, ihm Schaden zuzufügen oder ihn zu töten. Deshalb sind wir dagegen, daß unsere Jungen gezwungen werden, sich für einen Krieg ausbilden zu lassen, um zu Mördern und Zerstörern zu werden. Ihr solltet vielmehr uns beschützen. Welche Nation, die zu den Waffen gegriffen hat, hat jemals Frieden und Glück über ihr Volk gebracht?

Alle Gesetze, die unter der Verfassung der Vereinigten Staaten erlassen worden sind, wurden erlassen ohne unsere Zustimmung, ohne unser Wissen und ohne unsere Billigung. Und doch werden wir gezwungen, all das zu tun, was nach unserem Wissen unseren religiösen Prinzipien entgegensteht ...«

»Es ist für uns undenkbar, die Verfügung über unser heiliges Land aufzugeben. Wir können auch in gar keiner Weise heiliges Land gegen Geld eintauschen. Die Hopi haben niemals irgendeinem die Befugnis erteilt, für irgendeinen Preis über unsere Länder, unser Erbe und unsere Religion zu verfügen – und sie werden das auch nie tun. Die Hopi erhielten eine besondere Führung darin, wie sie für das heilige Land sorgen sollten, um so die zerbrechliche Harmonie, welche die Dinge zusammenhält, nicht zu zerreißen. Wir empfingen dieses Land vom Großen Geist, und wir müssen es für ihn bewahren als seine Verwalter, bis er zurückkehrt.«

*Aus einem Brief traditioneller religiöser Hopi-Führer an den Präsidenten der USA, Jimmy Carter, vom 19. Oktober 1977; abgedruckt in der Zeitung ›Kahtsimkiwa‹ 1,3, Sommer 1989, S. 1*

Hopi-Priester (um 1900)→

## Unser Land, unsere Religion
## und unser Leben sind eins

In ganz anderer Weise, als wir es aus unserer abendländischen Kultur gewohnt sind, wissen sich Indianer und überhaupt Naturvölker an ihr Land gebunden; und zwar sowohl existentiell als auch emotional und religiös. Das gleiche gilt auch für die Hopi, wie der folgende kurze Text zeigt.

Existentiell erfahren sie – oder jedenfalls erfuhren sie bis in die jüngste Vergangenheit – ihre Abhängigkeit vom Land dadurch, daß eine Hungersnot unausweichlich war, wenn die Ernten versagten. Viele ihrer Legenden haben eben diese Situation zum Thema.

So erschien allen Indianern das Land als eine Gabe Gottes, mit der man arbeiten, von der man leben konnte; die man aber nicht verunstalten oder zerstören durfte. Ebensowenig durfte man sie aufteilen und zum Privateigentum einzelner Menschen erklären. Auf entsprechende Überlegungen einiger Weißer antwortete der Häuptling Tecumseh: »Warum dann nicht auch das Wasser und den Himmel, die Wolken und die Luft zum Privateigentum machen?« – Wenn nun alles Land dem Großen Geist gehört und den Menschen nur in Gemeinschaft anvertraut ist; wenn dieses Land die Menschen ernährt; wenn es die Wiege der Kinder und der Ruheplatz der Vorfahren ist: Dann hat dieses Land für die Menschen eine religiöse Qualität. Dann ist es heilig.

Im Jahre 1951 entwarfen im Dorf Shungopovi auf der Hopi-Reservation führende Mitglieder verschiedener Clane eine Erklärung über die Bedeutung ihres Landes für sie. Diese Erklärung wurde dem Kommissar für indianische Angelegenheiten überreicht. Der folgende Text stammt aus diesem Statement (Harry C. James: Pages from Hopi History, S. 102 f.):

»Immer lebenswichtig ist für uns das Thema unseres Landes …
Das Hopi-Land ist unsere Liebe und wird es immer sein; es ist
das Land, auf dem unser Führer die Zeiten für unsere religiösen
Riten festlegt und bekanntmacht. Unser Land, unsere Religion
und unser Leben sind eins. Und unser Führer erfüllt seine
Pflicht uns gegenüber mit Bescheidenheit, Verständnis und Ent-
schiedenheit, indem er diese drei als eins bewahrt. So garantiert
er Wohlfahrt und Sicherheit für das Volk …
Es ist dieses Land, von dem wir das Holz und die Steine bekommen haben für unsere Häuser und unsere Zeremonialkammern
(Kivas). Es ist dieses Land, auf dem wir unsere jüngere Generation heranziehen; und indem wir unsere religiösen Zeremonien
bewahren, lehren wir sie richtiges Verhalten und Charakterstärke, um sie zu wahren Bürgern unter allen Menschen werden zu
lassen. Es ist dieses Land, auf dem wir in Frieden und Harmonie
mit unseren Freunden und unseren Nachbarn leben möchten.
Wir wissen, daß es innerhalb des Gebietes der Hopi Orte und
Plätze anderer Menschen gibt. Es ist nicht unsere Absicht, diese
Menschen in irgendeiner Weise zu stören; denn unsere Lebensform fordert von uns, daß wir unser Leben in Freundschaft und
Friedfertigkeit führen, ohne Ärger, ohne Gier, ohne irgendwelche Bosheit gegenüber uns selbst und gegenüber irgendwel-
chen anderen Menschen. Und so erwarten wir andererseits die
Gewißheit, daß es keine Störung unserer traditionellen Lebens-
form durch andere Menschen geben wird.«

# Mensch – Land – Religion

Herman Lewis, ein Ältester des Hopi-Stammes, hat seinen Überlegungen über die Bedeutung des Landes folgende Gestalt gegeben (Report of the Third Hopi Mental Health Conference 1983, S. 17 ff.):

»Wir, die den Namen ›Hopi‹ haben, müssen auch in unserer Lebensgestaltung diesem Namen gerecht werden ...
Unser Land. Das ist es, wonach es die Weißen verlangt. Alles, so scheint es, schaffen sie mit ihrem Geld. Uns Hopi hat man Geld für unser Land geboten. Aber unsere Väter, unsere Großväter haben uns gesagt: ›Wenn die Zeit kommt, dann wählt nicht das Geld, sondern wählt das Land. Wenn ihr das Geld annehmt, dann wird es kein Erbarmen für euch geben; denn das Geld wird bald ausgegeben sein. Und wenn das Geld weg ist, dann könnt ihr eure Sachen packen, und ihr habt gar nichts mehr, kein Zuhause ... kein Land‹. – So ist es uns gesagt worden ...
Darum laßt uns heute unser Leben in Ordnung bringen. Wir wollen uns bewußt bleiben, welche Vorzüge unsere Lebensform hat; was unsere Zeremonien uns bedeuten; worin ihr Sinn besteht. Wir wollen dafür sorgen, daß wir dem Frieden und der Harmonie, für den unsere Führer beten, keinen Schaden zufügen. Wenn wir uns sehr bemühen, sind wir vielleicht in der Lage, wiederum viel Segen für uns zu gewinnen ...
Laßt uns niemals dieses Land verkaufen! Laßt uns für immer die Segnungen dieses Landes bewahren! Denn wir wissen, daß der weiße Mann in unserem Land viele wertvolle Dinge erkennt, die er haben will. Er ist ganz versessen auf unser Land, – wie ihr an den vielen Dingen sehen könnt, die um uns herum geschehen. Doch wir wollen niemals dem Druck des weißen Mannes nachgeben; wir wollen niemals zulassen, daß er uns das Land abnimmt. Denn wenn das geschehen sollte, wird es zum Schaden unserer Kinder, unserer Enkel und weiterer zukünftiger Generationen sein.«

# Land – Leben – Balance

In der Hopi-Zeitung ›Kahtsimkiwa‹ aus dem Jahre 1987 heißt es zu diesem zentralen Thema:

»Es geht um das Leben und das Land von Indianern; und darum, daß diese im Gleichgewicht bleiben.
Wer hat schließlich zuerst hier auf diesem Kontinent gelebt? Es wird gesagt, daß Christoph Columbus Amerika ›entdeckte‹. Vielleicht war er in Wirklichkeit der erste ›Tourist‹ hier. Vielleicht sollten alle Nicht-Indianer in Amerika beginnen, den indianischen Menschen eine Pacht zu bezahlen, und zwar als Ausgleich für Millionen von indianischen Leben und Millionen von indianischen Hektar Land, die sie den Eingeborenen Amerikas abgenommen haben.« (S. 12)

»Wir könnten *die Auffassung der Pueblo* betrachten, daß die Mutter Erde im Frühjahr schwanger ist; und daß man sie dann ebenso behutsam behandelt, wie man eine schwangere Frau behandeln würde. Einige Pueblo nehmen (deshalb) im Frühling noch die Absätze von ihren Schuhen und manchmal die Eisen von den Hufen ihrer Pferde ab. Ich fragte einmal einen Hopi, den ich dort traf: ›Wollen Sie damit sagen, daß alles durcheinandergerät und nichts wachsen wird, wenn ich meinen Absatz in die Erde stoße?‹
Er antwortete: ›Nun, ich weiß nicht, ob das geschehen würde oder nicht. Aber es würde jedenfalls zeigen, was für eine Art Mensch Sie sind.‹«

*Barre Toelken, in: Walter H. Capps: Seeing with a Native Eye, S. 11-24*

# Wie der Roadrunner-Clan entstand

Der Roadrunner ist ein in Arizona heimischer größerer Vogel, der sich – wie sein Name schon sagt – weniger auf seine Flügel als vielmehr auf seine Beine verläßt. Er schafft zu Fuß eine Geschwindigkeit von fast 30 Kilometern in der Stunde. Menschen empfinden es immer als etwas Besonderes, wenn sie einen Roadrunner zu Gesicht bekommen. …

»Vor langer Zeit unternahm eine Gruppe von Hopi eine Wanderung. Sie hatten einen langen Weg vor sich. Während ihrer Reise wurden sie von Feinden verfolgt, die sie umbringen wollten. Deshalb beeilten sie sich auf ihrem Zug, damit die Feinde sie nicht einholen konnten; doch es ging einfach nicht schnell genug. So reisten sie nur noch in der Nacht. Und sie bogen vom Weg ab, zogen in eine Schlucht hinein oder quer über einen Tafelberg. Doch wohin sie auch gingen, sie hinterließen ihre Spuren. Ihre Feinde fanden immer heraus, wohin sie verschwunden waren und konnten ihnen folgen.
Nach einiger Zeit sah es schlecht für sie aus. Ihre Feinde kamen ihnen immer näher. Da entschlossen sich die Roadrunner, ihnen zu helfen. An dem Abend, als die Menschen wieder in eine Schlucht auswichen, kamen die Roadrunner hinter ihnen her und überdeckten mit ihren Spuren die Spuren der Menschen. Als dann in der Nacht die Feinde kamen, konnten sie nur die Spuren der Roadrunner entdecken. Es war unmöglich für sie herauszufinden, wohin die Hopi gezogen waren. Sie spähten überall herum, doch es gab nichts als Spuren der Roadrunner. Schließlich gaben sie es auf und zogen ab. So konnten die Hopi ohne weitere Belästigung ihre Reise beenden.
Das also taten die Roadrunner für einige Hopi – und darum gibt es einen Roadrunner-Clan.«

*Walter Collins O'Cane: Sun in the Sky, S. 172 f.*

## Alles ist beseelt

»Eine Frau, die ein Gefäß töpfert, denkt wahrscheinlich, daß darin eine Seele wohnt. Wenn ein fertiger Topf mit Wasser gefüllt und auf das Feuer gesetzt wird, dann ist das Singen des Topfes ein Ausdruck seiner Seele. Wenn eine Frau einen Topf formt, dann ist die Seele des Gefäßes schon da, schon im Topf, der doch erst gestaltet wird. Deshalb ist es auch richtig, bei der Arbeit dann und wann zu dieser Seele zu sprechen, so daß sie zufrieden ist mit der Arbeit der Töpferin und nicht aus dem Topf fliehen will und diesen so zerbricht.«

*Walter Collins O'Cane: Sun in the Sky, S. 214*

# Das Umwelt-Ethos der Hopi

Im Jahre 1982 kam in Amerika ein Film heraus mit dem Titel:
»Hopi: Songs of the Fourth World«.

Pat Ferrero, die Produzentin des Films, verbrachte mit ihrem
Team über viele Jahre hin jeweils längere Wochen oder Monate auf der Reservation, um einen sehr sorgfältig produzierten
und professionellen Film herzustellen. Dabei gelang es ihr,
eine größere Zahl von Hopi zur Mitarbeit an dem Film zu
bewegen. Hervorzuheben unter diesen sind Emory Sekaquaptewa, ein Hopi, der Ethnologie an der University of Arizona in
Tucson lehrt; und seine Mutter Helen Sekaquaptewa. So ist ein
Film entstanden, der ein sehr eindrucksvolles Bild dessen vermittelt, was Leben und Weltanschauung der Hopi im Innersten
ausmacht.

Pat Ferrero selbst weist darauf hin, daß ihr Berater Emory
Sekaquaptewa großen Wert auf folgende Reihenfolge legte:
Wenn es zum Beispiel um das Pflanzen des Maises ging, so
sollte jedes Mitglied des Filmteams diesen Vorgang zunächst
beobachten, direkt erfahren und nach Möglichkeit dabei mit
tätig werden. Danach erst war die Zeit zum Filmen gekommen.
So erleben wir in dem Film Hopi-Menschen, die ihrer täglichen Arbeit nachgehen; einen Hopi-Mann, der ein Hochzeitskleid webt; den Sonnen-Beobachter aus dem Dorf Shungopovi, der sein Tun erläutert und die Eintragungen auf
seinem Wandkalender zeigt; Hopi-Kinder, die sich wie Kinder
in aller Welt benehmen; eine Hopi-Großmutter, die den
Kindern zeigt, wie man mit Puppen aus Knochen spielt; das
Pflanzen und Ernten des Maises; eine Erklärung der Muster
auf dem Hochzeitsgewand einer Hopi-Frau; eindrucksvolle
Bilder eines Adlers, der über der Hopi-Reservation kreist –
und vieles andere. Alle diese Bilder werden begleitet von
originaler Hopi-Musik. Dazu gehören Kachina-Gesänge ebenso wie ein Lied an den wachsenden Mais. Und wir hören
den Entstehungsmythos dieser Welt, wie er in den Zeremonialräumen der Hopi, den Kivas, und bei den Vorbereitungen

für die Initiationsriten jugendlicher Hopi erzählt wird. (Es ist die Version des Adler-Clans.)

Natürlich bleiben auch bei einem solchen Film Fragen. So erfährt man nichts von dem Streit über den Tagebau in den Kohlerevieren der Reservation; nichts über den Streit um Land mit den benachbarten Navajo-Indianern. Man wird Richard O. Clemmer dennoch zustimmen können (»American Anthropologist« Volume 87, No. 1, March 1985, p. 223 ff.), daß der Film wohl das über viele Generationen gewachsene Wesen der Hopi-Existenz darstellt – und das außerordentlich eindrucksvoll und überzeugend –, nicht jedoch spezifische Hopi-Probleme unserer Gegenwart.

Zu diesem Film ist im Jahre 1986 ein ausführliches Begleitheft (»A Resource Handbook«, Ferrero Films, 1259. A Folsom Street, San Francisco; zu beziehen bei den am Ende dieses Buches genannten Anschriften) erschienen. Darin finden sich zahlreiche Aufsätze, die nicht so sehr den Film erläutern, als vielmehr ein grundlegendes Verständnis der Kultur der Hopi vermitteln wollen. Dazu gehört auch der folgende Text von Judith Todd. Er trägt den Titel »Das Umwelt-Ethos der Hopi« (»The Hopi Environmental Ethos«). Dieser Artikel packt das Leben und die Weltansicht der Hopi gewissermaßen an ihrer Wurzel. Er entspricht aber auch dem Film insofern, als er Gegenwartsprobleme der Hopi weitgehend vermeidet und mehr den idealtypischen Charakter der Hopi-Weltanschauung darstellt:

»Die Hopi haben ein empfindsames Bewußtsein von der gegenseitigen Beziehung zwischen Menschen und der übrigen Natur. Dabei schließt diese nicht nur Pflanzen und Tiere ein, sondern auch solche anscheinend unbeseelten Dinge wie Steine sowie weit entfernte Planeten und Sterne. Dieses Bewußtsein der Hopi spiegelt sich in den Namen ihrer Clane. Diese nämlich erheben Anspruch auf – und verkünden – eine Freundschaft mit solchen Dingen wie Sonne, Mais und Schnee; und mit Tieren wie Bär, Dachs und Spinne. Dieser Sinn der Hopi für die gegenseitige Verbindung mit den Kräften und Zyklen der Natur ist die Quelle nicht nur für ehrfurchtgebietende Zeremonien in jeder Jahreszeit; er bestimmt vielmehr auch ihre täglichen Aktivitäten.

Zum Beispiel: Die überlieferte Art der Hopi, den Mais zu pflanzen, ihn im Wachstum zu begleiten, ihn zu ernten und zu essen, verrät dieses Bewußtsein und die Achtung vor der Pflanze und ihren Zyklen. Die Männer der Hopi pflanzen den Mais in einer friedvollen und ehrfurchtsvollen Gemütsverfassung. Sie pflegen die Pflanzen mit Liebe, singen zu ihnen und machen ihnen Mut zum Wachsen. Mit ähnlicher Hochachtung wird der Mais dann in ritueller Weise geerntet und verzehrt.

In den Tagen, als Jagen noch ein wesentlicher Teil des Hopi-Lebens war, näherten sich Jäger den Tieren auf vorgeschriebene Art und Weise. Das erste Tier, das sie zu Gesicht bekamen, ließen sie in Ruhe. Erst das zweite und die folgenden durften getötet werden. Ein Ergebnis dieses Verfahrens war es, daß der Fortbestand des Wildes gesichert war. Mit ähnlicher Sorgfalt dankte der Jäger dem toten Tier und entschuldigte sich für seine Tat, indem er ihm erklärte, warum er sein Leben nehmen mußte …

Diese Haltung der Achtung gegenüber der Erde bei den Hopi zeigt sich auch in ihrer Opposition zu dem Tageabbau der Kohle auf Reservationsland sowie gegenüber anderen Versuchen, das Land auszuplündern und zu entweihen. Viele traditionell eingestellte Hopi haben vor Gericht und auch sonst in der Öffentlichkeit dafür gearbeitet, der Ausplünderung des Gebietes der Four Corners (wo die Staaten Arizona, Neu-Mexico, Colorado und Utah in einem Punkt zusammentreffen) Einhalt zu gebieten. So ist zum Beispiel der folgende Text ein Auszug aus einer Erklärung, den sechs Hopi-Älteste verfaßt hatten. Diese Erklärung stand im Zusammenhang mit einem Gerichtsprozeß gegen die Peabody Coal Company im Jahre 1971, um den Tageabbau der Kohle durch diese Gesellschaft auf der Black Mesa (einem Teil der Reservation) zu stoppen:

›Das Land der Hopi ist dem Menschen in religiöser Weise anvertraut von dem Großen Geist Massau'u …
Das Gebiet, das wir ›Tukunavi‹ nennen (und welches Black Mesa einschließt), ist Teil des Herzlandes unserer Mutter Erde. Innerhalb dieses zentralen Gebietes haben die Hopi ihre Zeichen hinterlassen: Gegenstände, die wichtig in unserer Religion sind; Markierungen und Pflanzungen der Clane; Gräber der Vorfahren. Alles dieses sind Orientierungspunkte und heilige Orte für uns Hopi …
Dieses Land wurde den Hopi anvertraut von einer Macht, die zu groß ist, als daß der Mensch sie erklären könnte. Der Anspruch auf dieses Land begründet die ganze Struktur des Lebens der Hopi … Das Land ist heilig, und wenn es geschändet wird, dann wird die Heiligkeit des Lebens der Hopi und auch allen anderen Lebens untergehen.‹

Während sich die Hopi einerseits sehr deutlich als einen Teil der Erde begreifen – nicht getrennt von ihr als Beobachter und Herrscher –, so sehen sie sich andererseits doch auch als Wesen, die eine sehr wichtige Rolle in der Natur zu spielen haben, wie andere Geschöpfe sie nicht haben. Diese Verantwortung wird sichtbar in ihren Zeremonien, deren hauptsächliche Aufgabe es ist, die Welt im Gleichgewicht zu erhalten. Die Hopi verstehen ihre Rituale als einen Weg, eine innige Verbindung mit der Natur zu unterhalten. Diese Verbindung soll helfen, die natürlichen Kräfte (z.B. Regen, Blitz, die Jahreszeiten, die

Schwerkraft der Erde) zum Wohle aller Lebensformen in einem harmonischen Gleichgewicht zu erhalten.

Schauen wir uns den Schlangentanz an, dessen zentrale Aufgabe es ist, Regen auf die sonnendurchglühten Tafelberge zu bringen. Alle Hopi, die während dieses Tanzes anwesend sind, beten um Regen. Wenn der Regen dann kommt, dann wissen sie, daß sie selbst eine unverzichtbare Rolle in diesem Herbeibringen des Regens gespielt haben. Dies bedeutet jedoch nicht, daß die Schlangentänzer versuchen, es ›regnen zu lassen‹ oder daß der Tanz ›es regnen läßt‹. Diese Art ›Erklärung‹ geht nämlich davon aus, daß das Ritual eine Herrschaft über die Kräfte der Natur ausüben soll – eine Interpretation, die abendländische Motive und Weltansichten zu Unrecht auf indianische Vorgänge anwendet.

Kontrolle, Herrschaft und Macht über die Natur sind dem Ethos der Hopi fremd. Man kann sagen, daß sie mit der Natur arbeiten und auch in ihr. Dieses aber nicht in einer Art und Weise, die den Menschen von der Natur trennt oder gar im Gegensatz zu ihr sieht, wie es das Konzept der Herrschaft notwendigerweise nahelegt. Die Schlangentänzer und andere Hopi, die dem Tanz beiwohnen, lassen es nicht eigentlich regnen. Vielmehr sorgen sie dafür, daß sie sich in einer richtigen Relation zu den Kräften der Natur befinden – und der Regen kommt. Die Hopi spielen ihre Rolle in der großen Wechselbeziehung der natürlichen Vorgänge – und die Regenwolken spielen ebenfalls ihre Rolle. Die außerordentlichen Anstrengungen, denen sich die Hopi bei der Durchführung dieser Rituale unterziehen, stellen ein Geschenk dar – sozusagen ihren Beitrag, den sie den Wesenheiten der Natur zurückerstatten, die ihnen ihr Leben geben.

Diese Bemühungen um Balance und Gleichgewicht kommen nicht nur in den Zeremonien zum Ausdruck, die man beobachten kann, und auch nicht nur in den viele Tage dauernden rituellen Vorbereitungen für diese Ereignisse. Dazu gehören vielmehr auch die angemessene geistige und emotionale Einstellung während der Vorbereitungen und während der Zeremonien selbst. Damit der Regen auch tatsächlich kommt, ist es deshalb unbedingt erforderlich, daß die Menschen heiter, zufrieden und voller Hoffnung sind. Ein böser Gedanke oder kleinliches Ressentiment kann die Kräfte der Natur nachteilig beeinflussen. Um der Hopi-Menschen und um allen Lebens willen hat deshalb jeder Hopi eine große Verantwortung, während dieser Zeremonien ein reines Herz und reinen Sinn zu bewahren.

Diejenigen von uns, die über gegenwärtige Umweltprobleme besorgt sind, werden versucht sein, nach einer Weise Ausschau zu halten, wie man die Haltung der Hopi zur Natur in Ideen und Konzepte übertragen kann, die auch in der Nicht-Hopi-Welt verständlich sind und in ihr funktionieren. Diese Aufgabe mag schwieriger sein, als es zunächst aussieht. Da Haltungen und Einstellungen aus Glaubensüberzeugungen erwachsen, welche die Natur und die Realität betreffen, kann man auch Haltungen und Aktionen nicht solchen Glaubensüberzeugungen aufpropfen, die ganz anders strukturiert und orientiert sind. So ist uns allen zum Beispiel die herrschende zeitgenössische Überzeugung der abendländischen Kultur tief eingewurzelt, daß es eine klare Unterscheidung zwischen beseelten und unbeseelten Gegenständen gibt. So tief ist uns diese Überzeugung eingewurzelt, daß es nicht nur Unglauben, sondern auch Spott hervorrufen kann, wenn man den Gedanken äußert, daß Steine vielleicht Leben besitzen. Eben diese Überzeugung macht es nun für Abendländer schwieriger (wenn auch nicht unmöglich), in einer Haltung der Achtung und Ehrfurcht mit Steinen, mit Kohle, mit Uran und mit anderen Elementen der Erde umzugehen.

Doch die Unterscheidung zwischen belebt und unbelebt weist zurück auf noch tiefere und noch weniger bewußte Grundannahmen in unserer abendländischen Kultur, die sich ebenfalls von den Glaubensüberzeugungen der Hopi unterscheiden. Eine solche Grundannahme ist, daß Geist und Materie einander getrennt gegenüberstehen. Daraus folgt die Überzeugung, daß der Geist die Materie nur durch die physikalische Manipulation eines lebenden Körpers beeinflussen kann, in welchem er selbst völlig enthalten ist. Entsprechend dieser Auffassung kann ein jeder ein Tier nur erlegen, indem er sich ihm unbemerkt nähert und es schießt. Wünsche, Gebete, Gedanken und Erwartungen des Menschen haben nichts mit diesem Vorgang zu tun. In ähnlicher Weise kann nach dieser Auffassung ein Mensch eine Regenwolke nicht dadurch auch nur einen Zentimeter bewegen, daß er seine Willenskraft für eine solche Bewegung mobilisiert. Das gilt auch dann, wenn Hunderte von Menschen die Energie ihres Willens in der gleichen Richtung wirksam werden lassen. – Ganz offensichtlich haben die Hopi andere Überzeugungen von der Kraft der geistigen und emotionalen Vorgänge im Menschen.

Eine ähnliche Annahme, die heutzutage in der euro-amerikanischen Kultur vorherrscht, ist, daß die Welt vor allem aus Dingen oder voneinander getrennten Objekten besteht und daß Ereignisse oder Vorgänge das Ergebnis der Aktivitäten und Interaktionen dieser Dinge sind. Eine Analyse des Ethos der Hopi zeigt, daß nach ihrer Auffassung genau das Umgekehrte gilt. Die Welt besteht aus Vorgängen oder Prozessen, von denen einige vorübergehend als Dinge erscheinen.

Wie ich oben schon sagte, sind sich die Hopi der Zyklen der Natur sehr bewußt. Ein Beispiel dafür sind etwa die Verwandlungen und Transformationen eines Maiskorns, das sich in Verbindung mit Erde, Wasser, Sonnenlicht und liebender Fürsorge zu einem Schößling entwickelt, dann zu einer reifen Pflanze mit Maiskolben und schließlich zu einem trockenen Maisstengel, der zur Erde zurückfällt. Solche Zyklen oder Prozesse stehen bei den Hopi viel mehr im Vordergrund der Aufmerksamkeit, als einzelne Segmente des Prozesses, wie z.B. der Maiskolben. Wir Abendländer dagegen würden viel eher solche einzelnen Segmente des Vorganges als das eigentliche ›Ding‹ isolieren …

190

Mit Hilfe des Fortschritts in der modernen Physik wissen auch wir inzwischen, daß die Welt, die aus Atomen ›besteht‹, in Wirklichkeit wesentlich weniger solide und ›dingartig‹ ist, als sie in unserer Alltagswelt erscheint. So sind etwa einige der Bestandteile eines Atoms (z.B. das Elektron) in ihrem Verhalten mehr wellen-artig als teilchen-artig. Gegenstände sind also letztlich nicht fest und solide, sondern sie bestehen aus Trillionen wellenartiger und teilchenartiger Vorgänge. Doch unsere Sprache hinkt hinter unserem Verständnis der Physik her, und wir sprechen immer noch von Objekten, als wenn diese sich nicht in einer dauernden Verwandlung befänden. Wie wäre es, wenn man die Welt nicht verstände als eine Sammlung fester Gegenstände, die miteinander in Beziehung treten; sondern als eine Reihe von Ereignissen und Vorgängen, die zueinander in Beziehung treten? Ist es möglich – und, wenn ja, ist es wünschenswert – die Welt zu sehen als Prozesse, Vorgänge, Ereignisse und Beziehungen?

Falls zeitgenössische Physiker und die Hopi recht haben mit der Auffassung, daß die Natur eher aus Prozessen und Vorgängen und weniger aus Gegenständen besteht: Was bedeutet das für unsere Beziehung zur (Um-)Welt? Die Vernunft lehrt uns, daß eine Weltansicht, die der Wirklichkeit weniger entspricht, ihre Anhänger zu häufigeren und schwerer wiegenden Fehlern bei ihrem Umgang mit der Welt verführen wird – im Gegensatz zu einer Weltansicht, die den tatsächlichen Vorgängen in der Natur besser entspricht. In dem Maße, in dem unser Verständnis der Natur den natürlichen Vorgängen tatsächlich entspricht, werden wir wahrscheinlich in Übereinstimmung mit ihren Gesetzen handeln und nicht im Gegensatz zu ihnen. Dies bedeutet praktisch, daß wir Entscheidungen über unsere Lebensform treffen würden, die weniger Verschmutzung und Zerstörung unserer Umwelt mit sich bringen.

Kurzum: Unsere Weltansichten bestimmen unsere Handlungen, und diese wiederum beeinflussen die (Um-)Welt. Eine Weltansicht, die genauer der Art und Weise entspricht, wie die Welt tatsächlich funktioniert, wird also wahrscheinlich dazu führen, daß wir uns angemessener und richtiger gegenüber der Natur verhalten.

Aber sogar, wenn ein Weltbild wie das der Hopi, das sich an Prozessen und Vorgängen orientiert, nicht sachgerechter wäre als ein Weltbild, das sich an Dingen und Objekten orientiert, – wenn also beide Annäherungen an die Wirklichkeit ungefähr gleich gut mit der tatsächlichen Wirklichkeit übereinstimmten –, auch dann würde ein Ethos, das sich am Prozeß orientiert, wahrscheinlich gesünder sein in seiner Beziehung zur (Um-)Welt und diese weniger verschmutzen und weniger zerstören.

In einem Weltbild, das sich an getrennten Dingen orientiert, sieht man sich selbst als eine getrennte Wesenheit, geschieden von allen anderen Dingen in der (Um-)Welt – oder sogar als ein ›höheres Wesen‹, das andere ›niedere‹ Formen des Lebens und unbeseelte Dinge sich zunutze macht und manipuliert.

Mit einer Weltansicht, die sich am Prozeß orientiert, muß man sich selbst auch als einen Prozeß begreifen (z.B. ins Dasein treten, wachsen, sich in die Elemente auflösen), also als einen Teil von vielen anderen größeren Prozessen. Dieses Verständnis würde dahin tendieren, eine übertriebene Betonung des eigenen Ego und seiner Angelegenheiten zu verhindern. Wie der Mais, den man verstehen kann als Erde, Luft, Wasser und Sonnenlicht, die vorübergehend zu einem bestimmten Muster organisiert sind, – so sind auch wir, die den Mais verzehren, in ähnlicher Weise Erde, Luft , Wasser und Sonnenlicht, die vorübergehend zu einem bestimmten Muster organisiert sind.

Manche Hopi-Menschen … sehen eine Analogie zwischen dem Wachsen des Menschen und dem des Maissamens; die vorgeburtliche Entwicklung; die Geburt; das Wachstum und die Reproduktion; das Alter (eine Zeit, wenn beide Arten von Wesenheiten ›sich auf die Mutter Erde stützen‹); und der Tod. Dann verläßt die Lebenskraft den materiellen Körper und läßt ihn zurück als eine Schale, die wieder zu Erde wird. Wir in unserer euro-amerikanischen Kultur werden uns nur vage dieser Zusammenhänge bewußt, – vielleicht beim Tod eines geliebten Menschen. Aber wir schieben dieses Bewußtsein so schnell wie möglich aus unseren Gedanken.

In einem Weltbild, das sich am Geschehen orientiert, ist das Ego nicht ein substantielles Ding, das zu äußeren Gegenständen in Beziehung steht, welche nach Gefallen manipuliert werden können. Vielmehr ist auch das Ego hier ein Prozeß unter anderen Prozessen, die sich alle wandeln. Da müht man sich vergeblich, etwas für alle Zeit zu ergreifen und zu behalten – ob es nun ein flüchtiger Augenblick ist oder Reichtum oder irgendein aufscheinender Gegenstand –, weil alles in dauerndem Fluß begriffen ist. Stattdessen ist es im eigenen Interesse – wie auch in dem anderer Menschen –, die Vorgänge und Prozesse zu erleichtern und zu erhöhen, von denen man selbst ein Teil ist. Dies ist genau das, was die Hopi-Zeremonien leisten …
Es mag sehr wohl nützlich sein, diese Quellen anzuzapfen und Glaubensüberzeugungen, Haltungen und Handlungen der Hopi in solche Formen zu übertragen, die auch für Nicht-Hopi Bedeutung haben. Solch eine Übertragung könnte einen wichtigen Beitrag dazu leisten, das menschliche Leben wieder in ein harmonisches Gleichgewicht mit der übrigen Natur zu bringen.«

# Kürbis-Mädchen

Tief in den Schoß
der Mutter Erde
wurden seine Samen gelegt
mit einem einfachen Grabestock.

Tief in der Unterwelt
Muyingwa, Herr über alles was wächst
gab seinen Segen
und ließ die Keime sprossen.

Dann empor, empor
langsam und unter Schmerzen
begann es seine Reise in die Ungewißheit
aus dem Sipapuni
dem Ort des Auftauchens in dieser Welt
keimte es empor
begrüßt von den warmen Strahlen
seines Vaters, der Sonne.

Empor wuchs es
und breitete seine zarten grünen Triebe aus
um seine Umgebung zu erkunden.
Tage und Nächte vergingen
und das Kürbis-Mädchen wuchs.
Aus dem Norden drang die Blässe ein
als die Kühle einsetzte.

Inmitten des Herbstmondes
steht es jetzt
blühend
strahlend vor Schönheit
zwischen den stolzen Verwandten.

Und Mutter Natur
*lächelt.*

*Lomawywesa = Michael Kabotie*

# Warum es überall im Lande der Hopi
## die Kleinen Grauen Mäuse gibt

»Die Kleinen Grauen Mäuse lebten in einem Berg westlich von Orai-
bi. Dort hatten sie stets gelebt, seitdem die Hopi aus der Unterwelt
heraufgekommen waren. Ihre Heimat hieß Mäuseberg.
Eines Tages stürzte ein Mann bei der Jagd und brach sich ein Bein.
Er schleppte sich zum Mäuseberg. Am Abhang des Berges fand er
eine Öffnung. Als er hineinkroch, sah er, daß er in einem Kiva war.
Überall waren viele kleine Mäuse, aber sie erschienen wie kleine
Kinder.
Der Mann bat sie, ihm zu helfen. Sie überlegten. Dann sammelten sie
sich alle bei ihm und begannen, sein gebrochenes Bein zu reiben.
Ganz bald fing es an zu heilen.
Je mehr Mäuse sich bei ihm sammelten und massierten, um so schnel-
ler heilte es. Nach ganz kurzer Zeit war es gesund und stark und der
Mann konnte wieder gehen.
Als er nach Hause kam, erzählte er seiner Familie, was sich zugetra-
gen hatte. Die erzählten es anderen, und bald sprach alle Welt davon.
So erreichte diese Nachricht auch den Alten Dachs in seinem Kiva
nördlich von Oraibi.
Der Alte Dachs war stets ein Doktor der Hopi gewesen. Als er die
Geschichte hörte, wurde er zornig und eifersüchtig. Seine Augen
färbten sich rot, und die Haare auf seinem Nacken standen zu Berge.
Er beschloß, den Beweis zu führen, daß die Kleinen Grauen Mäuse in
Wirklichkeit gar nicht wußten, wie man heilt.
Vier Tage lang blieb er in seinem Kiva und aß nichts. Dadurch wollte
er erreichen, daß er schwach und krank zu sein schien. Dann besorg-
te er sich einen dicken Knüppel und verbarg diesen unter seinem Bett
– dort, wo er ihn leicht erreichen konnte. Schließlich schickte er
seinen Sohn zu den Kleinen Grauen Mäusen in ihrer Wohnung am
Mäuseberg. Er sollte sie bitten, zu kommen und ihn zu kurieren, weil
er krank sei und nicht laufen könne.
Als sie kamen, trat ihr Führer an das Lager des Alten Dachses und
untersuchte ihn. Unterdessen standen die anderen Mäuse alle herum
und warteten. Dann sprach ihr Führer zum Alten Dachs:

›Du bist nicht krank!‹ sagte er. ›Du hast gar nichts. Dir fehlt nur was
zu essen!‹
In dem Augenblick griff der Alte Dachs unter sein Bett, packte
seinen Stock und sprang auf. Die Kleinen Grauen Mäuse huschten
alle die Kiva-Leiter hoch. Bevor eine von ihnen den Stock zu spüren

Ein Kachina-Priester steigt in den Kiva

bekam, waren sie alle draußen. Doch nun auf ihrer Flucht nach Hause zum Mäuseberg merkten sie, daß der Alte Dachs ihnen immer näher kam. Sie konnten einfach nicht so schnell laufen wie er. Deshalb zerstreuten sie sich schnell in alle Winde über die ganze Wüste. Jede fand irgendwo ein Loch, in dem sie sich verstecken konnte.

Das ist der Grund, warum die Kleinen Grauen Mäuse heute überall im Land der Hopi leben.«

*Walter Collins O'Cane: Sun in the Sky, S. 176 f.*

# Hopi-Kosmos

»Die Hopi begreifen den Kosmos als eine komplexe geordnete Struktur, die durch ein innewohnendes logisches Prinzip reguliert wird. Entsprechend der Hopi-Ideologie sind alle Phänomene, die für das Leben der Hopi wichtig sind – einschließlich des Menschen, der Tiere und Pflanzen, der Erde, der Sonne, des Mondes und der Wolken, der Vorfahren und der Geistwesen – infolge eines eingeborenen dynamischen Gesetzes miteinander verflochten und voneinander abhängig. Nach diesem Gesetz arbeiten die verschiedenen Ordnungen und Subordnungen des umfassenden universalen Planes zusammen für das gemeinsame Wohl, indem sie Werte oder Dienste untereinander austauschen, die zwar im wesentlichen gleichrangig, jedoch nicht identisch sind. Der Mensch, die Elemente, die Tiere, die Pflanzen und die übernatürlichen Mächte beeinflussen sich gegenseitig in einer geordneten Art und Weise, mittels einer komplexen Menge sich ergänzender Wechselbeziehungen, zum Wohle aller. So ist der Hopi-Kosmos schon von sich aus ein harmonisch zusammenarbeitendes Ganzes ...

In diesem System hat jedes Individuum – ob es nun menschlich oder nicht menschlich ist – seinen eigenen Platz in Beziehung zu allen anderen Phänomenen; und jedes hat eine bestimmte Rolle zu spielen in der kosmischen Ordnung. Das ganze Spektrum funktioniert jedoch nicht mechanisch, da der Mensch eine besondere Rolle darin spielt. Das nichtmenschliche Universum wird – entsprechend der Hopi-Theorie – automatisch geleitet durch das Prinzip der Gegenseitigkeit und der Wechselwirkung; der Mensch ist jedoch darin ein Mitspieler mit eigener Verantwortung, der seine Funktion vielleicht richtig erfüllt – vielleicht aber auch nicht. Während die Welt der Natur gehalten ist, auf bestimmte Anreize in einer bestimmten vorgegebenen Art zu reagieren, hat der Mensch einen Spielraum an Wahl. Und er hat auch die Macht, Reaktionen hervorzulocken. In dieser Weise kann der Mensch – im Gegensatz zur nichtmenschlichen Welt – ein bestimmtes, begrenztes, aber positives Maß an Kontrolle über das Universum ausüben. Ja, die Hopi glauben nicht nur, daß der Mensch das Funktionieren der äußeren Natur bis zu einem bestimmten Grade positiv beeinflussen kann; sie meinen auch, daß das harmonische Funktionieren des Universums in dem Maße beeinträchtigt wird, in welchem der Mensch diese Aufgaben versäumt. Für die Hopi hängen die Bewegungen der Sonne, das Kommen des Regens, das Wachsen vieler Feldfrüchte, die Fortpflanzung von Tier und Mensch wenigstens bis zu einem bestimmten Grade davon ab, ob der Mensch richtig, vollständig und aktiv an der Erfüllung des kosmischen Gesetzes teilnimmt ...

In der Hopi-Sprache bedeutet das Wort für ›beten‹ auch ›wollen‹. Und ein richtiges Verständnis des ›Beten-Wollens‹ der Hopi, für das es im Englischen nichts Entsprechendes gibt, ist wesentlich für das Verständnis der Kultur und des Charakters der Hopi. Der Erfolg des einzelnen Menschen im Leben, die Wohlfahrt des Stammes und bis zu einem gewissen Grade auch das reibungslose Funktionieren der ganzen kosmischen Ordnung – dieses alles hängt davon ab, daß der Mensch mit seinem ganzen Herzen und mit seinem ganzen Willen die Regeln erfüllt, und zwar in Zusammenarbeit mit seinen nichtmenschlichen Partnern.

Die traditionelle Philosophie der Hopi schreibt also dem Menschen eine zielgerichtete und kreative Rolle im Universum zu – eine Rolle, die von der Entwicklung seines Wollens abhängig ist. Das Universum wird nicht verstanden als eine Art Maschine, die den mechanischen Gesetzen und dem blinden Zufall preisgegeben ist. Es wird auch nicht verstanden als ein System sich gegenseitig feindlich bekämpfender Kräfte, die um ihre Existenz ringen. Es ist vielmehr ein harmonisches, integriertes System, das nach dem Prinzip immanenter Gerechtigkeit funktioniert und in dem der Wille des Menschen die Schlüsselrolle spielt.«

*Laura Thompson: Logico-Aesthetic Integration in Hopi Culture,*
*S. 540-542*

# Eine andere Rationalität – ein anderes Modell des Universums

Ein amerikanischer Ethnologe, der sich vor allem mit den Navajo- Indianern intensiv beschäftigt hat, ist Gary Witherspoon. Er ist im Grunde ein Kulturphilosoph. Er geht dem nach, was die Grundlage einer Kultur bildet; und er untersucht die Maßstäbe und die Prinzipien, nach denen Menschen einer Kultur die Äußerungen und Darstellungen einer anderen Kultur beurteilen – oder auch nicht beurteilen – können. Mit dem so von ihm erarbeiteten geistigen Instrumentarium hat er sich gelegentlich auch mit der Kultur der Hopi beschäftigt.

In dem folgenden Text geht es zunächst um ein bei den Hopi und bei Hopi-Kennern immer noch gern kolportiertes Ereignis aus der Zeit nach dem II. Weltkrieg: Damals wetteiferten Wissenschaftler einer amerikanischen Universität mit den Hopi um den besseren Maisanbau auf der Reservation. Natürlich waren die weißen Forscher überzeugt, daß ihre Wissenschaft ihnen einen großen Vorsprung geben würde und sie so auch die Hopi zu rationelleren Methoden des Maisanbaus führen könnten.

Doch es kam ganz anders. Während die Maispflanzen der Wissenschaftler verdorrten, gediehen die der Hopi prächtig. Und im Unterschied zu den Weißen hatten die Hopi auch eine Erklärung für diese Entwicklung, wie der folgende Text verrät. Witherspoon nimmt dieses Geschehnis nun zum Anlaß, nach den Grundlagen für unser Verstehen – oder Nichtverstehen – anderer Kulturen zu fragen. Er fragt also nicht: Wie haben das denn die Hopi gemacht; und stimmt ihre Erklärung? Vielmehr stellt er sich und uns die Frage: Aus welchen Gründen und mit welchem Recht neigen wir dazu, die von den Hopi gegebenen Erklärungen als subjektiv und irrational abzulehnen?

Der folgende Text ist dem Aufsatz Witherspoons über ›Relativismus in der ethnographischen Theorie und Praxis‹ entnommen. Diese Abhandlung ist erschienen in dem Sammelband »Der Wissenschaftler und das Irrationale«, 1. Band, herausgegeben von Hans Peter Dürr, Frankfurt/M. 1981, S. 98-125:

»... unser Bemühen um ein Verständnis der landwirtschaftlichen Praktiken der Hopi-Indianer.

Nachdem der Zweite Weltkrieg die Wirtschaft der USA wieder aus der Talsohle herausgeführt und der Marshall-Plan den Wiederaufbau Europas ermöglicht hatte, waren bestimmte Regierungsbeamte in Washington der Ansicht, es sei nunmehr an der Zeit, einigen Eingeborenen des eigenen Landes zu helfen, vor allem, weil viele der Ureinwohner der Staaten wertvolle Beiträge zur Kriegsführung geleistet hatten. Ganz besondere Aufmerksamkeit wurde den Hopis und den Navajos zuteil, die noch kaum damit begonnen hatten, sich der übrigen amerikanischen Gesellschaft anzupassen und demnach als die Ärmsten der Armen betrachtet wurden, weil sie noch in keiner fühlbaren Weise an den Segnungen der neuzeitlichen Technik teilhatten ...

Washingtons Anteilnahme an den Sorgen und Nöten der Navajos und Hopis konkretisierte sich in einem Gesetz, das unter dem Namen »Navajo-Hopi Rehabilitation Act« bekannt wurde. Was die Gesetzgeber unter anderem am meisten irritierte, war die Tatsache, daß es noch immer Hopis gab, die ihre Felder mit Grabstöcken bestellten, und daß die modernste Ausrüstung überhaupt, die sich bei dem einen oder anderen Hopi fand, aus Hacken und Schaufeln bestand. Als Antwort auf diese tragische Situation nahm der Kongreß auch noch ein Hilfsprogramm zur Modernisierung der Hopi-Landwirtschaft in das Gesetz auf.

Die Erfolge dieses Programms sind mittlerweile Legende. Die neuesten wissenschaftlichen Erkenntnisse der Agronomie, Boden- und Zuchtpflanzenkunde sowie die jeweils besten Maschinen, die von der modernen Technik entwickelt werden konnten, alles vereinte sich zu einem gemeinsamen Bemühen, dem nichts vergönnt war außer einem kläglichen Scheitern. Jedes Jahr beobachteten die Experten aufs neue, wie ihre Pflanzen früh auskeimten, emporwuchsen und schließlich verwelkten und verdorrten, ohne überhaupt erst ausgereifte Ähren hervorgebracht zu haben. Die heiße, trockene und windreiche

Umwelt der Hopis war anscheinend eine zu große Herausforderung. Nach einigen Jahren wurde das Projekt aufgegeben ... Es ist interessant und wichtig festzuhalten, daß während all dieser Jahre voller mißlungener Versuche der Wissenschaftler die Ernten der Hopis in der üblichen Größenordnung gediehen. Die Getreidehalme der Hopis verwelkten nicht, und die Ähren waren groß und voll entwickelt. Für sie war es eine überreiche Ernte. Die ganze Zeit über achteten die Hopis wenig auf die Wissenschaftler und deren Helfer. Sie baten sie weder um Rat, noch boten sie ihnen einen solchen an. Die Wissenschaftler beobachteten ihrerseits, daß das Getreide der Hopis nicht verdorrte wie das, das sie selbst ausgesät hatten.

Nachdem sie jede nur denkbare Modifikation vorgenommen hatten, waren einige Wissenschaftler am Ende ihrer Versuche verwirrt und neugierig genug, einen der Hopibauern um eine Erklärung dafür zu bitten, warum die Saat der Hopis zu einer Ernte führte, die der Wissenschaftler dagegen nicht. In einer für die Hopis typischen, ruhigen, beiläufigen und höflichen Weise kam die Antwort: ›Der Unterschied ist einfach: wir besingen unser Getreide.‹

Aus den ethnographischen Berichten ergibt sich, daß die Hopis nicht nur ihr Getreide, sondern auch ihre anderen Feldfrüchte besingen. Die drei Phasen der Schöpfung – Keimung, Wachstum und Reifung – werden in drei ausgiebigen Ritualen nicht nur durch Gesang, sondern auch durch Meditation und rituelle Handlungen für die Unterwelt im Winter und für die Oberwelt im Sommer von den Hopis dargestellt. In der Hopi-Folklore gibt es eine Geschichte, wie wichtig das Singen für das Wachsen der Pflanzen ist:

Das Eichhörnchen setzte einen Sonnenblumenkern mitten auf der Plaza in die Erde. Aber die Macht des Gesanges des Volkes ließ es wachsen. Wenn sie innehielten, um Atem zu schöpfen, wuchs die Sonnenblume nicht weiter, und die Spinnengroßmutter rief: ›Singt! Singt!‹ Und sobald sie wieder zu singen begannen, wuchs auch die Sonnenblume weiter.

Wie kann der Ethnograph für seine ethnographische Deskription und Analyse das Verhalten eines Hopi-Bauern interpretieren, der sein Getreide besingt? ...

Wenn wir Hopis beobachten, die ihr Getreide besingen, so versuchen wir, dieses Verhalten unserer eigenen empirischen oder wissenschaftlichen Sehweise entsprechend zu verstehen und zu rationalisieren. Von unserer Weltanschauung her ist dieses Verhalten der Hopis irrational. Darum etikettieren wir es als magisches Ritual, und auch unsere Erklärung dafür, warum die Hopis sich irrational verhalten, folgt unserer Vorstellung von Rationalität. Wir können z.B. mit Malinowski sagen, sie seien durch eine höchst törichte Hoffnung irregeleitet, oder Mary Douglas darin zustimmen, daß die Hopis gar nicht wirklich versuchen, das Getreide besser wachsen zu lassen, sondern ihrem Leben mehr Sinn geben möchten. Die erste Erklärung wirkt ziemlich herablassend, die zweite reichlich gönnerhaft.

Beide Theorien werden offenbar durch die merkwürdige Tatsache kaltgestellt, daß das Getreide, das besungen wurde, eine reichliche Ernte einbrachte, während die Pflanzen, die nicht besungen wurden, nur geringe oder überhaupt keine Frucht trugen. Angesichts dieser Umstände versuchen wir sofort, sie zu leugnen oder unglaubwürdig zu machen, oder wir sagen, daß sie nicht das bedeuten, was sie zu bedeuten scheinen. Unserem Glaubenssystem entsprechend konnte es unmöglich der Gesang der Hopis sein, der ihre Halme fruchtbarer machte als die der Agrarexperten. Unser emotionales Bedürfnis nach

Bestätigung, daß die Welt sich nach wie vor im Rahmen unserer Metaphysik verstehen und erklären läßt, wird zum vordringlichen Ziel unserer theoretischen Überlegungen zu dieser Angelegenheit. In dieser unsicheren kognitiven Situation entwickeln wir ein stärkeres Interesse daran, uns selbst und andere davon zu überzeugen, daß das betreffende Phänomen innerhalb der akzeptierten Ordnung aller Dinge erklärt werden kann, als daran, das Verhalten der Hopis oder des Getreides zu verstehen.

Selbstverständlich haben wir ein Interesse daran, etwas über die Hopis zu erfahren, aber nur im Rahmen unserer Theorien und Überzeugungen. Natürlich sind wir daran interessiert, einige Dinge von den Hopis zu lernen, aber nur unter der Bedingung, daß dieses Lernen unseren primären metaphysischen Annahmen über die Beschaffenheit der Welt nicht widerspricht. Demgemäß wird Anthropologie nicht zu einem Bemühen um ein Verständnis anderer Kulturen und um Lernerfahrungen in diesen, sondern zur dogmatischen Behauptung, alle Kulturen könnten entsprechend den erkenntnistheoretischen Annahmen einer einzigen Kultur verstanden werden. Das Ergebnis ist ein simpler, vulgärer und bornierter Reduktionismus. Wir reduzieren sämtliche Kulturen auf die Kategorien einer einzigen. Statt unsere Sicht der Welt zu erweitern, verkleinern und verbiegen wir die Welt, bis sie unserer engen Auffassung von ihr entspricht …

Wir gelangen aber nicht zu einem Verständnis von anderen, indem wir eine Affinität zwischen unseren Überzeugungen und ihrem praktischen Tun feststellen, sondern indem wir die Entsprechung zwischen ihrem Tun und *ihren* Überzeugungen sehen.

Daß die Hopis ihr Korn besingen, rührt weder aus Irrationalität noch aus Verzweiflung, so wenig wie aus einer höchst törichten Hoffnung oder aus dem Bedürfnis nach Sinn. Der allein wirtschaftende Hopi-Bauer, der sein Getreide besingt, hat kaum ein Interesse am sozialen oder kommunikativen Aspekt seines Gesangs. Er versucht einzig und in erster Linie *sein* Leben und *seine* Ernte zu verbessern. Sein Verhalten leitet sich aus einer anderen Metaphysik als der uns bekannten ab, und wir werden nie imstande sein, sein Verhalten zu verstehen, solange wir seine metaphysische Ausrichtung nicht verstehen. Wie sieht nun seine Metaphysik aus?

Meine Felderfahrung mit der Sprache der Hopi-Kultur ist nicht zureichend, um eine Darstellung der kulturellen Voraussetzungen zu geben, die den landwirtschaftlichen Praktiken der Hopis zugrunde liegen, und eine solche Darstellung findet sich auch sonst nirgends in der ethnographischen Literatur. Indem ich jedoch die eigenen Erfahrungen mit denen verbinde, die sich aus der Literatur zusammentragen lassen, möchte ich versuchen, die eine oder andere Richtung anzugeben, die eine angemessene Erklärung einschlagen könnte.

Für die Hopis sind Denken, Sprechen und Singen allesamt schwingungsähnliche Erscheinungen, und sie sind wesentlich mit Sein und Handeln verknüpft. Alle lebenden Wesen haben Teil an einer Ordnung, in der alles mit allem zusammenhängt, und alle Wesen sind für die Gedanken, Gefühle, Reden und Gesänge von menschlichen Wesen bald mehr, bald weniger stark empfänglich. Harmonie und Ordnung in der Umwelt können nur aufrechterhalten werden, wenn die Hopis in angemessener und harmonischer Weise denken, fühlen, sprechen und singen. Harmonie, Ordnung und Gleichgewicht im Universum zu erhalten, ist eine der wichtigsten Aufgaben, die den Hopi von ihren Gottheiten aufgetragen wurden. Traditionsbewußte Hopis sehen sich deshalb nicht nur als die Hüter ihres eigenen Wohlergehens, sondern als Hüter allen Lebens schlechthin und fühlen sich darin von Mutter Erde unterstützt. Die traditionellen Hopis nehmen diese Verantwortung ernst und verbringen einen großen Teil ihrer Zeit mit rituellen Verrichtungen, die von ihnen als Fürsorger für die Umwelt verlangt werden ...

Die Hopis sind davon überzeugt, daß die schwingungsähnlichen Phänomene des menschlichen Denkens, Sprechens und Singens von den Wesen und Geistern verspürt werden können, die das Wachstum des Korns beeinflussen, aber auch von den

Pflanzen selbst … Das Hopi-Modell des Universums geht von zwei großen kosmischen Formen aus: dem Manifestierten und dem Manifestierenden (oder Unmanifestierten). Dem Manifestierten entspricht alles, was objektiviert oder realisiert ist. Das Unmanifestierte ist das, was in embryonaler Form im Denken oder in den inneren Strukturen zahlreicher Wesenheiten, Samenkeime, Tiere und Menschen enthalten ist …

Im Hopiverb *tunátya* ist viel von der Philosophie der Hopis enthalten. Es ist der Begriff, der sich auf das Subjektive bezieht – auf jene innere Struktur, aktivierende Kraft, kausale Dimension des Universums, die in beständiger Gärung hin zur Vollendung begriffen ist oder nach Manifestierung strebt. Es ist die innere und gestaltete Energie aller Dinge, die unentwegt zum Reich des Objektiven und in dieses hinein drängt:

›Wie jeder Kenner der Hopigesellschaft weiß, sehen die Hopis diese keimtreibende Aktivität im Wachsen der Pflanzen, in Wolken- und Regenbildung, in der sorgfältigen Vorbereitung der kommunalen Tätigkeiten der Landwirtschaft und des Bauens, in allem menschlichen Hoffen, Wünschen, Streben und Nachdenken und ganz besonders konzentriert im Gebet. Daher das ständige hoffende Beten der Gemeinde …‹ (Whorf: Language, Thought and Reality, Cambridge, Mass. 1956, S. 55).

Für den Hopi sind Denken, Singen, Beten und Tanzen Manifestationen des inneren Wollens im Menschen. Indem er das Korn besingt, scheint der Mensch die Macht des Korns und die seines Willens miteinander zu vereinigen. Die Schwingungen und die Energie seines Denkens und Singens werden dem Getreide und den Wesen und Prozessen übermittelt, die dem Korn in seinem Wachstum behilflich sind.

Die mächtigsten Formen des Wollens und Singens finden sich im gemeinschaftlichen Denken und Singen. Genau dies geschieht in Hopiritualen, die dem Zweck dienen, allen Saaten zu helfen, daß sie keimen, wachsen und Frucht tragen. Um nichts anderes geht es in den Wuwuchim-, Soyál- und Powamu-Zeremonien. Sie vereinigen den Willen und die geistigen Energien des Menschen mit den inneren Organismen und Empfänglichkeiten aller Schöpfung. Diese Zeremonien sind es, mit denen der Hopi die Harmonie in seiner Umwelt erhält und erneuert und dem Korn in seinem Wachstum bis zur Reifung der Frucht hilfreich zur Seite steht.

In diesem Zusammenhang erinnere ich mich noch an das erste Hopiritual, dem ich mit einigen meiner Navajofreunde beigewohnt habe. Sie waren die Gäste ihrer Hopifreunde. Es war eine merkwürdige, staunenerregende und überwältigende Szene. Plötzlich traten die Tänzer ans Tageslicht, heraus aus der Erde, heraus aus ihren unterirdischen Tempeln. Harmonisch und zutiefst konzentriert bewegten sie sich auf und nieder und stampften zu einem gleichmäßigen Takt mit gebeugten Knien auf den Boden. Mit ihren nach oben gerichteten Gesten zogen sie symbolisch die Nährstoffe aus der Erde in die Getreideschößlinge. Danach schütteten sie bei verändertem Rhythmus mit erhobenen Köpfen symbolisch Regen vom Himmel, um das Wachsen des Korns zu unterstützen.

In dieser Weise tanzten sie Stunden um Stunden, ohne in ihren Kräften nachzulassen, nur unterbrochen von sehr seltenen Pausen. Ihr Wollen und ihre geistigen Energien schienen sich miteinander und mit der ganzen Schöpfung zu vereinigen. Es war eine Form der Andacht, die ich bis dahin noch nie erlebt hatte.Es war kein Bittgebet; es war nicht das Anflehen einer persönlichen Gottheit; es war geistige und gemeinschaftliche Energie, die sich selbst zur Entäußerung zwang. Sie bewegten und dirigierten die Lebenskräfte, die dem Menschen und aller Schöpfung innewohnen, und ihr Verlangen folgte den Gesetzen, denen ein Austausch der Energien unterliegt, die in jedem Menschen schlummern.

Diese Schilderung der Sprache, Denkweise und der Rituale der Hopis, soweit sie sich auf landwirtschaftliche Praktiken beziehen, insbesondere das Besingen und Besprechen des Getreides, ist als Zusammenfassung einiger Anregungen gedacht, die vielleicht zu einer angemesseneren Erklärung des Phänomens führen. Das Verhalten der Hopis leitet sich aus einer anderen Rationalität und Sicht der Dinge ab, als sie den meisten Angehörigen westlicher Kulturen vertraut sind. Eine solche Spielart von Rationalität vermögen wir uns nur schwer anzueignen, aber ein Versuch, etwas darüber zu erfahren, mag für uns selbst wie für unser Verständnis der Hopis durchaus von Nutzen sein. Ob wir das Verhalten der Hopis, die ihr Korn besingen, als Pseudowissenschaft ansehen, die auf Unwissenheit beruht und von Verzweiflung getragen ist, oder ob wir es als rational und abgeleitet aus einem eingehend und verständnisvoll entwickelten Modell des Universums einschätzen, hängt von der metaphysischen Perspektive ab, unter der wir es betrachten. Im Licht der positiven Wissenschaft, cartesianischen Philosophie und abendländischen Metaphysik erscheint die erste der beiden Beschreibungen zutreffend, im Licht der Philosophie, Metaphysik und der Theorien der Hopis hingegen die zweite ...

Für mich steht es außer Frage, daß die Interpretation der landwirtschaftlichen Praktiken der Hopis als Pseudowissenschaft nichts anderes als das Ergebnis des eigenen Unvermögens darstellt, die Theorien und Triebkräfte der agronomischen Wissenschaften der Hopis zu verstehen ...

Unabhängig davon, ob wir die Auffassung der Hopis über die Verfahren, die beim Anbau von Getreide eine Rolle spielen, als gültig, plausibel, Respekt abnötigend oder als gänzlich fehlgeleitet ansehen: Es steht doch außer Frage, daß die Hopis selbst ihr Verhalten weder als magisch noch als irrational ansehen. Was sie tun, ist im Rahmen ihrer eigenen kulturellen Voraussetzungen rational.«

# 9. Religion und Spiritualität

## Morgengebet eines Hopi

John Lansa war ein Hopi aus Old Oraibi, der etwa um die Jahrhundertwende geboren wurde. Obwohl er weder ein religiöser noch ein politischer Führer seines Volkes war, genoß er außerordentlich hohes Ansehen. Seine Rechtschaffenheit, seine Geradheit, seine Intelligenz, seine traditionelle Religiosität sicherten ihm die Hochschätzung nahezu aller Menschen, die ihn kannten.

Als ich ihn Anfang der achtziger Jahre in Old Oraibi kennenlernte, arbeitete er noch selbst auf seinen Maisfeldern und fertigte zu Hause Mokassins nach überlieferter Art und Weise an. Er war ein alter weiser Mann, der mit Hilfe weißer Freunde ein gutes Stück der Welt gesehen hatte und dessen Rat sowohl von traditionell wie von fortschrittlich eingestellten Hopi gesucht wurde.

Der weiße Amerikaner Frank Waters schreibt in seinem Buch »Pumpkin Seed Point« (S. 76 f.), wie er John Lansa einmal bei einer Wanderung zu einem heiligen Schrein der Hopi begleiten durfte. Dabei verbrachten sie auch eine Nacht in einem Motel:

»John und ich teilten ein Zimmer in dem Motel, wo wir die Nacht verbrachten. Schon vor der Morgendämmerung war er auf, um die aufgehende Sonne zu grüßen. Sein Gebet folgte ganz der alten Überlieferung, und es war wundervoll, ihn dabei zu beobachten. Barfuß und mit nacktem Oberkörper stand er in der offenen Tür, nach Osten gewandt. Das erste tiefe Gelb, das am Himmel erschien, war der Blütenstaub der Sonne. Viermal fuhr er mit der Höhlung seiner Hand über den Horizont, sammelte diesen Blütenstaub der Sonne in seiner Hand und führte diese zu seinem Mund. Dies war Nahrung für seinen Körper. Als die Sonne dann langsam aufging, atmete er viermal ganz tief, um sein Herz und sein Inneres zu reinigen. Dann breitete er die ersten Strahlen der Sonne viermal über sich aus, von Kopf bis Fuß, und kleidete sich in ihre Kraft. Schließlich, als die Sonne sich ganz erhoben hatte, wandte er ihr sein Gesicht zu und gemahnte sich daran, seinen Gesichtsausdruck und seine Körperhaltung erfüllt, gütig und heiter zu bewahren – wie das Antlitz der Sonne. Dabei war sein Körper schlank, aufrecht und rot-braun; ... er war gerade und rein wie die Strahlen der Sonne selbst.«

# Der Glaube der Hopi

»Die Hopi glauben, daß Gott und Natur eins sind und daß ihr Universum gänzlich verläßlich ist, wenn man in der richtigen Weise an es herantritt.

Jeder Gegenstand besitzt eine Seele oder einen Geist. Dieser kann veranlaßt werden, zugunsten der Hopi Fürsprache einzulegen.

Wenn man es versäumt, die geforderten (rituellen) Pflichten zu erfüllen, so wird das bedrückende Folgen haben.

Doch wenn man die rituellen Handlungen in der richtigen Form und mit gutem Herzen ausführt, dann werden diese die Unterstützung aller übernatürlichen Wesenheiten sicherstellen.«

(»The Hopi believe that God and nature are one and that their universe is totally reliable if properly approached.

Every object possesses a spirit or animus that can be coerced to intercede in behalf of the Hopi. The failure to perform the required duties will bring distressing results, but if properly performed with a good heart such ritual actions assure cooperation of all supernatural beings.«)

*Ein Hopi-Glaubensbekenntnis, das im Hopi-Museum auf der Zweiten Mesa der Hopi-Reservation im Sommer 1987 zu lesen war.*

»Egal wie arbeitsreich der Tag ist oder wie die Umstände sein mögen: Die Hopi scheinen niemals unter Druck zu arbeiten. Und es gibt keine Tätigkeit, die ohne ein passendes Gebet unternommen wird. Dieses Gebet besteht vielleicht aus einem Lied, vielleicht aus einem nahezu unhörbaren Murmeln einiger Worte; oder es besteht vielleicht darin, daß eine Gebetsfeder aus weichem Adlerflaum oder ein Gebetsstäbchen, das recht kompliziert gebaut ist, aufgestellt wird. Gebet durchdringt alles Tun der Hopi.«

*Harry C. James: Pages from Hopi History, S. 123 f.*

# Naturreligionen

»Bei einem Naturvolk ist Religion eine praktische Angelegenheit und ein auffallendes Element in der Kultur der Gruppe. Sie ist einer der Mechanismen, welche die Fortdauer der Gemeinschaft garantieren. Darum spielt Ethik – in unserem Verständnis – dabei vielleicht gar keine Rolle. Auch beschäftigen sich Naturvölker nicht mit den religiösen Überzeugungen anderer. Für sie ist ein religiöses System etwas Ähnliches wie eine bestimmte Art der Nahrungsproduktion. Weil die Hopi nun mal von Tieren und von Farmprodukten leben, ist das für sie noch längst kein Grund zu erwarten, daß alle anderen Menschen auch von Tieren und Farmprodukten leben. Auch sehen die Hopi überhaupt keinen Grund, warum sie ihre Glaubensüberzeugungen anderen aufdrängen sollten; oder warum andere Religionen als unzulänglich beurteilt werden sollten; oder warum alle Völker der Erde einem einzigen Glauben anhangen sollten. Darum erscheinen die Religionen von Naturvölkern so ›tolerant‹. Gibt es eine Naturreligion, die versucht, andere Menschen zu bekehren? Ich glaube, daß so etwas erst auftritt bei intellektuell verfeinerten und bewußt ausgearbeiteten Religionen; es ist also wohl ein spätes Element in der Weltgeschichte.«

*Mischa Titiev: The Hopi Indians of Old Oraibi, S. 280*

»*Religion ist* ein integrierender Teil allen Hopi-Lebens; sie ist das Zentrum, um das alles Leben kreist; sie ist der große leitende und motivierende Einfluß, der hinter jedem Gedanken und jeder Tat eines Hopi steht. Sie wird akzeptiert als eine unbezweifelte und unwandelbare Norm des Lebens und der Kultur, nach der jedes einzelne Kind und jeder einzelne Erwachsene lebt. ›So ist es immer gewesen.‹«

*Ruth D. Simpson: The Hopi Indians, S. 32*

Ein Hopi schmückt eine Kachina →

# Von der Heiligkeit der Erde:
## Das religionsphilosophische System der Hopi

»Das religionsphilosophische System der Hopi ist außerordentlich hoch entwickelt, ganz egal welchen Maßstab man anlegt. Im Kern betrachten die Hopi die Erde als eine weibliche Wesenheit aus verbundenen Energiesystemen, die in einer geordneten Art und Weise bewahrt werden muß. Wenn diese Energien gestört werden, dann wird das Ganze aus dem Gleichgewicht geworfen, und eine Katastrophe ist das Ende. Diese extrem vereinfachte Version der Hopi-Philosophie ist eingebettet in ein reiches mythisches Gewebe, das nur von einem gebürtigen Hopi begriffen werden kann. Es enthält jedoch Regelungen, die von unschätzbarem Wert sind für unsere eigene Kultur.

Denn wir haben das Gewebe unserer Umwelt aus dem Gleichgewicht geworfen; und es droht eine Katastrophe, wenn wir nicht alles tun, um unsere gegenwärtigen kulturellen Bestrebungen zu ändern. Die Hopi bewahren ihr System durch einen tiefen Glauben an ihre mythische Struktur, die von der Heiligkeit der Erde ausgeht. Wir haben dagegen unsere Weltansicht im wesentlichen polarisiert und betrachten deshalb die Biosphäre als ein Reservoir von Naturschätzen, das zu unserer Ausbeutung zur Verfügung steht.

Die Hopi messen ihre Lebensqualität durch einen Blick nach innen und durch erfolgreiche Teilnahme an den Zeremonien, bei denen sie Aspekte ihrer mythischen Struktur praktizieren. Unser kultureller Maßstab ist begrenzter, und wir messen im wesentlichen nur Körperlich-Physikalisches. Die Hopi sind ihrem mythischen Prozeß verpflichtet; wir ergehen uns in technologischen Phantasien.«

*Jack Loeffler: The Shaman's Wisdom;*
*Myths and Techno-Phantasies, No. 1*

## Der entscheidende Unterschied

»Ein Hopi-Freund drückte es einmal so aus: ›Die Sonne, der Mond und die Sterne sind das Werk einer großen Kraft. Diese Kraft schuf sie. Wir sprechen von der Mutter Erde, aber nicht die Erde hat all die Kreaturen geschaffen, die auf ihr leben. Es ist vielmehr dieselbe Kraft, die auch die Sonne, den Mond und die Sterne gemacht hat. Das ist es, was wir verehren – diese Große Kraft.

Wenn in einer traditionellen Heiratszeremonie ein junger Mann und eine junge Frau im Morgengrauen an den Rand der Mesa gehen, um »zur Sonne zu beten«, dann sprechen sie in ihrem Gebet nicht die wirkliche Sonne selbst an, sondern das, was sie bedeutet: die Wärme, die sie der Erde bringt; die lebendigen Pflanzen und Tiere, die sie entstehen läßt; die Möglichkeit für menschliches Leben und menschliche Fortpflanzung, die sie eröffnet. Dieses ist der entscheidende Unterschied …‹«

*Walter Collins O'Kane: The Hopis, Portrait of a Desert People, S. 161 f.*

»*Die Hopi kennen keinen Sabbat* oder Sonntag, der den religiösen Belangen gewidmet ist. Vielmehr hat jeder Tag seine weltlichen Interessen – und zugleich mit ihnen verbunden und verschmolzen sind diejenigen Aspekte, die sich auf die geistige Welt beziehen. Beide Seiten sind nicht zu trennen; die eine ist ein Teil der anderen.«

*Walter Collins O'Kane: The Hopis, Portrait of a Desert People, S. 176*

# Gebet bei der Verabschiedung der Kachinas

Wir kennen die Geistwesen der Hopi: die Kachinas. Nach der Überzeugung der Hopi sind diese helfenden Geister seit Beginn dieser Welt bei ihnen und haben ihnen viele Wohltaten erwiesen. In den Kachinas erkennen die Hopi sowohl geistige Wesenheiten von Mineralien, Pflanzen und Tieren als auch die Seelen verstorbener Menschen.

Da das Wohlergehen der Menschen in dieser trockenen Halbwüstenregion vor allem auch von dem immer kärglichen Regen abhängt, sehen die Hopi ihre Kachinas vor allem in den Wolken repräsentiert, die den Regen bringen. Und die Kachinas werden immer wieder angefleht, den ihnen anvertrauten Menschen, eben den Hopi, genügend Regen zu bringen. – Etwa 100 Meilen südwestlich der Hopi-Reservation sind die San Francisco Mountains in der Nähe der Stadt Flagstaff. Aus dieser Himmelsrichtung kommt auch häufig der Regen zu den Hopi. So betrachten die Hopi die Gipfel dieser Berge als die Wohnstätten ihrer Kachinas.

Um den ihnen anvertrauten Menschen wirksam helfen zu können, verbringen die Kachinas – nach der Auffassung der Hopi – aber etwa die Hälfte des Jahres bei den Menschen in den Hopi-Dörfern. Es ist dies ungefähr die Zeit von der Winter- bis zur Sommersonnenwende, also die Zeit der Aussaat, des Wachsens und Gedeihens der Feldfrüchte. Während dieser Zeit finden in den Dörfern immer wieder Kachina-Tänze statt, bei denen maskierte Männer die Geistwesen repräsentieren.

Man kann sich vorstellen, daß viele dieser Masken-Zeremonien, die von weißen Besuchern großenteils besucht werden dürfen, für uns einerseits sehr fremdartig, andererseits aber auch überaus faszinierend sind. Es ist immer wieder ein großes Erlebnis zu sehen, wie diese maskierten und zeremoniell gekleideten Gestalten mit schweren Schritten aus ihren unterirdischen Kivas auftauchen und dann einen ganzen Tag lang in Hitze und Staub ein für uns weitgehend unbegreifliches Ritual

Hopi-Kachina-Tänzer (um 1900)

auf dem Dorfplatz vollziehen, das von den dumpfen Stimmen
der Männer und von den helltönenden Rasseln in ihren Händen begleitet wird.

Das farbenprächtigste und eindrucksvollste Ereignis dieser Art
ist zweifellos der Niman- (oder Homegoing-)Dance, der immer
nach der Sommersonnenwende, also im Juli, abgehalten wird.

Mit diesem Tanz werden die Kachinas aus den Dörfern verab-
schiedet, damit sie für die andere Hälfte des Jahres zu ihren
Wohnstätten auf den San Francisco Mountains zurückkehren
können. Dieses ist also der letzte Kachina-Tanz des Jahres.
Aber auch weiterhin sollen sie von dort den erbetenen Regen zu
den Lebenden schicken. Dies wird besonders deutlich in einem
Gebet, einem Spruch, der den Kachinas zum Ende des Niman-
Tanzes vom Leiter dieser Zeremonie mit auf den Weg gegeben
wird. Mischa Titiev hat den Wortlaut dieses Spruches im Dorf Old
Oraibi (in seinem Buch »Old Oraibi«, S. 233 f.) überliefert:

> Nun haben wir den Tag beendet.
> Heute morgen habe ich euch gesagt,
> daß wir viel Freude haben würden hier an diesem einen Tag;
> doch jetzt zum Sonnenuntergang müßt ihr nach Hause gehen,
> zu euren Eltern, wie ich euch versprochen habe.
> Nun ist die Zeit gekommen;
> die Sonne hat ihren Ort erreicht;
> ich bin müde – und ihr seid es vielleicht auch.

> Wenn ihr nach Hause kommt zu euren Eltern,
> euren Schwestern und all den anderen Verwandten,
> die auf euch warten:
> Berichtet ihnen all das, was ich euch sagen werde.
> Sagt ihnen, daß sie nicht warten sollen,
> sondern daß sie ohne Zögern kommen
> und Regen für unsere Felder bringen sollen.
> Wir haben nur wenige Früchte auf unseren Feldern,
> doch wenn ihr Regen bringt,
> dann werden sie wachsen und stark werden.
> Dann, wenn ihr ihnen noch mehr Regen bringt,
> werden wir mehr Mais haben
> und mehr Bohnen und mehr Wassermelonen
> und mehr von all den anderen Früchten.
> Wenn dann die Erntezeit kommt,
> werden wir reiche Erträge einsammeln,
> und so werden wir reichlich Nahrung haben
> für den ganzen Winter.

So nun, dieses ist jetzt alles.
Kehrt nun mit frohen Herzen zurück in eure Heimat,
aber vergeßt uns nicht.
Kommt und besucht uns als Regen.
Das ist alles.

*Alle Menschen, wacht auf!*
Öffnet eure Augen!
Erhebt euch!
Werdet Kinder des Lichtes –
voller Leben, aktiv und froh.
Eilt herbei, ihr Wolken,
von den vier Enden der Erde.
Komm herbei, Schnee, in großer Menge,
so daß wir Wasser haben,
wenn der Sommer kommt.
Bedecke die Felder,
damit sie nach dem Pflanzen reiche Frucht bringen.
Alle Herzen sollen froh sein.

Die Gemeinschaft der altehrwürdigen Wesenheiten
wird sich in vier Tagen versammeln.
Tanzend und singend werden sie das Dorf umrunden.
Die Frauen sollen bereitstehen,
um sie mit Wasser zu übergießen,
damit reicher Regen fällt;
damit die Samen heranwachsen;
damit es Nahrung gibt für uns alle.

*Freie Übersetzung der Ankündigung einer*
*Wuwuchim-Zeremonie durch den »Crier Chief«,*
*den Sprecher des Dorfhäuptlings.*

219

# Der Schlangentanz

»Ziehen Sie sich ordentlich an, so wie Sie es tun würden, wenn Sie einen Gottesdienst in Ihrer eigenen Kirche besuchen wollten …

Regenschirme sind nicht zugelassen. Wenn Sie Schatten haben möchten, dann helfen Sie den Tänzern durch stille Gebete, Wolken herbeizubringen …

Dies ist unser Dorf, unsere Religion und unsere Lebensform; und wir sind darauf bedacht, diese auf jede nur mögliche Art zu bewahren.«

*Aus dem Informationsblatt, das anläßlich des Schlangentanzes in Shungopovi auf der Hopi-Reservation am 20. und 21. August 1982 an die Besucher verteilt wurde.*

Ohne Zweifel ist der Schlangentanz unter all den vielgestaltigen und eindrucksvollen religiösen Zeremonien der Hopi die berühmteste. Das liegt wohl vor allem an dem Schauder, den das Tanzen mit lebendigen Schlangen bei Menschen anderer Kulturen auslöst. So lockte der Schlangentanz bis vor wenigen Jahren die größten Zuschauermengen in die Hopi-Dörfer. Ich selbst habe den Tanz 1982 erlebt.

Als wir am Morgen des Tages in das Dorf Shungopovi kamen, erhielten wir von Hopi-Ordnern ein Blatt Papier mit genauen Anweisungen für unser Verhalten. Dazu gehörten auch die oben – als Einleitung dieses Kapitels – abgedruckten Regelungen. Irgendwelche Aufzeichnungen in Bild oder Ton wurden natürlich – wie bei allen religiösen Hopi-Zeremonien – absolut verboten. Inzwischen ist es für weiße Besucher nicht mehr möglich, den Schlangentanz auf der Hopi-Reservation zu beobachten. Seit dem Jahre 1986 sind nur noch indianische Besucher zugelassen. Als Begründung wird von den Hopi genannt, daß die große Zahl der Besucher im Widerspruch zu dem religiösen Anliegen der Zeremonie stehe und ihre ordnungsgemäße Durchführung gefährde.

Früher gab es Schlangen-Zeremonien bei mehreren Völkern in Nord- und Südamerika. Die Schlange ist bei vielen archaischen Völkern ein altes Symbol, das u.a. für Feuchtigkeit, für Fruchtbarkeit, für weibliche Weisheit und Reife und auch für die Erde steht. Auch wir kennen dieses Symbol aus der Paradiesgeschichte des Alten Testamentes. Dort wird allerdings Feindschaft gesetzt zwischen der Frau und der Schlange und zwischen beider Nachkommenschaft: ein Zeichen für die vielfache Ferne zwischen Mensch und Tier im Alten Testament; und vielleicht auch ein Zeichen für die aufkommende patriarchalische Religion dieses Buches, die sich gegen matriarchalische Kulte wendet. Wahrscheinlich ist das Schlangensymbol das bedeutendste und wohl auch älteste aller Tiersymbole. – Heute sind die Hopi das einzige Volk in beiden Teilen Amerikas, das dieses religiöse Ritual noch bewahrt hat. Und auch bei den Hopi wird es nur noch in zwei Dörfern gefeiert, die einander bei der Durchführung dieses Tanzes Jahr um Jahr ablösen.

Ich habe hier eine Darstellung des Schlangentanzes gewählt, die auf einen Bericht des amerikanischen Ethnologen J. Walter Fewkes zurückgeht. (Dr. Fewkes besuchte die Hopi-Reservation wiederholt im letzten Jahrzehnt des 19. Jahrhunderts. Sein Bericht über die Schlangenzeremonie erschien im »Journal of American Ethnology and Archaeology«, Vol. IV, 1894, S. 106-110.) Wichtig war mir dabei, daß hier nicht nur der Schlangentanz selbst beschrieben wird, sondern daß auch die tagelangen Vorbereitungen dazu angesprochen werden. Außerdem wird in einem ersten Teil der Mythos nacherzählt, der dem Ritual zugrunde liegt. So erfahren wir, wie nach Auffassung gläubiger Hopi der Schlangen-Clan gegründet wurde; welche Bedürfnisse und Anliegen der Entwicklung dieses Clans zugrunde lagen; und welche Erwartungen noch heute mit dem Zeremoniell verbunden werden.

Aus der folgenden Darstellung ergibt sich, daß nicht die Schlangenpriester alleine den Schlangentanz aufführen, sondern daß daran immer auch die Antilopen-(oder Gabelbock-)Priester teilnehmen. Diese beiden Gruppen stehen in einer bestimmten Relation zueinander, welche man mythisch oder auch psychologisch deuten kann. Wichtig ist jedoch, daß die Antilopen-Priester zwar selbst nicht mit Schlangen tanzen, daß sie aber während des Schlangentanzes gewissermaßen einen Rahmen oder Hintergrund des Tanzes (und manchmal auch Hilfestellung dabei) bieten. – Außerdem besteht eine Relation zwischen Schlangenzeremonie und Flötenzeremonie: In keinem Dorf wird/wurde die Schlangenzeremonie in jedem Jahr abgehalten, sondern sie alternierte – und alterniert heute – immer mit der ebenfalls sehr eindrucksvollen Flötenzeremonie. Die Gründe hierfür werden von verschiedenen Menschen unterschiedlich angegeben und müssen hier außer acht bleiben.

Die Wanderung des Häuptlingssohnes zu den Schlangen, wie sie im Schlangenmythos erzählt wird, zeigt ein ähnliches Muster, wie es auch bei der Gründung anderer Zeremonien und anderer Clane zu finden ist: Menschen kehrten in mythischer Vergangenheit bei bestimmten Tieren ein, verwandelten sich selbst in solche Tiere – oder erlebten zumindest, daß diese Tiere zwischen menschlicher und tierischer Gestalt von Zeit zu Zeit wählen konnten. Das zeigt uns, daß die Grenze zwischen Mensch und Tier in der Kultur der Hopi – wie auch in anderen archaischen Kulturen – keineswegs so strikt gesehen wird wie in unserer abendländischen Kultur. Der Mensch wird dort nicht – wie bei uns – in einmaliger Weise aus der übrigen Natur herausgehoben und geradezu als Gegen-Teil derselben verstanden. Viele Hopi-Clane benennen sich nach Tieren; sie leiten sich deshalb von Tieren her – oder sehen in einer bestimmten Tierart ihren besonderen Schutzgeist.

Aus der folgenden Darstellung ergibt sich auch, daß Wettläufe Teil der Schlangenzeremonie sind. Das ist keineswegs ungewöhnlich, denn das Laufen findet sich als Teil vieler indianischer Traditionen und Zeremonien und spielte in der Kultur vieler indianischer Völker eine wichtige Rolle. Jedes Jahr, wenn die Hopi-Indianer heute eine »Mental Health Conference« auf ihrer Reservation abhalten, gehört ein Wettlauf mit zum Programm.

Folgende Erläuterungen – die z.T. früher Gesagtes aufnehmen – sollen das Verständnis des Textes weiterhin erleichtern: Das »sipapu«, der Ort des mythischen Auftauchens der Hopi in dieser Welt, findet sich nicht nur im Boden eines jeden Kiva als ein Loch wieder, das meistens mit einer Holzplatte verdeckt ist. Auch auf dem Tanzplatz des Schlangentanzes findet sich ein solches »sipapu«. Und das laute Stampfen der Tänzer auf diese Holzplatte ist ein Akt der Kommunikation mit den unterirdischen Geistwesen, auch eine Mitteilung an sie, daß hier in der Oberwelt jetzt diese Zeremonie stattfindet. –

Die Zeremonialräume der Hopi, die Kivas, sind der Idee nach unterirdisch angelegt, auch wenn sie heute in Wirklichkeit teilweise aus dem Boden herausragen. Insofern stellen auch sie schon durch ihre Anlage eine Verbindung zur Mutter Erde und zu den chthonischen Geistwesen der Erde dar. (Sie repräsentieren damit genau das Gegenteil unserer nach oben weisenden Kirchtürme.) Aus diesem Grunde ist die Einstiegsluke in die Kivas hinein von oben; und man erkennt diese Zeremonialräume von Ferne immer schon an den aus ihnen herausragenden Leiter-Enden (vgl. den Buchumschlag). Mit ihrem »sipapuni« weisen die Kivas also in die Unterwelt und in die frühere (3.) Welt der Hopi zurück – mit ihrer Leiter und der Einstiegsluke weisen sie in die Oberwelt, die heutige (4.) Welt der Menschen. Der Kiva verbindet beide Welten miteinander.

Auf die Rolle von Spider Woman (Spinnweib oder Spinnenfrau) in der Mythologie der Hopi habe ich an anderer Stelle hingewiesen.

Schließlich ergibt sich aus dem Text die wichtige Rolle, die das »tiponi« in der Schlangenzeremonie spielt. Es handelt sich dabei gewissermaßen um die Darstellung des Clan-Schutzgeistes. Zu einem »tiponi« gehört bei den Hopi wohl immer eine Maisähre; außerdem finden sich darin Federn und andere symbolische Gegenstände. Nach der Auffassung von Fewkes war ein »tiponi« ursprünglich eine letzte Nahrungsreserve für den Fall der Hungersnot. Man nennt ein »tiponi« auch gelegentlich die »Mutter« oder das »Herz« einer Zeremonie. Wer das »tiponi« trägt, ist damit als

In einem Kiva (um 1900)

Führer der entsprechenden Zeremonialgesellschaft ausgewiesen. Aufbewahrt wird dieses hochverehrte Symbol im zentralen Clan-Haus, d.h. in der Obhut der führenden Frau eines Clans. Endlich: Piki-Brot ist eine hauchdünne Rolle, die aus blauem Maismehl und Wasser auf einem erhitzten Stein gebacken wird. Als Nahrungsmittel hat Piki-Brot historische, mythische und zeremonielle Bedeutung bei den Hopi.

# Schlangenlegende

»Die Mitglieder des Schlangen-Clans im Dorfe Walpi erzählen folgende Geschichte:

Einst saß der Sohn eines Häuptlings am Rand des Grand Canyon und fragte sich verwundert, wohin all das Wasser fließe. Er überlegte, daß er vielleicht seinem (stets an Wassermangel leidenden) Volk helfen könne, wenn er diesem Wasser folge und seinen Lauf erkunde. Deshalb baute er sich, dem Rat seines Vaters folgend, ein Boot, das geschlossen war wie ein Kasten, und fuhr mit ihm flußabwärts.

Er hatte viele Abenteuer zu bestehen, wie er sich so vom Fluß in Richtung auf das Meer hin tragen ließ. Endlich gelangte er zum Haus der Spinnenfrau (Spider Woman), die ihm Essen anbot und ihm gute Ratschläge gab. Dann verbarg sie sich hinter dem Ohr des jungen Mannes und begleitete ihn auf seiner weiteren Reise.

Nacheinander begegneten sie einem Panther, einem Bär, einer Wildkatze, einem grauen Wolf und einer Klapperschlange. Jedes dieser Tiere versuchte, den jungen Mann aufzuhalten, und jedes von ihnen wurde durch ein Gebetsstäbchen besänftigt, das Spinnenfrau ihm schenkte.

Schließlich kamen sie zu einer Schlangen-Kultstätte (Snake Kiva), über der die Bogenstandarte stand, genauso wie sie heute über dem Schlangen-Kiva steht, wenn die Priester darin beten. Im Kiva waren Männer und Frauen. Der Älteste gab dem jungen Mann eine Pfeife und sagte: Rauche, aber schlucke den Rauch hinunter. Dieses erschien dem jungen Mann unmöglich. Aber die freundliche Spinnenfrau, die noch hinter seinem Ohr saß, schaffte den Rauch nach hinten fort. So war es ihm möglich, diese Prüfung zu bestehen.

Dann streiften alle Männer und Frauen Schlangenhäute über, die an der Wand hingen – und wurden wie durch ein Wunder plötzlich in Schlangen verwandelt. Der junge Mann erhielt die Anweisung, eine Schlange zu fangen. Ermutigt durch die Spinnenfrau, griff er nach dem jüngsten und hübschesten Mädchen, das sich in eine gelbe Klapperschlange verwandelt hatte. Sie war bösartig, doch die Spinnenfrau gab ihm eine Medizin, die er mit seinem Mund auf sie sprühte. So fing er sie. Sofort wurde sie sehr sanft und freundlich und brachte ihm Piki-Brot, Melonen und Pfirsiche zu essen …

Der junge Mann heiratete das Schlangenmädchen, und vier Tage später machte er sich zusammen mit ihr auf den Heimweg …

Zu Hause angekommen, schenkte seine Frau zunächst vielen kleinen Schlangen das Leben. Diese bissen die Hopi-Kinder und waren darum bei ihnen gar nicht beliebt. Deshalb sahen sich der junge Häuptling und seine Frau gezwungen, fortzuziehen. So kamen sie nach Walpi. Danach gebar die Schlangenfrau viele menschliche Kinder, die aber natürlich mit den Schlangen verwandt waren.

So gründeten sie den Schlangenclan …

Der junge Vater, der alle Utensilien für die Schlangenzeremonie vom ursprünglichen Schlangen-Kiva mitgebracht hatte, stellte dann das ›tiponi‹ her. Vier Tage lang fing er Schlangen, eine aus jeder Himmelsrichtung. Dann suchte er die hohle Wurzel einer Baumwollpappel. In sie hinein steckte er eine Schlange und die Klappern der drei anderen. Um dieses Bündel knüpfte er einen Wildlederriemen und band daran Adlerfedern; außerdem die Federn des Pirol, des Vogels des Nordens; die Federn der (dem Rotkehlchen verwandten) Drossel, des Vogels des Westens; die Federn des Papageis, des Vogels des Südens; die Federn der Elster, des Vogels des Ostens; und Federn von zwei weiteren Vögeln, die Zenit und Nadir, das Oben und Unten, den Scheitelpunkt und den Erdmittelpunkt, darstellen. Dies ist das wundervolle ›tiponi‹, das noch im Besitz des Harry Shupela ist, des ersten Schlangenpriesters von Walpi, und das er bei jedem Schlangentanz trägt.

## Vorbereitungen für den Tanz

Der Schlangentanz heute ist der Abschluß einer 16 Tage währenden Feier … Die letzten neun Tage davon sind ausgefüllt mit öffentlichen und geheimen Riten, wobei die Schlangenpriester und die Antilopenpriester täglich in ihren Kultstätten, den Kivas, zusammenkommen. Da (zu dieser Jahreszeit) die Männer viel Arbeit auf den Feldern haben, sind in der Regel nur wenige bei den Zeremonien der ersten Tage anwesend. Je mehr es dem Ende zugeht, um so mehr füllen sich die Kivas. Die üblichen vorbereitenden Aktivitäten bestehen aus dem Anfertigen von Gebetsstäbchen, dem Herrichten der für den Tanz benötigten Kleidung und Gegenstände, dem Errichten eines Altares und dem Anfertigen von Sandgemälden …

Am sechsten Tag, noch bevor der Morgen graut, vollziehen die Antilopenpriester ein kurzes zeremonielles Schauspiel in ihrer Kultstätte. Nur wenige Weiße haben dieses je gesehen. …

Wenn der Morgenstern aufgeht, fangen die Priester an, sich um den Altar herum zu regen. Zwei von ihnen gehen nach draußen und kommen mit zwei Kindern zurück, ungefähr 14 Jahre alt: einem Jungen, der der Schlangen-Jüngling ist; und einem Mädchen, welches die Antilopen-Jungfrau verkörpert.

Mit raschen Bewegungen nehmen die Priester diesen beiden ihre Alltagskleider ab. Dabei stehen beide ruhig und entspannt, bewegen sich, wenden sich entsprechend den Anweisungen und fügen sich dem Ankleiden wie Puppen. Die Arme und Beine des Mädchens werden mit weißer Farbe, der untere Teil seines Gesichts mit schwarzer Farbe bestrichen und eine scharfe weiße Linie läuft vom Mund zum Ohr. Es wird in weiße Zeremonialgewänder gekleidet, sein Haar wird gelöst, und es wird mit Juwelen geschmückt. In seinem Arm trägt es ein altes Zeremonialgefäß, das mit rankenden Bohnen und wuchernden Melonenpflanzen gefüllt ist.

Der Junge wird ähnlich bemalt, bekommt aber zusätzlich noch weiße Linien auf seinen nackten Oberkörper. Er trägt einen weißen Rock mit weißer Schärpe und sein Haar wird ebenfalls gelöst. Er trägt das ›tiponi‹ auf seinem linken Arm und eine lebendige Klapperschlange in seiner rechten Hand.

Junge und Mädchen stehen nun beide am Kopf des Sandgemäldes und ergeben so ein eindrucksvolles Bild. Denn das fahlweiße Morgenlicht fließt jetzt durch die Einstiegsöffnung des Kiva und taucht die ganze Szene in Schönheit: das Gemälde mit den zwei Jugendlichen, die sehnigen nackten Rücken der Priester, der dahinziehende blaue Rauch aus der Zeremonialpfeife. Die Feier besteht nun darin, daß der Rauch in die sechs Himmels- und Erdrichtungen geblasen wird, daß das Gemälde mit Maismehl und Wasser benetzt und die lange Legende gesungen wird. Alles dieses dauert mehrere Stunden, in denen die beiden jungen Leute ruhig dastehen, während das Morgenlicht allmählich in den Tag übergeht. Das erkennt man an den Sonnenflecken gleich unter der Einstiegsöffnung und an den scharfen schwarzen Schatten der Leiterpfosten.

Die Zeremonie endet mit einem feierlichen Gebet um Regen, Wachstum und Fruchtbarkeit. Am Schluß werden die Kinder von den gleichen Priestern entkleidet. Jedes nimmt Wasser von einem Krug und sprüht es in die Hände, um sie zu waschen. Eine Frau kommt herein, steckt das Haar des Mädchens hoch und gibt ihm die Form von Kürbisblüten (wie es der traditionellen Haartracht unverheirateter Mädchen bei den Hopi entspricht). Dann verlassen die zwei den Kiva, und die Priester machen sich wieder daran, Gebetsfedern herzustellen – eine Tätigkeit ohne Ende.

Am achten Morgen, vor Beginn der Dämmerung, kommen zwei Priester aus den Kivas hervor und ziehen die Bogenstandarten auf. Jede von ihnen besteht aus einem gewöhnlichen Bogen, ungefähr drei Fuß lang. Geschmückt ist er mit rot gefärbtem Roßhaar, mit Fellen des Skunk und des Wiesels und mit Adlerfedern. Diese Bogenstandarte tritt nun an die Stelle eines kurzen Stockes mit Adlerfedern, der bis dahin angezeigt hat, daß Priester drinnen im Kiva sind.

Dann treten zwei seltsame Figuren heraus: die Krieger. Ihre Körper sind schwarz bemalt, ihre Gesichter rot; sie tragen braune Lederröcke, die mit Schlangen bemalt und mit schwarzen Metallperlen gesäumt sind. Einer trägt das Schwirrholz, das den Donner verkörpert, und der andere eine Vorrichtung, die wie ein Blitz hervorschießt. Das Schwirrholz (whizzer oder bull-roarer) ist einfach ein geformter Stab, der an einem Band herumgewirbelt wird, um das gewaltig rollende Geräusch dunklen Donners zu erzeugen. Das Blitzen wird durch eine ausgeklügelte Vorrichtung simuliert: Ein mit Gelenken versehenes Gestell, das sich fast bis zu den Händen des Mannes zusammenklappen läßt und das dann in einer langen Zickzack-Bewegung hervorschießt wie ein Blitz. Feierlich wenden sie sich jeder Himmelsrichtung zu und lassen es donnern und blitzen.

Dann läßt ein Priester mit einem langgezogenen melodischen Ruf die Läufer kommen. Die Krieger treten zurück in die Dunkelheit und machen sich auf den Weg zu einer heiligen Quelle, ungefähr zwei Meilen vom Dorf entfernt, wo der Lauf beginnen soll. An dieser Quelle werden mit Maismehl Wolkensymbole auf den Boden gezeichnet, zeremonielles Rauchen findet statt, und die Füße der Läufer werden mit dem Schlamm der Quelle eingerieben, damit der Regen schneller kommt.

An den letzten vier Tagen machen die Schlangenpriester Jagd auf die Schlangen. Oft gehen recht kleine Jungen mit ihnen. (Lehrer in den Indianerschulen sagen, daß Jungen des Schlangen-Clans schon als kleine Knirpse ohne Furcht Schlangen fangen und mit ihnen umgehen. Die Kunst besteht darin, unter einem Stein oder einem Busch deinen ›kleinen Bruder‹ zu finden, ob es sich nun um eine Wühlnatter, eine Peitschenschlange oder um eine Klapperschlange handelt. Dann muß man mit einer Feder über den kleinen Bruder streichen, bis er sich aus seiner gefährlichen Spannung löst und sich streckt. Danach faßt man ihn dann direkt hinter dem Kopf. Obwohl er dein Bruder ist, ist es doch weise, so vorzugehen, denn dann kann er sich nicht irrtümlich krümmen und dich beißen.)

Die Priester, die nur ein Lendentuch tragen, verlassen den Kiva schon, bevor der Morgen zu dämmern beginnt. Jeder hat sein Gesicht mit einer hellen rosenroten Farbe bestrichen; und eine

Linie von derselben Farbe verläuft von der Schulter herunter über die Brust. Eine rote Feder steckt in seinem Haarschopf. Ausgerüstet ist er mit einem Grabestock und einer Schlangengeißel, einer Rute, an die zwei Adlerfedern gebunden sind. Sie dient dazu, die Schlange zu veranlassen, sich zu strecken. Der Grabestock tritt in Aktion, wenn nicht genug Schlangen auf dem Boden gefunden werden und sie deshalb aus ihren Löchern hervorgeholt werden müssen. Jeder Mann trägt einen Beutel mit heiligem Maismehl, das er auf die Schlangen streut; und einen Sack aus Büffelhaut, in den er die Schlangen steckt. Den ganzen Tag über bleiben die Jäger draußen, und jeden Tag gehen sie in eine andere Himmelsrichtung: Zuerst nach Norden, dann nach Westen, darauf nach Süden und schließlich nach Osten.

Die oben schon erwähnten Läufe finden an den zwei letzten Vormittagen statt. Jeder Mann und jeder Junge aus den Dörfern kann an dem Rennen teilnehmen, obwohl in der Regel die Mitglieder des Schlangen- und des Antilopenclans nicht mitmachen. Manchmal erscheinen nicht weniger als 60 oder 70 Läufer. Es ist ein großartiger Anblick, wie sie kurz vor Sonnenaufgang über die Ebene jagen. Dabei sind ihre nackten braunen Körper angespannt und glänzen von Schweiß. Die Glöckchen an ihren Beinen klingen, und ihre weißen Zähne blitzen auf, wenn sie gelegentlich kurze Schreie ausstoßen. Keuchend nehmen sie schließlich den letzten steilen Abhang zum Tafelberg hinauf.

In der Zwischenzeit haben sich Jungen und Mädchen auf den unteren Terrassen versammelt. Sie tragen gewöhnlich ihre besten Kleider, wie es dem Anlaß entspricht. Jungen haben ihre entblößten Oberkörper mit Farben bemalt und sind mit Schmuck behängt. Mädchen tragen feierliche Gewänder oder helle Decken; und ihr Haar war immer in der Form von Kürbisblüten aufgesteckt – bis es kürzlich Mode wurde, einen Bubikopf zu tragen. Die Jungen tragen in ihren Armen grüne Maispflanzen; und wenn die Läufer den Tafelberg erreichen, balgen sich die Mädchen um diese Pflanzen. Immer wieder erscheint der Ausgang dieses Kampfes ungewiß, doch letzten Endes kriegen die Mädchen den Mais und tragen ihn nach Hause.

Wenn der Gewinner des Laufs am Priester vorbeikommt, erhält er einen Ring und eine Gebetsfeder. Beides bringt er auf sein Feld, um eine gute Ernte sicherzustellen. Man bereitet ihm dann einen Empfang im Kiva und hält dort eine kurze Zeremonie ab. An jedem der letzten vier Morgen besuchen die Priester bestimmte Quellen, jeden Tag eine andere. Einmal hatte ich das Glück, diesen Ritus beobachten zu können. Ich schlief in einem Lager am Fuß der Second Mesa und erwachte kurz vor der Morgendämmerung, als eine frühe Unruhe die Menschen aus dem Schlaf holte. Für einen Augenblick lag ich still, dann hörte ich in der Dunkelheit Stimmen und ein leises, schwaches Klingen. Ich schlüpfte aus meinen Decken und glitt zum Rand des Felsens. Von dort konnte ich auf die Quelle hinunterblicken, die von grob behauenen Steinterrassen umgeben ist. Dort setzte ich mich nieder. Unten an der Quelle sah ich sechs Schlangenpriester. Jeder ihrer dunklen Körper war nur an dem weißen Lendenschurz deutlich zu erkennen. Einer der Führer beugte sich über das Wasser, streute heiliges Maismehl darauf und sang zugleich ein leises Gebet, welches die anderen Männer wiederholten oder beantworteten. Dann schritten sie feierlich um die Quelle herum, wobei einer von ihnen mit Hilfe eines Wedels jede Himmelsrichtung mit Wasser segnete.

Danach wandten sie sich und kamen rasch den Pfad zu mir hoch. Ich saß ganz still, während sie durch unser Lager eilten und ihren Weg zwischen den in Decken gehüllten Gestalten fanden.

Sie gaben keinen Laut von sich – bis auf das Klingeln der Muscheln und ihre leisen Stimmen, die meinen Gruß freundlich erwiderten. Als wir später zu der Quelle hinunterstiegen, fanden wir Gebetsstäbe, die dort aufgestellt waren; und der Boden war bedeckt mit heiligem Maismehl – ganz wie wir es erwartet hatten…

# Der Schlangentanz

Ein warnendes Rasseln ertönt, und die Antilopenpriester erscheinen mit schnellen Schritten ... Sie umschreiten den Tanzplatz und berühren dabei fast die Wände der Häuser ringsherum. Sowie ein jeder von ihnen das ›sipapu‹ erreicht, stampft er kräftig mit dem Fuß darauf, ohne dabei aus dem Schritt zu kommen, und verursacht so ein dumpfes Geräusch. Wenn er am ›kisi‹ (einer Laube, in der die Schlangen sind) vorbeigeht, streut er Maismehl hinein, wobei seine Rassel laut ertönt und sein Rock durch die Geschwindigkeit seiner Bewegung herumschwirrt. Viermal umschreiten die Männer den Tanzplatz, dabei wird ihr Kreis jedesmal kleiner, und schließlich stellen sie sich vor dem ›kisi‹ auf, wo sie nun in entspannter Ruhe stehen – während sie kurz zuvor noch durch ihre rasche Bewegung auffielen. So erwarten sie die Ankunft der Schlangenpriester.

Jetzt ist die Spannung geradezu spürbar, und kein Laut ist zu hören: Da ziehen die Schlangentänzer ein mit langen schwingenden Schritten, aber bestimmt, schnell, hart; und sie umkreisen den Tanzplatz viermal, wie es vorgeschrieben ist. Dabei stampfen sie jedesmal mit eindringlichem, dumpfem Ton auf das ›sipapu‹ und streuen ihr geheiligtes Maismehl. Schließlich kommen sie zur Ruhe, stellen sich gegenüber den Antilopentänzern in einer Reihe auf und verschränken ihre Arme. Die zwei Reihen wiegen nun leicht hin und her. Dabei bewegen sie sich nur so viel, daß gerade ihre Rasseln ertönen; und sie lassen das schreckliche Murmeln ertönen, das wie tiefer Donner klingt und das sich gar nicht so anhört, als wenn es von menschlichen Wesen erzeugt würde. Vielmehr scheint es direkt aus den Eingeweiden der Erde zu kommen. Lauter und lauter ertönt es zum Schwingen der Körper. Dann bricht es plötzlich ab, die Männer lösen ihre verschränkten Arme und beginnen einen raschen, wilden Tanz, der alle Rasseln schüttelt; und der für den Zuschauer völlig unerwartet ist und ihn geradezu lähmt. Immer und immer wieder erfolgt dieser Übergang vom tiefen, brummenden Grollen zum heftigen Tanzrhythmus hin – und wieder

Schlangentanz (um 1900)

zurück. Endlich ist es vorüber. Die Gruppen lösen sich in Tanz-
formationen auf, um sich nun den Schlangen zuzuwenden.
Die Reihe der Antilopentänzer tritt auseinander und öffnet so den
Zugang zum ›kisi‹. Ein Schlangenpriester beugt sich hinein und
kommt mit einer Schlange hoch. Diese nimmt er zwischen seine
Zähne und beginnt zu tanzen. Begleitet wird er von einem zweiten Priester (›hugger‹), dessen linke Hand auf der Schulter des
Schlangentänzers (›carrier‹) ruht, während er in der rechten
Hand die Schlangengeißel hält, um damit über die Schlange zu
streichen und das gefährliche Sich-zusammen-Rollen zu verhindern. So beginnt dieses Paar seinen Tanz um den Platz herum.
Dabei tanzen sie im Einklang miteinander und im Rhythmus des
begleitenden Gesangs der Antilopenpriester.
Dem ersten Tanzpaar folgen andere, bis der Platz von ihnen
erfüllt ist. Jedem Tanzpaar folgt dabei ein dritter Mann – in
einigem Abstand. Wenn ein Tanzpaar den Platz umrundet
hat, läßt der Tänzer seine Schlange zu Boden gleiten. Diese
versucht sofort wegzukommen. Das ist der Augenblick, in

dem der dritte Mann, der ›Einsammler‹ (›gatherer‹) in Aktion tritt. Ruhig, mit aufmerksamer Miene, beobachtet er seine Schlange. Manchmal wirbelt er mit seiner Schlangengeißel ein bißchen Staub auf, um die Schlange von den Zuschauern wegzuhalten. Niemals läßt er sie bis zu den Menschen gelangen, obwohl immer wieder viele Frauen es befürchten und in Schreie ausbrechen. Dann, wenn der richtige Zeitpunkt gekommen ist, berührt er die Schlange mit seinem gefiederten Stab, streut eine kleine Menge Maismehl genau auf sie und ergreift sie gerade hinter dem Kopf, wobei er mit seinem ganzen Körper in einer eleganten Bewegung auf sie niederstößt. Der Körper des Mannes und die Schlange, die als Reptil an seinem Arm entlang wogt, ergeben für einen unvergeßlichen Augenblick das Bild einer blitzenden Bronzestatue. Dann, mit einer lässigen Bewegung – wie eine Frau einen Hochzeitsstrauß trägt – legt er die Schlange über seinen Arm und wendet sich der nächsten zu.

Inzwischen hat sich die ganze Gruppe von 15-30 Männern in ähnliche Dreiergruppen aufgelöst. Der Platz ist von Tänzern erfüllt, die aber keineswegs alle im Gleichschritt gehen. Schlangen winden sich um Männerhälse – und einen Schlangenkopf sieht man oft an der Wange eines Mannes, als wenn sie beißen würde. Manchmal rollt sich eine kleine Peitschenschlange auf dem Ohr eines Mannes zu einer Rosette zusammen, manchmal ist eine lange Wühlnatter so schwer, daß die zwei Männer ihre Mühe haben, sie zu halten. Manchmal verwirren sich die Beine eines kleinen und jungen Priesters zu einem Knäuel mit einer Schlange, die länger ist als er; und ein freundlicher Antilopentänzer muß ihm zu Hilfe kommen. Klapperschlangen werden nicht mit mehr Vorsicht behandelt als die kleinsten Peitschen- oder Hosenbandschlangen. Die Einsammler verlieren nie ihre Schlangen aus dem Auge, nicht einmal dann, wenn der Tanz seinen Höhepunkt erreicht und der Boden bedeckt ist mit sich windenden Reptilien, die versuchen zu entkommen. Sie werden zurückgeholt und schließlich gefangen. Wenn ein Einsammler mehr Schlangen hat als er gut handhaben kann, dann

reicht er wohl einem Mann in der Menge einen Arm voll
Schlangen hin, oder er gibt sie einem der sich wiegenden und
singenden Antilopenpriester, deren Arme bald mit Schlangen
gefüllt sind. Jeder Tänzer tanzt mit mehreren Schlangen, denn
manchmal stehen an einem Nachmittag 50 oder 60 von ihnen
zur Verfügung.

Schließlich, wenn die Schlangenlaube leer ist, zeichnet der erste Schlangenpriester einen großen Kreis aus Maismehl (wohl
ein Wolkensymbol) auf den Boden. Er bewegt sich schnell und
entschieden – wie es für die ganze Zeremonie charakteristisch
ist – und streut das Maismehl von den sechs kardinalen Him-
mels- und Erdrichtungen auf den Mittelpunkt des Kreises zu.
Dann kommen die Einsammler herbei und werfen die Schlangen hinein, eine sich windende Masse. Frauen und Mädchen,
in weiße zeremoniale Überhänge gekleidet, stehen mit Tellern
von Maismehl bereit. Sie kommen heran und streuen das Mehl
auf die sich windenden Tiere. Dabei fehlt ihnen anscheinend
die sorglose Furchtlosigkeit der Priester, und man erkennt an
ihren schnellen Bewegungen ihre Nervosität. Danach ver-
schwinden sie, ohne einen Augenblick Zeit zu verlieren.

Dann stürzen die Schlangenpriester alle in den Kreis hinein,
nehmen Mengen von Schlangen auf ihre Arme und eilen weg
vom Platz. Kein Zuschauer steht ihnen im Wege, und sie ver-
schwinden die vier Pfade hinab und hinaus in die Ebene. Sie
tragen die Schlangen zu bestimmten heiligen Stellen, wo sie sie
freigeben, damit sie die Botschaft der Menschen zur Unterwelt
bringen können.

Inzwischen ziehen die Antilopenpriester auf dem Tanzplatz
noch einmal ihre vier Kreise, aber jetzt in umgekehrter Richtung. Der Tänzer mit dem Weihwedel segnet das ›kisi‹ mit
Maismehl und Wasser und legt seinen Pappelholzkranz hinein.
Dann gehen sie alle fort. Damit ist ihr Anteil an der Zeremonie
beendet und sie kehren in ihren Kiva zurück, um sich umzu-
kleiden. Dann nehmen sie ein großes Mahl zu sich, das die
Frauen in riesigen dampfenden Pfannen und Töpfen vorbereitet
haben.

Die Schlangentänzer kommen langsam zurück, außer Atem von ihrem Lauf. Einer nach dem anderen erreicht den Kiva, wo sie sich offen entkleiden und baden. Frauen des Schlangenclans bringen Schüsseln mit einem Emetikum. Die Einnahme dieses Mittels, das Brechreiz erregt, ist der letzte öffentliche Teil der Zeremonie. Da die Männer seit dem Vortag nichts gegessen haben, sind die Wirkungen des Emetikums nicht so abstoßend, wie man erwarten könnte. Jeder Tänzer trinkt davon und lehnt sich würgend über den Rand des Kiva, bis er gänzlich gereinigt ist. Dieses soll die Tänzer von jeglichem Schlangenzauber befreien, der für andere Dorfbewohner gefährlich sein könnte. Jeder Tänzer kehrt nach Erledigung dieser Angelegenheit in den Kiva zurück, wo zeremonielles Rauchen jetzt der Beginn eines Festessens ist, auf das die Tänzer lange gewartet haben.

Wenn die Götter gut sind – und wenn alles richtig gemacht worden ist, dann sind die Götter gut – dann kommt jetzt der Regen. Wie das Licht des späten Nachmittags langsam schwindet, so wird die einsetzende Dunkelheit meistens noch beschleunigt durch riesige Wolken, die aufziehen. Vorhänge aus Regen erscheinen über entfernten Tafelbergen, und die fernen Besucher eilen nach Hause, um auf ihrem Heimweg die nächsten Flußtäler hinter sich zu bringen, bevor diese in Fluten versinken.

Auch die Hopi aus den Nachbardörfern fahren mit ihren Familien heim: Und dann kommt der lange, zischende, angenehm riechende Regen, der in reinigenden Fluten von den Dächern auf die Straßen strömt und dann über den Rand des Tafelberges. Er bringt die Hoffnung und die zuversichtliche Gewißheit, daß die Herzen der Tänzer rein waren und daß die Zeremonie bei den Unsichtbaren ein offenes Ohr gefunden hat.

Der Schlangentanz bringt immer Regen.«

# Das Kopavi

»Eine heilige Öffnung zur geistigen Regeneration – das ist das grundlegende Konzept des Auftauchens in dieser Welt (›Emergence‹), des Sipapu und des Kiva; aber diese heilige Öffnung ist auch gegenwärtig im Körper und in der Seele des einzelnen Hopi. Die Hopi glaubten, daß es in jedem Menschen eine solche offene Tür gibt, die ›Kopavi‹ genannt wird und die es dem Menschen erlaubt, mit seinem Schöpfer in Kontakt zu treten. Diese offene Tür befindet sich oben auf dem Kopf eines Menschen und ist die weiche Stelle des Kopfes bei der Geburt (die sog. Fontanelle). Vor vielen Jahren war der Mensch in der Lage, durch diese Öffnung frei mit seinem Schöpfer zu kommunizieren; doch heute ist diese Tür fast die ganze Lebenszeit des Menschen hindurch geschlossen. In dieser unserer Welt tritt zwar das Leben noch durch das ›Kopavi‹ in den Körper ein; doch dieses öffnet sich erst wieder beim Tod, um das Leben daraus zu entlassen. Wenn jedoch ein Mensch innigst wünscht, mit seinem Schöpfer in Verbindung zu treten, dann muß er versuchen, diese Tür in seinem Kopf offenzuhalten.«

*Patricia Janis Broder: Hopi Painting, S. 47*

# 10. Die Hopi-Prophezeiung: Koyaanisqatsi

## *Die alten Geheimlehren des Überlebens*

»Hopi glauben, daß das Ende der Welt kurz bevorsteht. Der Name für dieses Ende ist Nuutungk Talöngvaqa = der letzte Morgen. Auch ist der Glaube verbreitet, daß nach der Katastrophe des Weltuntergangs eine neue Welt ihr Zentrum in der Hopi-Reservation haben wird. So charakterisiert sie gewissermaßen den Übergang von dieser Welt in die nächste.« (Armin W. Geertz).

Der Abwurf der ersten Atombomben über Japan im Jahre 1945 war ein einschneidendes Ereignis für die Haltung der Hopi gegenüber einer Veröffentlichung ihrer religiösen Lehren und ihrer Prophezeiungen. Diese überlieferten Weisungen waren bis dahin zwar nicht gänzlich, aber doch überwiegend geheimgehalten worden, – wie es dem Brauch von Naturvölkern gegenüber ihren überlieferten religiösen Lehren entspricht.
Die Katastrophen von Hiroshima und Nagasaki wurden nun von einigen religiösen Führern der Hopi gedeutet als die Erfüllung einer ihrer Prophezeiungen: das Fallen einer Kürbisschale voller Asche (›gourd of ashes‹) auf diese Erde. Wenn das geschehe – so hatten einige der religiösen Führer in ihrer Jugend

gehört, – dann sollten sie die bis dahin geheimen Lehren und Prophezeiungen ihrer Überlieferung der ganzen Welt verkünden; denn dann sei das Ende der Welt nahe. So beschlossen religiöse Führer der Hopi auf zwei Zusammenkünften in den Jahren 1947 und 1948, mit ihrem Wissen und ihren Endzeitprophezeiungen an die Öffentlichkeit zu treten, um so die Welt vielleicht noch vor dem drohenden Untergang zu bewahren.

(Ich habe diese Zusammenhänge ausführlicher dargelegt in meinem Buch »Die Stimme des Großen Geistes – Prophezeiungen und Endzeiterwartungen der Hopi-Indianer«, München, Kösel-Verlag, 1989.)

Die daraufhin unternommenen Versuche, die Öffentlichkeit der Welt aufmerksam zu machen, sind zahlreich und vielgestaltig. Das erste war ein Brief an den Präsidenten der Vereinigten Staaten aus dem Jahre 1949, von dem wichtige Teile im Kapitel 8 (S. 171 ff.) abgedruckt sind. Es folgten Schreiben an die UNO und an andere Organisationen sowie an führende Persönlichkeiten in aller Welt.

Zwei dieser Schreiben sind datiert vom 17. Mai und vom 24. Juni 1982. Sie sind gerichtet an eine Sondersitzung über Abrüstung bei den Vereinten Nationen. Im Herbst 1982 haben Vertreter der religiösen Führer der Hopi versucht, diese beiden Schreiben – die zusammengehören – in New York bei der UNO zu überreichen. Wie bei früheren Gelegenheiten, so wurden sie auch 1982 nicht zum persönlichen Vortrag vorgelassen, konnten aber ihre Papiere an die Delegierten der UNO-Sondersitzung verteilen lassen.

Aus diesen Texten werden einige zentrale Motive der Hopi-Prophezeiung deutlich: So die Figur des Älteren Weißen Bruders, der nach dem Auftauchen der Hopi in dieser Welt nach Osten ging und dessen Rückkehr sie als Zeichen des Endes dieser Welt erwarten. Auch wird der Vertrag von Guadalupe Hidalgo genannt: Diesen hatten die USA und Mexiko 1848 in Santa Fe abgeschlossen, um die Abtretung des jetzigen Südwestens der USA von Mexiko zu formalisieren. Obwohl Indianer an der Formulierung dieses Vertrages nicht beteiligt waren,

werden in ihm doch die Rechte der Hopi auf ihr Land anerkannt. – Mit den im Text genannten »Kikmongwis« sind die
traditionellen Dorfhäuptlinge gemeint.

Interessant ist, daß sich wichtige Konflikte der Weltsituation
von 1982 in diesem Schreiben spiegeln, – obwohl dieses eigentlich mit der uralten Überlieferung der Hopi zu tun hat. Man
spürt in dem Brief aber die 1982 verbreitete Sorge in der Welt
wegen der Nachrüstung der NATO-Staaten auf die SS-20 der
Sowjetunion. Daß die Hopi ihre uralte Tradition und Weissa-
gung mit dieser aktuellen politischen Situation in Verbindung
brachten, zeigt sehr deutlich, daß ihre religiösen Prophezeiungen für sie nicht etwas ein für allemal Festgelegtes und Geklär-
tes darstellen, sondern daß diese im fortlaufenden mythischen
Prozeß auf die jeweiligen aktuellen Situationen bezogen werden müssen.

Die Texte habe ich 1982 in Santa Fe von Freunden der Hopi
persönlich erhalten.

»Unabhängige Hopi Nation                              17. Mai 1982
Shungopovi Pueblo
Second Mesa

An die Mitglieder der Sondersitzung der Vereinten Nationen über
Abrüstung

Wir, die unterzeichneten Hopi-Führer und Mitglieder der unabhängi-
gen Hopi-Nation, die wir im Namen unserer höchsten erblichen Kikmongwis und aller traditionellen Hopi sprechen, präsentieren Ihnen
hiermit unsere höchst dringende Petition und fordern Sie auf, alle
Arten von Waffen zur Kriegsführung abzuschaffen. Das schließt den
Abbruch der Weiterentwicklung von Kernenergie für zerstörerische
Zwecke ein.
Als geistige Führer, die die alten Hopi-Prophezeiungen, die Ermahnungen und religiösen Weisungen kennen, die uns, den tatsächlichen
Eingeborenen dieser westlichen Welt, gegeben wurden, sind wir
überzeugt, daß nun die Zeit gekommen ist, Sie alle daran zu erinnern,
daß nur durch Bescheidenheit, Freundlichkeit und Liebe zu allen
lebenden Wesen auf dieser Mutter Erde die Weltprobleme gelöst werden können. Der Große Geist Massau'u hat uns ermahnt, keinen
Aschenregen, keine Atombomben oder kernkraftgesteuerte Raketen
zu entwickeln und auf unsere Mutter Erde fallen zu lassen.
Wer das tut, wird ganz sicher mit schärfster Bestrafung rechnen müssen.
Wir haben manche alte Prophezeiung, religiöse Weisung und auch
Ermahnungen mit auf den Weg bekommen, die wir allen unseren
weißen Brüdern und Schwestern nahebringen wollen – allerdings nur
durch mündliche Überlieferung in unseren Pueblos und durch unsere
spirituellen Kikmongwis.
Daher möchten wir Sie alle eindringlich beschwören, jede weitere
Entwicklung dieser todbringenden Instrumente der Kriegsführung zu
beenden und so bald wie möglich sich mit den höchsten geistlichen
Führern unseres Hopi-Stammes zu treffen.

                                                Earl Pele
                                        Sidney Sekakuku
                                        Wayne Susumkewa
                                        David Monongye
                                           (und andere)«

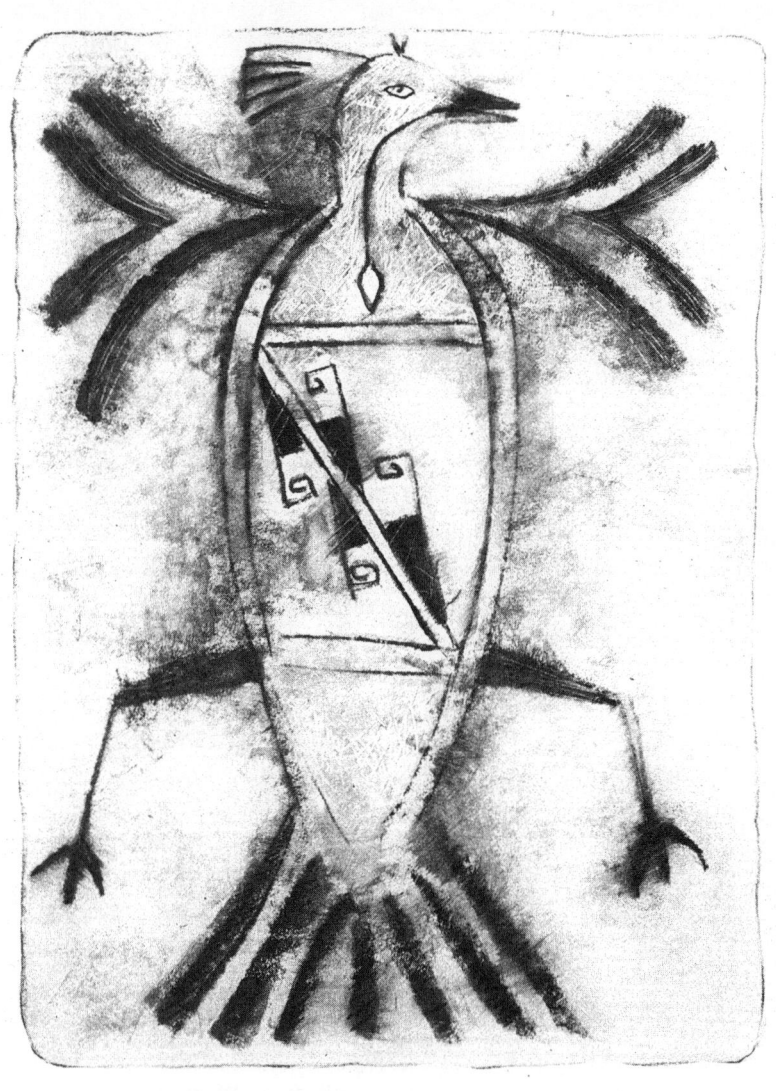

Dan Namingha (Tewa-Hopi): »Bird Spirit«

24. Juni 1982

»Die Hopi-Botschaft für die Zweite Sitzung der Vereinten Nationen über Abrüstung

Mein Hopi-Name ist Banyacya vom Wolf-, Fuchs- und Coyote-Clan. Ich bin ein Mitglied der Unabhängigen Hopi-Nation. Seit 1948 bin ich Sprecher der erblichen Kikmongwi und der höheren religiösen Führer der Hopi. Daß wir heute hier sind, um den Vereinten Nationen und der Menschheit der Welt diese wichtige Botschaft zu überbringen, ist eine Erfüllung unserer ältesten Prophezeiungen …

Die ältesten ständig bewohnten Dörfer dieses Kontinents sind im Land der Hopi, und wir sind die Nachkommen der Überlebenden der letzten Zerstörung der Erde durch eine große Flut. Unser Anliegen ist es, unser Wissen um das Überleben mit Ihnen zu teilen; in der Hoffnung, eine weitere Weltkatastrophe zu verhindern, die infolge der Erfindung einer Kürbisschale voll Asche (gourd of ashes), nämlich der Atombombe, besteht …

Die traditionell eingestellten Hopi folgen dem religiösen Weg, der uns von Massau'u, dem Großen Geist, vorgezeichnet wurde. Wir trafen ein heiliges Abkommen, um für alle Zeit seinem Lebensplan zu folgen. Das schließt die Verantwortlichkeit dafür ein, daß wir für dieses Land und das Leben darauf zu seinem göttlichen Zweck Sorge tragen.

Wir haben keine weiteren Abkommen mit irgendeiner ausländischen Nation – einschließlich der Vereinigten Staaten – getroffen, aber wir haben uns viele Jahrhunderte hindurch an dieses geheiligte Übereinkommen gehalten.

Unsere Ziele sind weder politische Kontrolle oder finanzieller Reichtum noch militärische Macht. Lieber wollen wir weiterhin beten und uns um das Wohlergehen aller Lebewesen bemühen. Unser Bestreben ist es, die Welt in ihrem natürlichen Zustand zu belassen.

Nun ist die Zeit gekommen, da die Sonne ihren höchsten Stand im Jahr erreicht hat und in der unsere Kachinas ihre Zeremonien veranstalten, damit Regen fällt für die Pflanzen, Tiere, Vögel und alle Arten von Leben.

Im Gegensatz dazu haben wir gehört, daß die Vereinigten Staaten, die Sowjetunion und andere Nuklearmächte ein verwerfliches Ritual veranstalten, welches zur Folge haben kann, daß ein Feuerregen herabkommt, der alle Formen des Lebens zerstört.

Massau'u hat gesagt: Wenn eine Schale voller Asche (gourd of ashes) auf die Erde fällt, dann müßten viele sterben und das Ende der materialistischen Lebensform sei nahe. Wir verstehen dies als das Abwerfen der Atombomben auf Hiroshima und Nagasaki. Wenn dies noch einmal durch die heute zur Verfügung stehenden mächtigen Waffen geschieht, kann das das Ende der Welt bedeuten.

Aus diesem Grunde wollen die Hopi die Menschen der Erde daran erinnern, daß ihr Land ein ihnen anvertrautes heiliges Gut ist, das vom Schöpfer bestimmt war als ein Hort für alle Lebewesen. Daher muß jegliche Schändung dieses Landes aufhören.

Nach alten Überlieferungen wurde die frühere Welt zerstört, als die Menschen habgierig und unehrlich wurden und vom göttlichen Weg abkamen.

Beim Erscheinen in dieser Welt gab uns der Große Geist eine Weisung mit den Geheimnissen für das Überleben auf der Erde. Unser weißer Bruder wurde angewiesen, in östliche Richtung zu gehen; und ihm wurde ein bestimmter Auftrag gegeben, in ein anderes Land zu gehen, wo besondere und bemerkenswerte Erfindungen gemacht würden. Wir wußten, daß unser weißer Bruder eines Tages zurückkommen würde, und er sollte dann die Erkenntnisse und Erfindungen zum Nutzen seines (jüngeren) Bruders anwenden, damit dieser die Schönheit und das Gleichgewicht dieses Landes bewahren könnte.

Aber seit die Weißen zurückkehrten, sind viele von ihnen geblendet von der Gier nach Wohlstand und Macht und haben wiederum den göttlichen, den spirituellen Weg verlassen.

Wir stehen hier vor Ihnen und suchen noch immer unseren guten weißen Bruder. Wo ist dieser wahrhaftige und ehrliche Mensch nun?

Wir, die Hopi, haben gesehen, wie der Mensch die Erde, die Luft und das Wasser im Namen des Fortschritts zerstört. Uran für Atombomben wird gefördert im Gebiet der Hopi, doch ohne unsere Zustimmung oder gar die Billigung der traditionellen Hopi-Führer. Das Land der Hopi wird angesehen als das spirituelle Zentrum des Kontinents. Die Ausbeutung unseres Landes ist nicht nur eine Verletzung des Vertrages von Guadalupe Hidalgo; es ist eine Entweihung, die nicht ungesühnt bleiben wird.

Die Hopi haben einen realistischen Plan für den Frieden in der Welt; doch er ist zu umfassend, um ihn in fünf Minuten darzulegen.

Wir bitten darum, wenigstens drei oder vier Repräsentanten ins Land der Hopi zu entsenden. Wir laden auch die geistlichen Führer der Welt ein, sobald wie möglich mit den weltlichen Repräsentanten zu kommen. Unsere weisen (Stammes-)Ältesten werden geduldig in ihren heiligen Kivas auf Sie warten, um Ihnen die geheiligten alten Geheimnisse des Überlebens zu enthüllen. Es sollte doch drei oder vier Nationen geben, die bereit sind, unser Angebot zu akzeptieren. Wir wollen nicht, daß die Erde in einer nuklearen Katastrophe untergeht.

Die Hopi tun alles, was ihnen möglich ist, um die Menschheit darauf aufmerksam zu machen, daß sie alles unternehmen muß, eine atomare oder eine Naturkatastrophe abzuwenden. Wenn nicht ein ebensolches aktives Eintreten aller Länder der Erde zustandekommt, werden die Hopi ihre Gebete um Hilfe an eine göttliche Macht, die aus dem Westen kommt, richten.

Wir treten ein in eine kritische Phase für die Existenz der Menschheit.

Wir erwarten Ihre Antwort.

Thomas Banyacya
David Monongye
Evehema
Howesa
(und andere)«

# Ort des Verschwindens: Indianerin in der Stadt

Wendy Rose, die Autorin dieses Gedichtes, ist eine Dichterin und Ethnologin der Hopi (geboren 1948). Sie hat lange in den Städten der Weißen gewohnt und schreibt hier über ihre Existenz als »Indianerin in der Stadt«:

Ich bin es
in den Städten
in den Kneipen
in den staubfreien Weiten kalter Augen
die verschwindet

die sich
ohne Gleichgewicht
auf das Nichts stützt.

Ich bin es
ohne Erfahrung
ich ohne Lied
die stirbt
und die Zeit des Todes verkündet.

Die sich von einem Ort zum anderen
treiben läßt
am Staub des Löwenzahns hängend
sterbend immer und immer wieder.

Ich war es
die suchen mußte
und die Steine wenden
halbtot kriechen durchs Gebein
die Tränen lösen lassen die ausgetrockneten
Höhlungen
wo die Seelen von Frauen

Piki-Brot rollen
und wo Insekten sich regen
um diese Welt in Bewegung zu halten.

Ich bin es
die die volle Schale hält
welche überfließt von Muscheln und Steinen
welche im Blut begraben ist
welche ihre Gestalt bei den Felszeichnungen
bewahrt.

Ich bin es, die stirbt
mit gebrochenem Türkis
und lautem Klagen

um eure zerbrechliche Unsterblichkeit
zu beschützen
O ihr Weisen.

*Aus: Larry Evers (ed.): The South Corner of Time, Tucson,
The University of Arizona Press 1980, S. 39*

# Entwicklungsgesetze der gegenwärtigen Welt

»... Wir befinden uns jetzt in einem Wettlauf mit der Zeit, da der heutige Mensch das Gleichgewicht des natürlichen Lebens der Menschen und der Natur schwer gestört hat. Wir wissen, daß ein dritter Weltkrieg möglich ist, aber auch eine Zunahme natürlicher Katastrophen sowie das Auftreten neuer Krankheiten, die man nicht leicht heilen kann. Die Hopi erinnern sich an vergangene Welten, die vor dieser existierten. Jede von ihnen wurde zerstört, weil das Gleichgewicht der Natur durch den Menschen gestört worden war ...

Wir kennen diese alten Prophezeiungen, Warnungen und religiösen Weisungen: Deshalb rufen wir alle guten Menschen allerorten auf, jede Anstrengung zu unternehmen, zum spirituellen Weg zurückzukehren, von dem wir abgewichen sind. Nur so können wir dauerhaften Frieden, Harmonie und ewiges Leben gewinnen. Laßt nicht zu, daß dieses Land und dieses Leben zerstört werden. Wir müssen aufwachen, bevor es zu spät ist; und wir müssen das höchste Gesetz des Lebens erkennen: Spiritualität, die alle Dinge leitet.«

*Aus einem Brief religiöser Führer der Hopi von 1983*

# 11. Wandlungen

## *Eine junge Hopi-Frau zwischen den Kulturen*

Die Hopi-Indianerin Polingaysi Qoyawayma (= »Schmetterling, der sich im sanften Wind zwischen den Blumen wiegt«) wurde im Jahre 1892 im Dorf Oraibi geboren. Als Kind erlebte sie die heftigen Auseinandersetzungen in ihrem Heimatdorf zwischen den beiden Fraktionen, die entweder für eine Ablehnung oder für eine Annahme der Kultur der Weißen eintraten.

Obwohl Polingaysi nur Hopi-Blut in ihren Adern hatte und auch ganz in der Tradition der Hopi erzogen worden war, zeigte sie schon sehr früh Interesse an der Kultur der Weißen. Während ihre Mutter sie vor den Soldaten versteckte, die sie mit anderen Hopi-Kindern in die Schule holen wollten, war ihre Neugier und ihr Interesse an den Weißen so ausgeprägt, daß sie eines Tages aus eigener Initiative zur Schule ins Nachbardorf ging, um sich einschulen zu lassen.

Damit begann eine Auseinandersetzung, die das ganze Leben Polingaysis bestimmte: Einerseits konnte sie nie die Einflüsse ihrer Hopi-Erziehung abstreifen; andererseits wollte sie immer mehr von der weiten Welt kennenlernen. Sie besuchte schließlich ein College und wurde Lehrerin. Auch zum christlichen Glauben war sie übergetreten. Aber immer wieder fand in ihrem Inneren eine heftige Auseinandersetzung zwischen den beiden Kulturen statt.

Mit ihren in der Hopi-Tradition verwurzelten Eltern gab es ebenfalls Auseinandersetzungen, obwohl diese sich gegenüber ihrer gebildeten und weitgereisten Tochter nicht engherzig verhielten, sondern ihr anderes Leben still akzeptierten.

Nach ihrem Ausscheiden aus dem Schuldienst (1954) kehrte sie in ihr elterliches Haus auf der Reservation zurück und machte sich dann noch als Töpferin einen Namen: 1975 erhielt sie für ihre Kunst den »Heard Museum Prize«. – Zeitweise unterhielt sie eine Art »Pension« in ihrem Haus. Wie sie mir 1983 erzählte, als ich sie besuchte, war Ernest Hemingway einmal ihr Pensionsgast gewesen.

Polingaysi, die in der Welt der Weißen den Namen Elizabeth White trug, hat ihre Lebensgeschichte in dem Buch »No Turning Back« (Albuquerque N.M. 1964), geschrieben in der 3. Person, niedergelegt. In einem der Kapitel wird bei einem Gespräch zwischen ihr und ihren Eltern die Auseinandersetzung zwischen den Kulturen besonders anschaulich und deutlich. Es geht dabei u.a. um Gebetsfedern oder Gebetsstäbchen, die bei den Hopi eine alte Tradition haben. Im Zusammenhang dieses Textes ist es auch wichtig zu wissen, daß Hopi – wie auch andere Indianer – ursprünglich keine Stühle und keine Tische kannten, sondern auf dem Boden saßen, wenn sie aßen. Als Polingaysi wieder einmal einen Urlaub zu Hause verbracht hatte, bewog sie ihren Vater dazu, einen rohen Tisch und eine rohe Bank selbst zu zimmern. Denn für sie war ein Leben ohne diese einfachsten Einrichtungsgegenstände unmöglich geworden. Die folgende Auseinandersetzung zwischen der Tochter und den Eltern findet sich in dem genannten Buch auf den Seiten 84 bis 89. Polingaysi ist als junge Frau wieder einmal zu Besuch bei ihren Eltern auf der Reservation.

Polingaysi Qoyawayma (Elizabeth White)

»Als sie eines Tages nun so durch die Landschaft ging ...,
sah sie ein ›paho‹, eine Gebetsfeder, die auf einem kleinen
Hügel in den Sand gesteckt war. Eine einzelne Adlerfeder
flatterte am Ende eines kurzen Bandes aus weißer Baumwolle.
Gebetsstäbchen – entweder die längeren, stabähnlichen, mit
vielen Federn daran oder die kurzen, angespitzten Stäbe, die
man ›pahos‹ nennt – werden von den Hopi verehrt. Man
meint, daß diese Stäbchen vier Tage lang, nachdem sie ›ein-
gepflanzt‹ wurden, die Kraft des gemeinten Gebets bewahren
und daß sie in dieser Zeit sehr machtvoll und heilig sind.
Eines von ihnen zu belästigen, bevor es seine Macht verloren
hat, bedeutet, Unheil heraufzubeschwören. Polingaysi hatte
gelernt, daß ein Unfall oder sogar der Tod die Folge sein
könnte.
Sie kannte auch gut die Geschichte einer weißen Frau, die man
sich erzählte: Sie hatte Gebetsstäbchen von einem Heiligtum
genommen; dann war sie hingefallen und hatte ein Bein gebrochen. Hinter diesem Unfall erkannten die Hopi das Werk der
unsichtbaren Mächte. Sie waren überzeugt, daß die geistigen
Wesenheiten ihr Tun übelgenommen hatten und sie deshalb
stolpern ließen.
Als sich Polingaysi niederbeugte, um das ›paho‹ aus dem Sand
zu ziehen, fühlte sie, wie eine Welle abergläubischer Furcht in
ihr aufbrach. Aber sie war doch jetzt eine Christin, ermahnte sie
sich selbst, und brauchte die magische Kraft nicht zu fürchten,
die in einem Stäbchen mit einer Feder darauf steckte. Trotzig
nahm sie es hoch, trug es nach Hause und stellte ihrem Vater
dazu herausfordernde Fragen:
›Was bedeutet dieses Stäbchen dir und den Hopi-Menschen?‹
fragte sie mit mehr Überheblichkeit, als ihr bewußt war. Und
sie fuhr fort: ›Mir bedeutet es nichts. Es hat keine Kraft. Es ist
einfach nur ein Stock mit einem Stückchen Maisschale und
einer Feder daran. Warum hast du in unserer fortgeschrittenen
Zeit noch den Glauben an Stäbchen und Federn, wenn du doch
die Botschaft der Bibel haben kannst?‹

Ihr Vater, ein echter Hopi, wich vor der hingestreckten Gebetsfeder zurück und weigerte sich, sie zu berühren. Seine Augen schauten gequält. ›Mußt du das wissen?‹ fragte er.

›Natürlich muß ich das wissen‹, erklärte Polingaysi. – ›Warum sollte ich es nicht wissen?‹

›Leg' es auf den Tisch‹, sagte ihr Vater, ›und ich will es dir erklären.‹

Sie legte das Stäbchen auf den rohen Brettertisch, den der kleine Mann – ihr Vater – wegen ihrer ständigen Stichelei selbst gemacht hatte. Beide beugten sich darüber.

›Siehst du die blaugrüne ausgebrochene Stelle hier an der Spitze?‹ fragte ihr Vater und zeigte mit dem Finger darauf. ›Das ist das ›Gesicht‹ des Gebetsstäbchens. Es repräsentiert moosbewachsene Stellen, also Feuchtigkeit. Dies hier unten nun ist der ›Körper‹ des Gebetsstäbchens. Er hat eine rote Farbe, wie du sehen kannst – genauso wie unser farbiger Sand in dieser Landschaft. So repräsentiert er die Erde. Dieses Gebetsstäbchen ist also ein Gebet um Feuchtigkeit für die Erde.‹

›Ein Gebet um Regen?‹

›Ja, das und mehr. Das Stöckchen trägt auf seinem Rücken ein Bündel.‹

›Das Stückchen Maisschale, mit einem Band angebunden? Wofür ist das? Was bedeutet es?‹

›Ich weiß nicht, was in diese Maishülse eingebunden ist,‹ sagte ihr Vater, ›und ich werde sie auch nicht öffnen, um das herauszufinden. Ich glaube aber, du würdest darin einige Grassamen, eine Prise Maismehl, eine Prise Blütenstaub und einen Tropfen Honig finden.‹

›Aber warum – warum?‹ forderte Polingaysi ungeduldig. ›Was soll das bewirken?‹

Der kleine Hopi-Mann war gerade dabei gewesen, eine Kachina-Figur aus der getrockneten Wurzel einer Pappel zu schnitzen. Er wandte sich ab, ging zurück zu seiner Arbeit, setzte sich mit übergeschlagenen Beinen auf den Fußboden und nahm sein Messer und die unfertige Figur wieder in die Hände. Polingaysi stand da, schaute auf ihn herunter und wartete auf seine Antwort. Er dachte nach, bevor er zu sprechen begann:

›Was das bewirkt, hängt von vielen Dingen ab, meine Tochter. Es hängt vor allem vom Glauben desjenigen ab, der das Gebetsstäbchen gemacht hat. Wenn alle die Dinge in dem kleinen Bündel … sind, die ich genannt habe, dann bedeutet es, daß derjenige, der das ›paho‹ gemacht hat, es in die Erde gepflanzt hat als ein Gebet für reiche Ernten; mit genug Feuchtigkeit, um der Erde zu helfen, vollausgebildete Mais-Ähren hervorzubringen, dicke Bohnen und süße Melonen.‹

Er schaute zu ihr hoch, und sein kleines Gesicht war gequält. ›Und die Bedeutung der Feder hast du doch sicher noch nicht vergessen? Federn repräsentieren die geistigen Wesenheiten in allen Dingen. Diese hier repräsentiert die geistige Kraft, die in dem Gebet steckt, das dieses Gebetsstäbchen anbietet.‹

Polingaysi wandte sich ab und nahm das ›paho‹ in ihre Hände. Als sie gerade dabei war, die Maishülse aufzureißen, schaute sie wieder hinunter auf ihren Vater, und sie sah, wie seine Hände unbewegt innehielten – und wie Entsetzen auf seinem Gesicht stand. Da war sie plötzlich nicht mehr in der Lage, ohne seine Erlaubnis den Schatz des Gebetsstäbchens zu öffnen. So sehr alle Traditionen mißachten – das brachte sie nicht fertig; denn sie wußte, daß es seine Seele verletzen würde. Dabei blieb er allerdings ganz ruhig und machte ihr keinen offenen Vorwurf.

›Darf ich es öffnen?‹

Ihr Vater neigte seinen Kopf und überlegte wohl, ob solches Tun richtig sei oder ob es ihm und seiner Tochter Unglück bringen könne. Nach kurzem Zögern seufzte er und sagte: ›Es sieht schon verwittert aus. Ich glaube, es ist mehr als vier Tage alt. Wenn es so ist, dann hat es seinen Zweck erfüllt und seine Kraft ist dahin. Nimm deine linke Hand.‹

Trotz ihrer vorgeschützten Verachtung öffnete Polingaysi die umwickelte Mais-Hülse ganz vorsichtig. Sie war zu einem winzigen Dreieck gefaltet worden, als sie noch grün war. In diesem kleinen Beutelchen war etwas von der Größe einer Erbse: Samen, Maismehl, Blütenstaub; und all dieses mit Honig zusammengehalten, wie ihr Vater vermutet hatte.

›Kannst du nicht sehen, daß hier nichts Wertvolles drin ist?‹ rief Polingaysi aus.

›Nicht für dich‹, stimmte ihr Vater zu, ›und nicht für mich. Aber wohl für denjenigen, der es im Gebet hergestellt hat.‹

Sie wollte ihn weiter befragen, aber er nahm seine Arbeit und ging nach draußen. Auf seinem Gesicht lag ein dunkler und rätselhafter Ausdruck.

›Um Himmelswillen, Mutter‹, brach es aus Polingaysi heraus, indem sie sich an Sevenka wandte, die während dieser ganzen Diskussion still an einem Korb gearbeitet hatte:

›Hat alles im Leben eines Hopi eine verborgene Bedeutung? Warum sollte ich zum Beispiel meine linke Hand benutzen, als ich das Ding da öffnete?‹

›Das mag dir dumm vorkommen, weil du jung bist und noch nicht alles verstehst‹, sagte ihre Mutter geduldig. ›Vielleicht bist du dumm, weil du Hopi-Dinge nicht verstehst, obwohl du eine

Hopi bist. Mit der linken Hand – das will ich dir erklären. Die linke Hand kommt von der Seite des Körpers, wo das Herz ist. Es ist die Hand, die sich langsamer bewegt. Sie überlegt und wählt aus, anstatt nur zuzugreifen, wie es die rechte Hand tut. Sie ist auch reiner. Sie berührt den Mund nicht, während man ißt – und mit ihr reinigt man sich auch nicht, wenn der Körper seine Notdurft verrichtet hat.

Erinnerst du dich, wie du unseren Medizinmann – den ›Mann mit Augen‹ – bei der Arbeit beobachtet hast? Bei seinen Heilungsriten und auch bei seinen religiösen Zeremonien benutzt er seine linke Hand – aus eben den Gründen, die ich dir genannt habe. Die linke Hand ist also die Hand, die vom Herzen und vom Geist kommt, nicht von der Natur und von der Erde.‹

Polingaysi sträubte sich gegen die Schönheit der Worte, die ihre Mutter gesprochen hatte. Sie suchte nach einer Antwort, die all das verspotten sollte – aber sie fand keine. Nach kurzer Zeit fuhr die alte Frau fort:

›Noch etwas will ich dir sagen über die ›pahos‹. Sie müssen frei von allen Dingen des weißen Mannes gehalten werden, wenn sie so, wie in alten Zeiten, ihre volle Kraft behalten sollen. Das ist der Grund, warum Hopi sie nicht mit einer Stahlklinge anspitzen, weil diese vom weißen Mann kommt. Vielmehr schleifen sie sie auf einem Sandstein, bis sie spitz sind.‹

In diesem Augenblick sah Polingaysi einen der Brüder ihrer Mutter am Fenster vorbeigehen. Er hatte keine Ahnung von der ganzen Diskussion, und sie wollte diese nun auch nicht wiederaufnehmen. Mit ihrer linken Hand setzte sie das Gebetsstäbchen auf das Fensterbrett.

›Polingaysi!‹ rief der alte Mann, und dabei verzog sich sein faltiges Gesicht zu einem breiten Lächeln, das sie willkommenhieß: ›Es ist eine große Freude für mein Herz, dich nach so langer Zeit wiederzusehen. Wir sind immer glücklich, wenn ein Kind nach Hause kommt – sogar dann, wenn es uns dazu bringt, beim Essen an einer hölzernen Platte zu sitzen.‹

Polingaysi verlor etwas von ihrer Streitsucht und lachte. Er hatte sich immer darüber beschwert, an einem Tisch sitzen zu sollen.

Dabei betonte er stets, daß er seine Füße nur dann warmhalten könne, wenn er in der Hopi-Art auf ihnen sitze. (Polingaysis kleine Großmutter gar war durch den ersten Tisch in ihrem Haus gänzlich durcheinandergeraten. Obwohl Polingaysi ihr den Gebrauch des Möbelstücks geduldig erklärt hatte, war die alte Dame dann mühsam daraufgeklettert und hatte sich auf ihm niedergelassen – anstatt auf der hölzernen Bank Platz zu nehmen, die als Sitzgelegenheit dienen sollte.)

Polingaysi sah ihren Onkel an und dachte an all die neuen Ideen, die sie während ihres Lebens unter den Weißen erfahren hatte. Der alte Mann hatte kein Verlangen, an ihrem Wissen teilzuhaben. Für ihn war die alte Lebensform die beste. Er erwartete nicht viel vom Leben: genug Nahrung, um seinen mageren und müden alten Körper am Leben zu erhalten; ein kleines Feuer im Ofen; einen Schluck Wasser, wenn er durstig war. Sie, Polingaysi, war es, die immerzu ihren Becher hinaushielt, damit er sich immer wieder mit neuer Kunde und neuer Kenntnis fülle.«

»*Der Sprecher der Hopi* war gar nicht rechthaberisch; seine Stimme klang noch nicht einmal scharf, aber seine Frage hatte eine unerbittliche Dringlichkeit. Er sagte: ›Als die Hopi aus der Unterwelt kamen, fanden sie andere Leute in diesem Land vor, die hier schon lange gelebt hatten und viele Dinge über die Welt und die richtige Art des Lebens wußten. Die Hopi gingen zu ihnen und sagten: ›Wir möchten hier mit euch leben.‹ Sie antworteten: ›Gut, ihr könnt hier bleiben. Wir haben jedoch bestimmte Gesetze und Lebensregeln hier. Denen werdet ihr folgen müssen. Dann wird es keinen Ärger geben.‹ – So war es denn auch. Die Hopi taten, wie ihnen gesagt wurde, und es gab keinen Ärger.

Nach einiger Zeit kamen die Weißen. Sie fragten nicht, ob sie hier mit uns leben dürften; sie ließen sich einfach nieder. Sie fragten nicht, nach welchen Gesetzen wir lebten. Stattdessen erließen sie Gesetze, nach denen wir uns richten sollten. Sie sagten: ›Ihr braucht nur diesen Gesetzen zu gehorchen, dann werdet ihr keine Schwierigkeiten haben.‹«

*D'Arcy McNickle: They Came here First, S. VII f.*

»*Auch Englisch zu lernen ist wichtig* … Es nicht zu lernen, bedeutet in Wirklichkeit, daß man – ohne es zu wollen – dem Weißen Mann Macht über das Leben der Hopi gibt. Man muß vielmehr die Lebensform des Weißen Mannes kennenlernen – nicht um ihm mehr und mehr gleich zu werden, sondern um in der Lage zu sein, das Beste davon für sich selbst auszuwählen und dasjenige auszusondern, was für das Leben der Hopi schädlich sein könnte.«

*Der Hopi Terrance Honventewa; Hopi Mental Health Conference 1983, S. 68*

## Wandlungen: Die Hopi heute

Innerhalb der Stammesverwaltung der Hopi auf der Reservation gibt es ein »Health Department«, also eine Gesundheitsabteilung. Dieses Health Department hat – wie schon an anderer Stelle erwähnt – seit 1981 jährlich eine »Hopi Mental Health Conference« auf der Hopi-Reservation abgehalten. – An der Hopi Mental Health Conference des Jahres 1987 habe ich selbst teilgenommen.

Man kann sich gut vorstellen, was die Hopi veranlaßt, solche Konferenzen über die geistige Gesundheit ihres Volkes zu veranstalten und was die hauptsächlichen Themen dieser Konferenzen sind: Es geht immer wieder um die Frage, ob der tradierte »Hopi Way of Life«, also die überlieferte Lebensform der Hopi, angesichts der wachsenden Einflüsse von seiten der dominanten Gesellschaft des weißen Amerika noch eine Überlebenschance hat; es geht immer wieder um die Frage, wo die Hopi in ihrer geistigen, religiösen, sozialen und politischen Entwicklung jetzt stehen; immer wieder wird der zunehmende Verlust der eigenen Sprache bei den jungen Hopi ebenso beklagt wie die Schwierigkeiten, die tradierten religiösen Zeremonien noch aufrechtzuerhalten.

Von manchen Rednern wird allerdings nicht nur Klage über den Verlust der kulturellen Identität geführt, sondern es wird auch versucht, eine Bestandsaufnahme der jetzigen Situation zu formulieren und dabei kulturellen Wandel nicht in jedem Falle als etwas Negatives darzustellen.

Solch eine Bestandsaufnahme der gegenwärtigen Situation findet sich in dem folgenden Beitrag. Er wurde veröffentlicht im »Hopi Mental Health Conference Report« des Jahres 1981 auf den Seiten 10 bis 15:

»›Vor langer Zeit wußten die Menschen, daß Wandlungen kamen und daß sie ihre Werte schützen und bewahren mußten, um unser Leben heute vorzubereiten. Auf einige dieser Werte müssen wir nun auch die Aufmerksamkeit unserer Kinder lenken.‹

Wandlungen sind nichts Neues für die Hopi. Im Laufe der Zeit und während ihrer Wanderungen über das Land sind die Hopi immer wieder verschiedenen Milieus und verschiedenen Lebensbedingungen ausgesetzt gewesen. Ihr Sinn für ein zielgerichtetes Leben und für das eigene Überleben hat ihnen dabei immer wieder gute Dienste geleistet. Doch wie bei anderen Kulturen auch, so hat auch bei ihnen das Eindringen der Werte, der Technologie und anderer Einflüsse des weißen Mannes dramatische Veränderungen der tradierten Lebensform mit sich gebracht. Wucht und Wirkung des weißen Mannes sind beträchtlich gewesen und dürfen nicht unterschätzt werden.

Eine der auffallendsten und einflußreichsten Änderungen, die stattgefunden hat, war die Übernahme von Macht und Kontrolle über das Volk der Hopi durch die amerikanische Regierung. Diese Politik und diese Praktiken der Amerikaner machten die Indianer tatsächlich zu ›Mündeln der Regierung‹. Die Hopi durften sich nicht mehr selbst regieren, nicht mehr ihr eigenes Schicksal bestimmen. Eine von außen kommende, fremde Autorität, die kein Verständnis und kein Einfühlungsvermögen für die Lebensform der Hopi besaß, traf alle Entscheidungen; auch wenn es sich um solche wesentlichen Fragen handelte wie Landbesitz, Erziehungsformen oder um die Art und Weise, wie man seine religiösen Überzeugungen und Rituale praktiziert. Die Hopi waren der Vorherrschaft einer fremden Regierung unterworfen; und zwar einer Regierung, welche die Gesellschaft der Hopi von einer arbeitsamen und unabhängigen verwandelt hat zu einer Kultur, die heute oftmals auf Unterstützung von außen angewiesen ist.

Größere Wandlungen erkennt man auch in den meisten anderen Facetten des Lebens der Hopi, wie z.B. in ihrer Erziehung, ihrer Wirtschaft, ihrer sozialen und religiösen Struktur. Wir wollen uns kurz jeden dieser Aspekte anschauen, damit wir

Maisernte bei den Hopi

sehen, wie bedeutsam die Änderungen sind, die stattgefunden haben.

Die Erziehung war früher Teil des täglichen Lebens. Kinder erhielten ihre Ausbildung von ihren Eltern, von religiösen Bünden, von den Mitgliedern ihres Clans – und dieses sowohl während religiöser Zeremonien als auch während der Arbeit auf den Feldern. Die Erziehung war nicht getrennt vom übrigen Leben. Beides bildete ein Ganzes.

Das Bildungssystem jedoch, wie es die amerikanische Regierung gebracht hat, behandelt Erziehung als einen Prozeß von 8 Uhr morgens bis 5 Uhr nachmittags; und das innerhalb der

Grenzen solcher Institutionen, die man Schulen nennt. Innerhalb dieser Schulen wird den Kindern ein Wissen vermittelt, das gänzlich intellektueller Art ist und keine Beziehung hat zur natürlichen und sozialen Umwelt der Schüler. Das meiste Wissen, das gelehrt wird, stellt einen fremden Weg zur Wirklichkeit dar – einen Weg, der die Überlegenheit der weißen Kultur und ihrer Wissenschaft über andere Kulturen und Glaubensformen herausstellt. Da ist es kein Wunder, daß unsere jungen Leute heute dazu neigen, anders zu denken, anders zu glauben und anders zu handeln als unsere Vorfahren. Ihre gegenwärtige Erziehung bringt ihnen bei, wie Weiße zu denken; und sie bringt damit ihre eigene indianische Kultur stillschweigend in Verruf. Sie erlernen so eine andere Weltanschauung; eine Weltanschauung, die Dinge voneinander trennt und die eine wissenschaftliche und technologische Herrschaft über die Umwelt und die Natur betont – nicht aber einen Geist der Harmonie mit der Natur und der Umwelt vermittelt. Ein Geist des Wettbewerbs gedeiht in den Schulen, und dieser steht in scharfem Gegensatz zu den Hopi-Werten der Kooperation …

Veränderte wirtschaftliche Bedingungen haben auch zu größeren Veränderungen in der Hopi-Gesellschaft beigetragen. Die auffallendste Veränderung ist der Wechsel von einer das Land bebauenden Gesellschaft zu einer Gesellschaft, die gekennzeichnet ist durch Geldwirtschaft. Es gibt Dokumente, die zeigen, wie die Größe des bewirtschafteten Landes während der vergangenen Jahrzehnte abgenommen hat: 1937 wurden 10 404 Äcker (1 Acker etwa 4 000 qm) bewirtschaftet; 1974 waren es nur noch 6 355; und 1980, nur sechs Jahre später, waren es nicht mehr als 1 454 Äcker. Heute verdienen die meisten Hopi ihren Lebensunterhalt, indem sie einer Beschäftigung nachgehen, die mit Geld entlohnt wird. Oder sie bekommen eine finanzielle Unterstützung von der Regierung aufgrund der Sozialversicherung oder eines anderen Programms der Bundesregierung. Die Lebensader aus Mais ist bei den Hopi ganz schmählich in den Hintergrund getreten gegenüber der Lebensader aus Geld, die die Weißen ihnen gebracht haben.

Dieser Übergang vom Ackerbau, einem integrierenden Teil der Hopi-Tradition, zum Geldverdienen hat auch einen deutlichen Einfluß gehabt auf die Werte und den Lebensstil der Hopi. Teilnehmer dieser Konferenz haben darauf hingewiesen, daß die Werte der harten Arbeit sowie die Nähe zur Natur und zum Universum, die ja dem Vorgang des Pflanzens und des Erntens eigen sind, in der Regel heute nicht mehr an die Kinder weitergegeben werden.

Auch das Prinzip der Unabhängigkeit und Autarkie wird nicht mehr befolgt – ja, es wird gar nicht mehr verstanden, – wenn die Leute ihre Nahrungsmittel in einem Geschäft kaufen können. Und auch dies hat sich verändert: Während die Mitglieder einer Gemeinde früher die Ernte in gemeinschaftlicher Arbeit einbrachten, neigen heutige Hopi dazu, einen Ausgleich in Geld zu erwarten, wenn sie einem anderen bei der Arbeit helfen. Es sieht so aus, als wären die materialistischen Orientierungen und Werte der herrschenden amerikanischen Gesellschaft mit Erfolg auf einige Hopi übertragen worden.

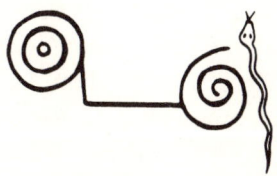

Auch die Einführung der Technik hat das Antlitz der Hopi-Kultur gewandelt. Das Fernsehen ist nach Ansicht einiger Konferenzteilnehmer heute einer der wichtigsten Einflüsse aus der Welt der Weißen auf die der Hopi. Kinder lernen es, die Werte sowie die kulturellen Muster und auch die Gewalt zu imitieren, die ihnen im Fernsehen vorgespielt werden. Englisch wird zur ersten Sprache. Menschen, die nur vor dem Fernseher sitzen, nehmen nicht mehr aktiv am Leben teil, sondern beobachten es nur noch träge und passiv …

Differenzen entstanden bei den Hopi auch durch die Einführung des Christentums. Missionare von verschiedenen christlichen Gruppierungen (z.B. Mormonen, Menoniten, Baptisten) haben die Hopi-Öffentlichkeit einer anderen Weltansicht von der Bedeutung und dem Sinn des Lebens ausgesetzt und dadurch viele überlieferte Glaubensüberzeugungen der Hopi in Frage gestellt. Dieses Infragestellen hat dazu beigetragen, die Hopi-Gesellschaft und ihre Kultur zu diskreditieren und zu unterminieren; denn in ihr sind die überlieferten Lehren ja von zentraler Bedeutung. Außerdem hat das Auftauchen vieler verschiedener Typen von christlichen Missionaren, die oftmals im Streit miteinander lagen, eine Unsicherheit erzeugt, was denn nun die ›wahre‹ Religion sei.

Die Konferenzteilnehmer haben die vielen Wandlungen erkannt, die von den vergangenen Zeiten bis zur Gegenwart stattgefunden haben. Es ist aber ebenso wichtig für die Menschen, diese Wandlungen in einem Zusammenhang zu sehen, um die Größe der Veränderungen zu verstehen und um die Gründe zu erkennen, warum sie praktisch jeden Aspekt des Hopi-Lebens verändert haben. Die Konsequenzen der Einflüsse aus der Welt der Weißen sind riesig – sie entstellen den Sinn und die Bedeutung der Kultur und des Wertsystems der Hopi …

Die meisten Teilnehmer haben ihrem Gefühl der Hoffnungslosigkeit und des Pessimismus beredten Ausdruck gegeben. Sie äußerten ihre Zweifel, ob sie in der Lage seien, die Geschehnisse in ihrem eigenen Leben, in ihrer Familie oder auch in ihrer Dorfgemeinschaft unter Kontrolle zu halten. Die Weisungen der Hopi-Prophezeiung, die Zerstörung und Untergang vorhersagen, hängen über jedem einzelnen.

Man braucht sich nicht zu wundern, daß zahlreiche Leute sich unfähig fühlen, ihr eigenes Leben zu steuern – schließlich spielen so viele andere Faktoren eine wichtige Rolle: Die Hopi sind nicht mehr isoliert vom Rest der Welt. Die meisten menschlichen Gesellschaften sind heute voneinander abhängig, und da machen auch die Hopi keine Ausnahme. Die Einflüsse aus der Welt der Weißen betreffen jeden einzelnen: in der Form des Fernsehens, der Erziehung, der Gesundheitsfürsorge, des Zahlungsverkehrs und in der leichten Verfügbarkeit von Alkohol und anderen Drogen. Die Rechtsprechung bezüglich des heiligen Landes der Hopi liegt in den Händen von Fremden, nämlich denen der amerikanischen Regierung und ihrer Gerichte …

Eines der auffallendsten Zeichen des allgemeinen Verlustes von Führung erkennt man, wenn die Menschen über ihre Schwierigkeiten sprechen, die sie bei der Lenkung und Leitung der Kinder und Jugendlichen erfahren. Kinder hören nicht mehr auf ihre Eltern. Sie denken vor allem an sich selbst. Und nicht einmal ihre Onkel (denen in dieser Tradition eine wichtige Erziehungsfunktion zukommt) sind in der Lage oder bereit, eine wirksame Erziehung und Disziplinierung auszuüben.

Doch nicht nur bei der Jugend versagt die Kontrolle. Unkontrolliert wird irgendwo Müll abgeladen. Alkoholmißbrauch und Drogenabhängigkeit sind weitverbreitet. Selbstmord- und Scheidungsraten haben sich dramatisch erhöht. Die Polizei, die Führer des Stammes und der Dörfer, die Eltern und auch andere scheinen unfähig zu sein, Leitungs- und Kontrollfunktionen über ihr Volk und ihre Kinder auszuüben. Und auch bei dem Versuch, sich selbst zu kontrollieren und in der Hand zu behalten, haben die einzelnen Menschen Probleme …

Viele Hopi haben der Furcht Ausdruck gegeben, daß ihre Kultur eine sterbende Kultur sei und daß die gegenwärtige Welt auf ihr Ende zugehe.«

# 12. Abschied

Heute ist der 25. August. Es ist frühmorgens und noch ganz still in dem Dorf Kykotsmovi, in dem ich einige Wochen gewohnt habe. Für dieses Jahr verlasse ich nun die Hopi-Reservation: vorbei an den aufragenden Tafelbergen; vorbei an häusergroßen Steinblöcken am Fuße der Mesas; vorbei an Hopi-Dörfern, die in der frühen Sonne des späten August wie ausgestorben wirken. Doch hoch auf den Tafelbergen unter einem makellos gewölbten Himmel scheinen sie eine Einheit zu bilden mit dem kosmischen Gefüge, unter dessen Gesetz sie sich so ausdrücklich wissen.

Vor meinen inneren Augen sehe ich noch einmal die farbenprächtigen Szenen des Dorftanzes vom gestrigen Tag. In meinem Kopf höre ich die Rasseln, die Glocken und die dumpfe Trommel des ersten frühherbstlichen »Social Dance«. Und in meinem Blute formen sich die Worte eines Hopi-Gebetes, das der Einheit von Mensch, Welt und Gott Gestalt verleiht:

Ich bin ein Stein
Leben sah ich und Tod
Fühlte Glück und Gram und Kummer
Ich lebe das Leben des Felsen

Ich bin ein Teil der Erdmutter
Ich fühlte ihr Herz schlagen an meinem
Ich fühlte ihren Schmerz
Ich fühlte ihr Glück
Ich lebe das Leben des Felsen

Ich bin ein Teil unseres Vaters
des Großen Geheimnisses
Ich habe seine Trauer gespürt
Ich habe seine Weisheit gespürt
Ich habe seine Geschöpfe gesehen
die Geschwister mir sind
die Tiere
die Vögel
die flüsternden Wasser und Winde
die Bäume und alles auf Erden
und jegliches Ding im All

# 13. Anhang

## *Literaturverzeichnis*

Es existiert eine außerordentlich reichhaltige Literatur über die Hopi-Indianer. Man könnte sagen, daß die Hopi wahrscheinlich das einzige Volk der Erde sind, über das mehr Buchtitel existieren als es Individuen zählt. Die umfassendste Sammlung dieser Literatur hat der Amerikaner David Laird in seiner »Hopi Bibliography« zusammengestellt, die 1977 in Tucson, Arizona, erschienen ist. – Hier können nur einige Titel aufgeführt werden, aus denen zudem die meisten der hier vorgelegten Texte stammen. Die Übersetzungen aus dem Amerikanischen stammen vom Autor. Soweit möglich, wurden Originalquellen im laufenden Text bzw. im Literaturverzeichnis aufgeführt. Für gegebenenfalls weiterführende Hinweise ist der Verlag dankbar.

Aberle, David Friend: The Psychosocial Analysis of a Hopi Life History; Berkeley and Los Angeles 1951, New York 1970. (Das Thema dieses Buches ist die Autobiographie des Hopi »Sun Chief«.)

Brandt, Richard B.: Hopi Ethics, University of Chicago Press, Chicago 1954.

Broder, Patricia Janice: Hopi Painting – The World of the Hopis, New York 1978.

Buschenreiter, Alexander: Unser Ende ist euer Untergang, Düsseldorf und Wien 1983, München 1987.

Capps, Walter Holden: Seeing with a Native Eye, New York 1976.
Clemmer, Richard O.: Continuities of Hopi Culture Change, Ramona/California 1978.
Collins O'Cane, Walter: Sun in the Sky, University of Oklahoma Press, Norman/Oklahoma 1950.
Courlander, Harold (ed.): Hopi Voices, Albuquerque 1982.
Courlander, Harold: The Fourth World of the Hopis, Albuquerque 1971.
Courlander/Dömpke: Hopi – Stimmen eines Volkes, Köln 1986.
D'Arcy McNickle: They Came Here First, New York, Rev. Ed., 1975.
Dömpke, Stefan: Tod unter dem kurzen Regenbogen, München 1982.
Dürr, Hans Peter: Der Wissenschaftler und das Irrationale, Syndikat Verlag, Frankfurt 1981.
Evers, Larry (ed.): The South Corner of Time, University of Arizona Press, Tucson 1980.
Fuchs, Monika: Die Stellung der Frau bei den Hopi, Wyk auf Föhr 1987.
Geertz, Armin W.: Prophets and Fools; in: European Review of Native American Studies 1:1.
Geertz/Lomatuway'ma: Children of Cottonwood – Piety and Ceremonialism in Hopi Indian Puppetry, Lincoln and London 1987.
Haberland, Wolfgang u.a.: Kachina-Figuren der Pueblo-Indianer Nordamerikas aus der Studiensammlung Horst Antes, Karlsruhe 1981.
Hartmann, Horst: Kachina-Figuren der Hopi-Indianer, Berlin 1978.
Hopi Hearings July 15-30, 1955, Keams Canyon 1955, Manuskript.
Hopi Mental Health Conference Reports, Kykotsmovi/Arizona 1981/1982/1983/1984.
James, Harry C.: Pages from Hopi History, University of Arizona Press, Tucson/Arizona 1974.
Kaiser, Michaela: Was zwischen Sonne und Mond geschah – Indianische Mythen, Gütersloh, Gütersloher Taschenbücher Siebenstern, 1987.
Kaiser, Rudolf u. Michaela: Die Erde ist uns heilig – Die Reden des Chief Seattle und anderer indianischer Häuptlinge, Freiburg 1992
Kaiser, Rudolf: This Land is Sacred – Views and Values of North American Indians (für den Englischunterricht der Kollegstufe mit Lehrerband), Hannover, Schroedel Verlag, 1986.

Kaiser, Rudolf: Die Stimme des Großen Geistes – Prophezeiungen und Endzeiterwartungen der Hopi-Indianer, München, Kösel-Verlag, 1989.

Kaiser, Rudolf: Gott schläft im Stein – Indianische und abendländische Weltansichten im Widerstreit, München, Kösel-Verlag, 1990.

Kunze, Albert (Hrsg.): Hopi und Kachina – Indianische Kultur im Wandel, Albert Kunze und Trickster Verlag, München 1988.

Laird, W. David: Hopi Bibliography, Tucson/Arizona 1977.

Levy, Jerrold E. (et al.): Hopi Deviance in Historical and Epidemiological Perspective, 1982 (Manuskript).

Levy, Jerrold E.: Hopi Shamanism – A Reappraisal, 1982 (Manuskript). Mit frdl. Genehmigung von Prof. Levy.

Lockett, Hatty Greene: The Unwritten Literature of the Hopi, University of Arizona Press, Tucson/Arizona 1933/1981.

Malotki, Ekkehart: Hopi-Raum – eine sprachwissenschaftliche Analyse der Raumvorstellungen in der Hopi-Sprache, Tübingen 1979.

Malotki, Ekkehart: Hopitutuwutsi – Hopi Tales, Flagstaff 1978, Tucson/Arizona 1983.

Malotki, Ekkehart: Stories of Massaw, a Hopi God, Lincoln/Nebraska 1987.

Malotki, Ekkehart: Hopitutuwutsi – Zweisprachige Sammlung von Hopi-Erzählungen und Hopi-Märchen, Augsburg, Pinus-Verlag 1989.

Masayesva/Younger: Hopi Photographers – Hopi Images, Tucson/Arizona 1983.

Mora, Joseph: The Year of the Hopi – Paintings and Photographs by Joseph Mora, 1904-1906, New York 1979.

Mullett: Spider Woman Stories – Legends of the Hopi Indians, University of Arizona Press, Tucson/Arizona 1979/80.

Nequatewa, Edmund: Truth of a Hopi – Stories Relating to the Origin, Myths and Clan Stories of the Hopi, Flagstaff/Arizona 1936. (Northland Press 1967).

Ortiz, Alfonso: Handbook of North American Indians, Vol. 9, The Southwest, Washington 1979.

Page, Jake u. Susanne: Hopi, New York 1982.

Qoyawayma, Polingaysi (Elizabeth Q. White)/Carlson, Vada F.: No Turning Back, University of New Mexico Press, Albuquerque 1964.

Rohr, Daniel C.: Alles, was ich habe, ist mein Pflanzstock und mein Mais, CH-4303 Kaiseraugst, Agna Incomindios, 1985.

Sekaquaptewa/Udall: Me and Mine, University of Arizona Press, Tucson/Arizona 1969.

Sevillano, Mando: The Hopi Way – Tales from a Vanishing Culture, Flagstaff/Arizona 1986.

Simpson, Ruth D.: The Hopi Indians, Los Angeles, Southwest Museum 1953/1971.

Sturtevant, W.: Handbook of North American Indians, Vol. 9, The Southwest, Washington 1979.

Talayesva, Don C.: Sun Chief – The Autobiography of a Hopi Indian (Ed.: Leo W. Simmons), Yale University Press, New Haven 1963. – Auf Deutsch erschienen unter dem Titel »Sonnenhäuptling sitzende Rispe«, Kassel 1964; neu aufgelegt unter dem Titel »Die Sonne der Hopi«, München 1985.

Tarbet, Tom (ed.): From the Beginning of Life to the Day of Purification; translated by Danaqyumptewa, Los Angeles 1972, rev. Ausgabe 1977.

Thompson, Laura: Logico-Aesthetic Interpretation in Hopi-Culture; in: American Anthropologist, Vol. 47, 1945.

Titiev, Mischa: A Study of Hopi Indians of Third Mesa; Cambridge/Mass. 1944, New York 1974.

Titiev, Mischa: The Hopi Indians of Old Oraibi – Change and Continuity, The University of Michigan Press, Ann Arbor/Michigan 1972.

Toelken, Barre: How Many Sheep will it Hold? In: Capps, Walter Holden: Seeing with a Native Eye, New York 1976, S. 11-24.

Waters, Frank: Book of the Hopi; New York 1963. – In deutscher Übersetzung erschienen unter dem Titel: Das Buch der Hopi, Köln 1980.

Waters, Frank: Pumpkin Seed Point, Ohio University Press, Athens/Ohio und Chicago 1969/1981.

Whiteley, Peter M.: Deliberate Acts – Changing Hopi Culture through the Oraibi Split, Tucson/Arizona 1988.

Whorf, B. L.: Language, Thought, and Reality, Cambridge/Mass. 1956/1976.

Yava/Courlander: Big Falling Snow, Albuquerque 1978.

# *Filme*

Es gibt eine Anzahl von Filmen über das Leben der Hopi. Bei allen diesen Filmen haben Hopi-Persönlichkeiten mitgearbeitet: als Planer oder als Berater; als Darsteller oder als Regisseur. Mehrere der hier genannten Titel sind auch im deutschen Fernsehen gezeigt worden.

Die meisten dieser Filme sind auszuleihen über: Gesellschaft für Indianische Kulturen Nordamerikas; p.A. Stefan Dömpke, Hochstätter Str. 3, 1000 Berlin 65; Tel.: 0 30/4 55 46 91.

Songs of the Fourth World
   Ein Film von Pat Ferrero;
   Länge 58 Min., Farbe, hergestellt 1983

Amerikanischer Verleih: New Day Films, 22 Riverview Drive, New Jersey, USA 07470 (Tel. 201/633- 02 12)

Eine sehr einfühlend gefilmte Studie über die Hopi-Indianer. Der Film verwebt den jahreszeitlichen Wachstumszyklus der Maispflanzen mit dem Leben der Hopi und illustriert so die Verbundenheit von Mensch und Natur. Eindrucksvolle Bilder vom Land und Leben der Hopi begleiten die Aussagen von Künstlern, religiösen Führern und Bauern der Hopi. Der Film hat mehrere Preise erhalten. Vgl. auch das Kapitel »Das Umwelt-Ethos der Hopi« auf S. 184 ff.

Im Anfang war nur der Schöpfer – Mythen der Hopi
   Ein Film von Hannes Heer
   Länge 30 Min., Farbe, hergestellt 1988

Dieser Film wurde im ZDF gezeigt. Ein ausgewiesener deutscher Radio- und Fernseh-Autor läßt einige Hopi von ihrer Weltsicht, ihrer Lebensweise und ihren Überlieferungen erzählen. Danach vergleicht er die auf Einklang mit der Natur bedachte Sicht der Hopi mit den stärker von Aggressionen geprägten germanischen Mythen.

Techqua Ikachi – Land, mein Leben
Ein Film von Danaqyumptewa, Agnes Warmettler und Anka
Schmid
Länge 90 Min., Farbe, hergestellt 1989, Originalton mit deutschen
oder französischen Untertiteln, 16 mm.
(Produktion und Verleih: Mano-Produktion, Waldmattstr. 13, CH-
8135 Langnau/Schweiz)

Dieser Film enthält ausschließlich Aussagen von Männern und
Frauen des Hopi-Dorfes Hotevilla; er ist eine Selbstdarstellung
der Überlieferungen und Prophezeiungen, der Kultur und der
Geschichte aus der Sicht der traditionellen Ältesten.


Itam Hakim, Hopiit – Wir, einer, das Volk der Hopi
Ein Film von Victor Masayesva, Jr.
Länge 60 Min., Originalfassung (Hopi) mit englischen Untertiteln;
hergestellt 1984

Regie führt in diesem Film der Hopi Victor Masayesva, Jr. Ein
Hopi-Ältester erzählt seine Lebensgeschichte und berichtet
über verschiedene Epochen der Hopi-Geschichte. Diese Erzäh-
lungen unterlegt der Regisseur mit symbolhaften und z.T. ex-
perimentellen Bildern von großer Ausdruckskraft.


Koyaanisqatsi
Ein Film von Godfrey Reggio
Länge 87 Min., hergestellt 1976 – 1982, deutsche Fassung, 16 mm.
(Deutscher Verleih auch: Atlas-Film, Ludgeristr. 14-16, 4100 Duis-
burg 1
oder: Filmkontor, Graf-Adolf-Str. 108, 4000 Düsseldorf)

Dieser Film nimmt das Hopi-Wort »Koyaanisqatsi« = »Welt ohne Balance« zum Ausgangspunkt für eine Darstellung negati-
ver Charakteristika unserer Gegenwart. Experimenteller Doku-
mentarfilm über den Mißbrauch der Erde durch den Menschen.
Eine Montage von Bildern und Musik ohne ein gesprochenes
Wort.

Broken Rainbow – der zerbrochene Regenbogen
Ein Film von Maria Florio und Victoria Mudd
Länge 70 Min., hergestellt 1985
(Deutscher Verleih auch: Helvetia-Film, Seckenheimer Hauptstr.
87a, 6800 Mannheim 61)

Im Mittelpunkt dieses Films steht die Zwangsumsiedlung von
10 000 Navajo-Indianern anläßlich der Landstreitigkeiten zwischen Hopi und Navajo. Den Hintergrund bildet die Frage des
Abbaus der reichen Naturschätze (Öl, Kohle, Uran) auf den
Reservationen der Navajo und der Hopi.

Hopi Prophecy – die Hopi-Prophezeiung
Ein Film von Kiyoshi Miyata
Länge 75 Min., Farbe, hergestellt 1987, deutsche Fassung, 16 mm.
(Deutscher Verleih auch: UFA-Fabrik, Piet Markus, Viktoriastr. 13,
1000 Berlin 42; oder: Land und Leben e.V., Rübelandstr. 17, 1000
Berlin 44, Tel. 0 30/6 87 54 01.)

Dieser Film betont vor allem die Verbindung zwischen den
Atombombenabwürfen auf Japan und der Hopi-Prophezeiung.

# Danksagung

Frau Elisabeth Steinort danke ich für die erste Übersetzung einiger der hier vorgelegten Texte. Ihr und Frau Annette Linde gilt zugleich mein Dank für Rat und Tat bei der Anlage des Manuskriptes. Außerdem danke ich Frau Michaela Brunke für ihre Hilfe beim Korrekturlesen.

R. K.

# Bildnachweis

Arizona State Museum. The University of Arizona, Tucson/Arizona: 38, 43, 73, 83, 87, 92, 113, 141, 177, 196, 208, 217, 224, 233, 263 - Museum of Nothern Arizona: 48 - © Dugald Bremner: 80 - © Reinhold Brucker: 156 - Aus: Christian F. Feest, Das rote Amerika. Nordamerikas Indianer. Wien 1976 (vorderer Einband): 20 - Foto: John K. Hillers (1879): 250 - © Jacka Photography, Phoenix/Arizona: 46, 100, 116, 150, 168, 183, 213 - Rudolf Kaiser: 2, 10, 14, 16, 18, 25, 52, 62, 67, 136, 170, 179, 238, 268 - Aus: Rudolf Kaiser, Notizen aus Amerika. Die Welt der Hopi-Indianer, in: PRAXIS des neusprachlichen Unterrichts, Heft 4/1989. Verlag Lambert Lensing, Dortmund: 21 - Dan Namingha: 243 - Photo Source International. © Three Lions: 145

KÖSEL

# Rudolf Kaiser

## Die Stimme des Großen Geistes

Prophezeiungen und Endzeiterwartungen
der Hopi-Indianer
131 Seiten, mit zahlreichen Abbildungen.
Kartoniert

**Rettung der Mutter Erde im Hören auf die Stimme des Großen Geistes –**
das ist die Botschaft der Hopi-Prophezeiungen.

Rudolf Kaiser beschreibt kenntnisreich und engagiert geschichtliche Herkunft und kulturelles Umfeld der Hopi-Prophezeiungen. Er macht uns hellhörig für diese Visionen und Prophezeiungen vom Ende der Welt und einem Neubeginn. Die »Stimme des großen Geistes« umschreibt eine der großen Hoffnungen für heute!

*»Kaiser setzt in seinem Buch die Mitteilungen der Hopi-Indianer in einen stimmigen Kontext, so daß auch unsere eigene kulturelle und spirituelle Beschäftigung mit Situation und Zukunft unserer Erde bereichert wird.«*
                        Norbert Copray in: Publik Forum

 KÖSEL

# Rudolf Kaiser

## Gott schläft im Stein
Indianische und abendländische
Weltansichten im Widerstreit
175 Seiten. Kartoniert

Rudolf Kaiser hat sich in den letzten Jahren als Kenner indianischer Kultur und Spiritualität ausgewiesen.

Wer Auswege aus der Krise unserer Zivilisation sucht, muß sich den Ursachen stellen. Indianische Welterfahrung wird zum heilsamen Anstoß, lähmend zerstörerische Wirkungen westlich-abendländischen Denkens zu erkennen und Alternativen zu leben.

Ein Buch, das bei aller Sachkritik einfühlsam und berührend angelegt ist: Wunderbare Originaltexte aus indianischer Tradition verzaubern und regen zur eigenen Auseinandersetzung an.

*»Man lese dieses Buch mit wachem Bewußtsein für das Fremde und mit kritischem Blick auf unsere eigene, entstellte, geschändete Wirklichkeit, in der immer mehr Leben zugrunde geht.«*
Bayerischer Rundfunk